阴符经·清静经 讲记

李合春 著

巴蜀书社

图书在版编目（CIP）数据

《阴符经》《清静经》讲记 / 李合春著. -- 成都 :
巴蜀书社，2024. 8.（2026. 1 重印） -- ISBN 978-7-5531-2253-3
Ⅰ. B223. 05；B951
中国国家版本馆 CIP 数据核字第 2024YX7275 号

YINFUJING QINGJINGJING JIANGJI
《阴符经》《清静经》讲记 李合春 著

策划编辑 施 维
责任编辑 邱沛轩 沈泽如
责任印制 田东洋 谷雨婷
封面设计 蒋宏工作室
出版发行 巴蜀书社
成都市锦江区三色路 238 号新华之星 A 座 36 层
邮编：610023
总编室电话：（028）86361845
营销中心电话：（028）86361852
制 作 成都象帝文化传播有限公司
印 刷 四川泽杰文化科技有限公司
版 次 2025 年 4 月第 1 版
印 次 2026 年 1 月第 2 次印刷
成品尺寸 152mm×215mm
印 张 24. 5
字 数 500 千
书 号 ISBN 978-7-5531-2253-3
定 价 88. 00 元

总　序

道家文化是中华优秀传统文化不可分割的重要组成部分，而成都则是道家文化传承与发展的学术重镇，在历史上留下了丰富的成果，尤其是以凤凰山至真观为主要文化园地的重玄学派更具有深远影响，成为独树一帜的学术流派，受到海内外学术界的高度关注。

“重玄”本是道家学派非常重要的一个术语，最早出自老子《道德真经》第一章：“玄之又玄，众妙之门。”因为在这一章内容里面出现了两个“玄”字，相叠为“重”，故称作“重玄”，表示通过“玄修”来破除执迷不悟，化解闭塞不通的状态，实现“天人合一，道法自然”的境界。

历史上，关于《道德真经》的注释，形成了许多颇具特色的流派，其中最具代表性的派别就是“重玄派”。该派肇端于蜀郡道学巨擘严遵，奠基于严遵高徒扬雄。经过了数代学者的耕耘，“重玄派”在三国时期由孙登初步建立，但真正立坛开讲而颇具规模则以隋唐之际成都至真观观主黎元兴为代表。据杜光庭撰《录异记》记载，成都的著名道家学者黎元兴于龙朔年间建造观宇于学射山（即今凤凰山），《道德真经广圣义》卷五称“黎元兴明重玄之道”。在继黎元兴之后，又有王玄览推动“重玄派”的发展。王玄览，俗名辉，法名玄览，至真观道士，著有《玄珠录》《遁甲四合图》《混成奥藏图》《九真任证颂》《道德诸行门》等书，为道家“重玄派”的理论建构做出了杰出贡献。从以上情况看，凤凰山不仅是道家“重玄派”的思想发源地，也是该派理论成熟的文化标志。

为了贯彻落实习总书记与党中央提出的传承与发扬中华优秀传统文化的伟大战略，也为了打造“文化成都”的品牌，“成都重玄书院”在各级党政领导的亲切关怀下，在各有关职能部门的大力支持下，于 2019 年 11 月获准成立。这是一个纯粹的文化传承机构，也是一个联络海内外学者共同推进传统文化传播与现代性转化的学术平台。

作为书院，当然得有点书卷气，所以未来的重玄书院除了恢复弘扬宋代“四道”，即书道、茶道、香道、花道，推广抄经、绘画、古琴、围棋等传统技艺之外，还计划进行以“生命道学”为思想内涵的一系列文化传承、学术研究与创新，开展中医、太极养生等道学文化的体验、展示、交流、传承与实践活动。其中，最为重要的一项工作，就是整理道家重玄派经典文献，撰写符合当代生活需求的文化著作、人文教育的普及读本，将此类著述汇聚起来，集成“重玄书院文丛”。

有别于高深的学术著作，“重玄书院文丛”将以推动健康中国建设为导向，以中华文化的通俗化为特色，贯注“生命道学”的核心精神，力求通俗易懂、雅俗共赏，殷切期盼得到广大热心人士的支持。

詹石窗*
谨识于六石讲堂
2021 年 4 月 23 日

---

* 詹石窗，1954 年生，哲学博士，四川大学杰出教授，四川大学老子研究院院长、成都重玄书院名誉院长、国家文化重大工程《中华续道藏》首席专家、国家社会科学基金学科评审专家。

序一

还在半年前，门生于国庆副研究员就告诉 我：成都凤凰山至真观住持李合春道长有关于《阴符经》与《清静经》的讲经文稿，有英文与中文两种版本。英文版已经在国外出版，中文版在近期整理完成，请我写一篇序。

听说文稿内容系合春道长的讲经记录，我内心就有一种信任感。因为早在二十多年前，我与合春道长就认识了，那时候他在厦门太清宫修行，而我在厦门大学哲学系任教。课余之暇，我常到太清宫，当时太清宫的住持林玄宏（雪英）道长告诉我，有一位年轻的道士从北方来，熟悉道门经韵，每日率领众修行者念诵早晚功课，给太清宫带来了清新的气息。我问林道长：“这位年轻的道士叫什么名字?”林住持说：“李合春。”这个名字，让我想起了小时候父亲与我猜谜语时的一个片刻。

那时，我刚入小学学习写字不久，有一天吃早饭，父亲突然来了兴致，指着窗外朝霞照耀的龙眼树问："三十个人抱一个'日'是什么字？"我一时没有明白过来。父亲提示说："忝狗（闽南人对儿子的昵称，表示没心没肺，没有心计，如傻狗一般），你仔细看看，树杈上下相交的地方那个闪光的是什么？"我抬头一看，发现龙眼树的枝丫纵横交错，一轮红日透过枝丫，显得特别显眼，于是用筷子在饭桌上画出了"杳"字。其实，当时我对这个字并不认识，而只是凭着直观，看见太阳在枝丫下，依照象形而得到的初步感受而已。父亲看到我用筷子书写的这个字，皱了一下眉头，说道："你学过这个字吗？"我摇摇头。父亲又提示："你再想一想已经学过的哪一个字像眼前看见的？"顿时，我想起了课文里念的"春天来了"这句话，于是脱口而出："老爸，是'春'字！"不过，当我说出口以后却又感觉不太像，因为"春"字明明是一"人"贯穿于三横之中，人字下面有一"日"，最多只能是"三人抱一日"，哪来的"三十个人"呢？我怀疑自己猜错了，也学着父亲皱起眉头。这时候父亲亮出谜底，说："忝狗，在书法上，'春'字可以写成三个'十'字重叠，一'十'居顶，两'十'叠下，'人'字贯中，左撇青龙，右捺白虎，龙虎护卫，旭日东升。"父亲所言什么"青龙、白虎"之类，让我觉得一头雾水，但关于"三十个人抱一日"的象形说法使我终于有所领悟：春天来了，太阳照亮大地，人们出门踏青，人山人海，怪不得古时候书法家把"春"字写成这个样子。我的父亲在民国之初读过五年私塾，对“说文解字”之类虽然还不算十分精通，但在我幼小的心灵中，父亲是很有学问的，所以当他讲“三十个人抱一日”为“春”的时候，让我觉得特别新鲜，认定是最为权威的解释。

不久之后，父亲又讲起“春”字。这一次，他不再采用“说文解字”的路数了，而是结合民俗来讲。记得是我读小学三年级时的一天早上，一家人吃早餐，父亲指着盛粥用的大饭缸问我：“忝狗，你看见什么了？”我连忙站起来，瞧一瞧饭缸，发现缸底还有剩余，就回答：“粥‘春’了。”父亲点点头，表示首肯。在我们闽南地区，“剩余”的“剩”字，就读作“春”。每日吃饭有个习惯，不能把饭都吃光，哪怕都没有吃饱，也要留一点，表示日日有余，岁岁有“春”。父亲的特别提示，让我恍然大悟：原来，这个“春”字还承载着祖先一直以来“吃了上顿，要有下顿”的思想渴望和细水长流的生活规划。

一晃过去几十年，当我在厦门太清宫听林住持介绍年轻道长李合春率领众修行者念诵早晚功课的时候，便唤醒了儿时的记忆，有一种特别的亲切感。于是，我希望见见这位年轻的道长。那时，林住持有个徒弟叫陈金圆，做事很勤快，他一听说我想见见合春道长，就把正在读书的合春道长引过来。我一看，果然气宇轩昂，一表人才，眉宇间流露出一股清纯之气。那一天，我们几个人在太清宫右侧的灵啸洞门前围着石桌，坐而论道，颇有情趣。

日月如梭，光阴荏苒。2008 年初，我从厦门大学调任四川大学，忝为老子研究院院长。不久之后，听说李合春道长也来成都了，并且于2011年担任成都至真观住持。机缘成熟，我们终于能够相聚，叙说道情。2018年，国家文化重大工程项目《中华续道藏》的编纂工作正式启动，需要成立监修委员会。我当时想，这个委员会应该有比较广泛的代表性，既有学者参加，更应该有道长参加。于是我提出了一个包括各地道教协会文化水平较高的道长在内的名单，其中就有李合春道长。由于工作关系，我们见面的机会就多了。

2019年5月21日，岁次己亥，小满之节，合春道长亲自驾车来到川大，将我与几位学生请到凤凰山。我们一路观赏山中美景，一路聊天。当我们到达山巅，放眼四周，诗意油然而生，乃口占《至真观感怀》七言诗一首云：

蜀都北部一峦山，
四水环流隐钥关。
扣论重玄遗韵在，
合春妙境是天寰。

是的，凤凰山的景色就像合春道长的名字一样富有诗意，一样耐人寻味。

转眼之间，又过去一年有余。当门生于国庆博士把李合春道长的《〈阴符经〉〈清静经〉讲记》文稿放在我的案桌上时，一股墨香扑鼻而来。合春道长特有的叙述方式，让我如沐春风，爱不释手。尽管工作繁忙，我还是抓紧时间阅览。本来，在辛丑年春节期间，就想写序，但因为诸事繁多，未能开笔。直到清明节来临，我趁着回老家祭奠先祖之际，特别将合春道长的文稿带上飞机，目的是便于在途中阅读，做些标记。回到厦门，我有了比较完整的几天时间，又反复开卷。一方面，推敲了其中的一些表达方式，提出一些修改意见；另一方面，也做了重点摘录。经过几番阅读、思考，我感觉合春道长结合自身的修道经历讲述《阴符经》《清静经》的思想内涵，娓娓道来，深入浅出，有发前人所未发的见解。可以看得出，他是在查阅了大量的历史文献并且在充分体悟经文意蕴之后撰写书稿的。作为多次讲经的记录，合春道长在每次讲述之后都根据听者的反馈再进行修订。此部文稿，不仅嵌印着合春道长的修道足迹，而且凝聚着道法传承的智慧，读之令人回味无穷。

季春的时节来了，合春的诗意又来了。当朝霞洒满寒舍窗前，山鹊不停叫唤，古老学射山（成都凤凰山本称学射山）的意识流在我的脑海中涌动，我不由自主地写下了一首“梦仙郎”词：

行云流水，笙歌写翠。
思学射，凤凰来瑞。
春旺蜀都辉，修道伴虹归。
清静舒心天地，阴符合契。
经韵远，至真如炬。
鲲跃坎交离，鹏举化通衢。

这首词是我的读后感，也是对修行者未来憧憬的一种描述，如果能够有助于读者理解合春道长这部《讲记》，那是我最高兴的事了。

是为序。

詹石窗
谨识于四川大学老子研究院
辛丑季春三月十二日吉旦

序二

2020年，一场突如其来的新冠肺炎疫情在全球蔓延，在此非常之时，我想借合春道长《阴符经讲记》中文版出版之机，和广大读者谈谈人与自然的关系这个老生常谈的话题。

关于人与自然的关系，在生态伦理学研究中存在着人类中心主义和非人类中心主义两种观点。人类中心主义认为“道德”仅属人类，而非人类中心主义则认为自然物不仅具有外在价值，也具有内在价值，把一切生物都看作与人类有同样权利的道德主体，认为生态问题是人类中心主义导致的。非人类中心主义认为，人类对自然没有价值，甚至对自然有负价值。环境伦理学家罗尔斯顿提到自然界可以离开人，人却不能离开自然界。他说：“就个体而言，人具有最大的内在价值，但对生物共同体只具有最小的工具价值。生存于技术文化中的人类具有巨大的破坏性力量，但很少有，甚至根本没有哪一个生态系统的存在要依赖于处于生命金字塔顶层的人类。”“人们对他们栖息于其中的生态系统几乎没有什么工具价值；相反，他们表现出来的是某种工具性的负价值：打乱生态系统以便获取自然价值并把它们变为文化所用。”按照这种思路，人不但对自然没有什么价值，反而是自然界的一种累赘和麻烦制造者。要纠正人类中心主义带来的生态灾难，必须提倡非人类中心主义的伦理观。

这两种观点，从道教的观念来看都有些失之偏颇，因为人类中心主义忽略了自然，而非人类中心主义又降低了人的价值，都不利于人与自然良好关系的恢复。在道教的人与自然关系中，人和自然都得到了肯定。《三天内解经》讲人与天地万物是相互依存的关系。它说：“天地无人则不立，人无天地则不生。”个人、社会、自然三者之间是一个相互作用的有机整体。在改造自然的过程中，自然界支撑着人类社会文化价值的实现，自然界参与了人类社会历史的创造。人需要自然，自然也需要人。《阴符经》提醒道：“天地，万物之盗；万物，人之盗；人，万物之盗。三盗既宜，三才既安。”天地、万物、人是互相依赖的。人类尽管有着与动物的诸多区别，有高度发达的大脑和智力，但和其他动物种群一样，其生存和发展能作用并同时受制于环境。这种相互作用在采猎文明、农业文明阶段还不足以破坏人与自然之间的基本平衡。在工业文明阶段，人类大规模地开发和利用自然资源，使人类几百年生产的物质财富达到了过去几千年物质财富的总和。但人类对生态环境的破坏也达到了前所未有的程度，正在威胁着人类赖以生存的家园。这个家园的气候在短短几十年的时间里就发生了巨大的变化，空气、水、土壤被污染，野地正在缩小，大气中二氧化碳日益增多，臭氧层遭到破坏，生物多样性不断减少，冰川消退，海平面上升，土地荒漠化加剧，这些都给人类的生存和发展造成了巨大的威胁。造成这一切的原因是什么呢？这里面既有人为的因素，也有自然的原因。其实，自然本身的变迁也会引起环境的改变，有些甚至是非常巨大的改变，如不可抗拒的地质变动和重大的自然灾害。但是，我们今天着眼的是人类行为对环境的影响，如现在人类生产研制的核武器能毁灭地球好几次，这就已经大大超过了自然本身的改变。

“天有五贼，见之者昌。五贼在心，施行于天。宇宙在乎手，万化生乎身。”“恩生于害，害生于恩。”《阴符经》把天地、万物、人之间的关系视作“三贼”恩仇相报，把五行生克关系比喻为“五贼相夺”，即五行之间的生克顺逆是自然的内在理性，其生自然而然，其克亦不知不觉。“三才相盗”“五贼相夺”“天发杀机”“地发杀机”“人发杀机”，《阴符经》罕见地使用了“盗”“贼”“害”“杀”“夺”等词语来警醒人与自然之间还存在着尖锐的矛盾、对立和紧张的关系，如果人错误地使用自己的力量，将带来毁灭。《阴符经》不是展示了一幅片面强调和谐的风景画，而是突出了紧张和矛盾，这也是人与自然之间现实而真切的表现，对人类社会具有鲜明的警示意义。对自然一味地为所欲为、无限占有的人类中心主义，其结果则有目共睹：人类破坏环境，为物所累、被物所害。过分掠夺自然，就会引发“天发杀机”“地发杀机”来报复人类。恩格斯在论述劳动在从猿到人转变的过程中的作用时也曾说过：“我们不要过分陶醉于我们对自然界的胜利，对于每一次这样的胜利，自然界都报复了我们。”

就我们目前的所知而言，人是生命进化的最高形式。人类活动是影响环境的一个变量，所以《阴符经》提醒世人：“天性，人也；人心，机也。立天之道，以定人也。”“是故圣人知自然之道不可违，因而制之。”人类必须尊重、敬畏自然。人类从自然中进化而来，并成为了大自然的最高杰作。他不同于那些自身活动与生命活动直接同一的动物，动物是特定化的，它靠着改变自身的身体结构来适应环境，它的活动维持在天然自然之中。人在某种程度上是靠改变外在环境来满足自己的生存和发展，人活动在天然自然与人工自然之间，他以文化的方式应对自然。所以，人类除了具备生物的本能外，他还能主动去规定自己的目的。人的一个突出特性是创造目的。在自然、社会、人这个统一的目的性系统中，唯一能规定自己的目的、能对自然做出价值判断的存在者是人。非生物不存在创造目的的问题。在自然大系统中，它们有其外在的目的，服从于自然的整体目的性。这些目的不是主动选择和设定的结果。人在天地之间的特殊地位和特殊能力是一把双刃剑，既可以让万物繁荣，也可以让万物毁灭。如果他的自由创造能力发挥不当，就会影响万物的兴衰和整个生态的平衡。人是“万物之灵”，对人这么高的定位其实是在强调人的责任和义务。如果这也属于一种人类中心主义，这种中心主义就是一种弱化的人类中心主义。因为它不主张人肆意控制、占有、挥霍自然，而是提醒世人肩负起责任，维护自然界的生态平衡和繁荣。它敦促人类行使爱护其他物种的神圣使命，运用自己的理性和道德力量，拓宽道德关怀的视野，约束那些违背自然规律的行为，与自然万物和谐共生。

人类是应该成为可以为所欲为的世界霸主，还是应该肩负起呵护世界的责任与担当？《阴符经》早就给出了答案：“三盗既宜，三才既安。”——人与自然之间的关系，以“适宜”为准绳，以“相安”为目的；人类既要利用自然，更要保护自然，与自然共存共荣。

合春道长既具有深厚的道家道教文化功底，又具有宽广的国际视野，一直在全世界范围内不遗余力地推广道家道教文化思想。他所著《阴符经讲记》，曾在国外出版了英文版，为飨国内读者，这次出版中文版。合春道长解读《阴符经》的讲记，深入浅出，把宏大深奥的道理讲解得通俗明白，无异于拨开迷雾见乾坤，对于想深入了解领会《阴符经》思想内涵的国内读者将大有裨益，也能更好地传承和传播《阴符经》的精妙思想，有利于建设人与自我、人与人、人与自然和谐的社会，让新冠肺炎疫情蔓延带来的悲剧不再重演。

陈　霞*
2020年深秋于北京朝阳

---

* 陈霞，教授，哲学博士，《哲学动态》《中国哲学年鉴》编辑部主任；哈佛大学燕京学社访问学者、伦敦大学亚非学院高级访问学者、布朗大学富布莱特访问学者；中国社会科学院哲学研究所研究员、博士生导师；第十三届全国政协委员；第十三届全国政协民族宗教专委会委员。

序三

2013年秋，受中国道教协会之邀，担任“道行天下——中国道教音乐欧洲巡演”艺术总监的我，与“中道协”同仁赴欧洲几国做巡回演出前的联络、协调工作。一日，去日内瓦音乐学院商谈演出场地时，遇到该学院中提琴教师Laurent Rochat（道号：夏宏延）。交流中，当他得知我是李合春的好朋友时，Laurent一下子像见到亲人一样，连忙拉着我的手说：“在日内瓦见到合春的好朋友我太高兴了！我们十分想念他。合春太了不起了！他教我们功夫，我们跟他学道，跟他在一起我们有不可思议的收获!”说着说着，他激动得眼泪都快掉下来了。那一瞬间，我深受感动，且带有一些惊讶，除了感动于合春与Laurent深厚的友谊之外，还惊喜于合春深藏不露的含蓄和令我有些捉摸不透的玄妙。

如果说合春只是一位“文化道人”，我并不满足于这句俗套话。但若真要说清楚合春到底是怎样的一位道人，即便是我这位与他交往多年的老朋友，也说不太清楚。也正因为说不太清楚，便更觉得与他的交往有趣味，有神秘感，有吸引力。

一个事实是清楚的，合春是一个能人。而他的才能总是在让你有些惊讶的情形下表现出来。

2006 年，我由香港去成都参加首届“中国（成都）道教文化节”活动。其间，一次朋友聚会，合春和他几位琴友趁着雅兴演奏了几首蜀派琴曲，着实让我吃惊不小，我是第一次得知，也是第一次看到我这位多年的好友弹得一手好琴，此前我完全不知道。

除了抚琴，合春的书画也造诣颇深，笔上功夫非三五年可以成就，并非他自我调侃、轻描淡写一句“随便画画”。

2007 年，我开始《天府天籁——成都道教音乐研究》一书的撰写（与任宗权等合著，2009 年由人民出版社出版），在查找相关文献时，赫然见到李合春等编著的《青羊宫二仙庵志》，为我的研究提供了珍贵的史料。

2012 年，我出差到成都，合春约我上市郊凤凰山，看看已粗具规模，正在陆续建设中的至真观远景规划。几年过去，愿望成真，今天的凤凰山至真观，集道家风范与文化品质于一体，风景独好。可想而知，作为当家住持的合春使出了怎样的能量，花费了多少心血。

在静默悄然之中，合春的国际道教文化交流也做得有声有色。这些年来，他时而去东南亚，时而到北美、欧洲，身体力行地推行中国本土宗教的外功内法。于是，我已经习惯了每年周期性地要么从泰国清迈，要么从瑞士苏黎世，要么从德国某一幽静处合春传来的消息，每问及他在做些什么时，他总是风轻云淡地说与朋友们在一起聊天儿。久而久之，我也大略了解或理解了他的“天”在哪里，与朋友们怎样“聊”着……

在众多类似的惊喜中，让我有些激动的是合春这本付梓的英文版的言论集。我不知道也不需要太具体地知道合春什么时候学习了英文，而且英文如此之好。我关注的是这一惊喜中的不一般意义。

回顾学术史不难发现，道教文化的对外宣传和推广由来已久，无论是国外学者还是国内专家在这方面都做出了积极的贡献。更有如施舟人（Kristofer Schipper）、苏海涵（Michael Saso）等学者以体认式（参与道教法事活动或修炼道家功法等）的方法进行道教文化的研究。虽然如此，但像李合春这样出家悟道多年的道内人，以自己非凡脱俗的感知和觉悟并配合功法修炼而言传身教者，实在难得。由于语言障碍，“言传”具有一定困难，更何况本土宗教的奥妙非一般文字语言可以表达，很大程度上是语言与感悟的结合，通过他人传译，多少会因为间接距离而有些言不达意；“身教”以道功道法为基础，没有心身合一的修身养性，太极八卦、打坐养生只能是“纸谈”。

毫无疑问，很快将会有来自合春的新的惊喜，我所期待和好奇的是，下一个惊喜会是什么呢？

祝贺合春！

刘　红*

2020年3月

---

* 刘红，民族音乐学专业，哲学博士，上海音乐学院教授、民族音乐系系主任、博士生导师，中国道教协会文化艺术总监，香港道乐团团长、艺术总监。

梦回南山[①]

大众！谁曾不死？哪见长生？
不死者，岂是凡身？
长生者，非关秽质。
彭祖至今何在？颜回万劫还存。
不死者，我之法身；
长生者，吾之元气。

——王常月老方丈《龙门心法》

依世人所见，生也匆匆，命也匆匆，亘古难相逢；人生百态，转瞬即逝，都付笑谈中。然道者有云，人方生方死，方死方生，死生变化，无有恒常。因此王常月老方丈才会发

① 编者按，作者以此文为自序。

出“彭祖至今何在？颜回万劫还存”的感慨。法身不死，故非凡身；元气长生，故非秽质。李白《春夜宴桃李园序》云：夫天地者，万物之逆旅也；光阴者，百代之过客也。而浮生若梦，为欢几何？古人秉烛夜游，良有以也。古人认为时光短暂，生活如漂浮不定的幻梦，所以于黑夜中秉持烛火探索生命之真理。

《道德真经》云：“万物负阴而抱阳，冲气以为和。”① 人秉阴阳二气，聚则成形，散则为气。“不死者，我之法身；长生者，吾之元气。”唯有吸收天地之灵气，集日月之精华，夺自然之造化，方能与天地同寿，日月同辉。故而老子又说：“不失其所者久也，死而不亡者寿也。”② 修真之士，需常养浩然之正气，得性命之双修，方能守精达变，道法同行，此即“深根固蒂，长生久视之道”③。

道之化机是孕育世间万物的源泉，生命中的每一次相遇，都是在冥冥之中由无数个机缘注定的，与之相遇的每一个瞬间，都是天地自然之道的最佳显现。唯有正确地认知天道与人文的规律，从中领悟人生哲理，以坦然心态为人，以宽容胸怀处世，才能云水风度，随遇而安，洞彻人生机缘。

法不孤起，借境化生；道不虚行，遇缘则应。自2004年起，我时常应邀至欧洲诸国讲学。在讲授中华传统文化和道

---

① 《道德真经》，《道藏》第11册，文物出版社、上海书店、天津古籍出版社1988年版，第478页。本文所引《道德真经》原文皆引自该书，以下略注。

② 《道德真经》，《道藏》第11册，第479页。

③ 《道德真经》，《道藏》第11册，第479页。

家修养的过程中，西方人对我所讲授的《阴符经》和《清静经》思想兴趣盎然，说明不同民族和地域的人们，在文化和心灵上亦有共融相通之处。

从中国的终南山到欧洲的阿尔卑斯山，一路走来，虽相隔万水千山，然而道相通，德相连。在讲学期间，每当我搭乘的航班降落在瑞士这片祥和而恬静的国土时，第一时间会让我想起老子在《道德真经》里所描绘的景象："小国寡民，使有什伯之器而不用，使民重死而不远徙。虽有舟舆，无所乘之；虽有甲兵，无所陈之；使人复结绳而用之。甘其食，美其服，安其居，乐其俗。邻国相望，鸡犬之声相闻，民至老死不相往来。"① 老子所描绘的中国周朝，是一个智者辈出的时代，路不拾遗，夜不闭户；日出而作，日落而息；起居有常，饮食有节；空气清新，百姓安定。来到瑞士，让我感受到这种熟悉而温馨的古老意境。

我出生的那个被称为南山（后来又称终南山）的地方，是自周朝以来中国历代帝王和神仙朝拜的圣地。

慈母历经世间甘苦，将我养育在这片青山绿水间。商山以南的这片土地——商南，建县于北魏景明元年，迄今已有1500多年历史。这里有仰韶文化、龙山文化积淀的厚重，兼具移民文化的丰富广博。商山宗终南山为主脉，被道教列为洞天福地，春有百花秋有月，夏有凉风冬有雪，可谓地灵人杰，钟灵毓秀，历来都是隐士们修真悟道之地，秦朝末年著名隐士"商山四皓"中的角里便是此地人。商南是秦岭山脉

① 《道德真经》,《道藏》第11册，第481页。

的源头，而秦岭山脉是中国地理上的南北分界线。我家背靠秦岭支脉的西岳华山，南邻太和武当山，东连古都洛阳。

众所周知，五岳指的是东岳泰山、西岳华山、南岳衡山、北岳恒山和中岳嵩山。在古代，五岳是中国传统山岳崇拜中最为推崇的五座神山，其中，西岳华山被道教列为第四洞天，历来仙真云集，高道辈出，宫观林立。

而在道家信仰者心目中，武当山也是一座常年仙气充盈的神山，相传昔年道教祖师真武大帝曾在此修行成仙。放眼武当山，七十二峰朝大顶，二十四涧水长流，从太子坡“云岩初步”到紫霄宫“云外清都”，皆如世外之境。明代帝王发愿大修武当山，并赐名“大岳太和山”。从治世玄岳到皇室家庙，武当山作为一座重要的道教名山影响着中国近世道教的发展。

翻过秦岭即为繁华喧嚣的盛唐古城——长安（现称西安），其见证了中国历史上最为辉煌的盛世。现在的商南文化多元，既古且新，厚重而又充满活力，是秦、楚、豫三省八县之枢纽。

天道好生，宇宙万有，最终都会因时间与空间而化为乌有。自母亲以上三代，家族女性皆传承医道，践行善道，济世行善，德泽乡里。慈母怀胎十月，乳哺三年，历经艰辛承续李氏之宗祧。母恩难忘，身为幼子的我，将用一世之修行感恩家母之大爱。

记得那是 1985 年的一个严寒的冬日，我清晨起来到父亲的床边，温馨地和他聊着天，聊着聊着他睡着了。在吃完了母亲精心准备的早餐后，哥哥送我去上学。还没到放学的时间，哥哥突然来到学校接我，我感觉十分诧异。哥哥颤声说道：“咱们回家吧！父亲走了……”回到家里，看着安详睡着的父亲，无论我如何声嘶力竭地呼唤，他都再也没醒过来……从那时起，我对生活的记忆就越来越清晰了。父亲的过早离世，令哥嫂早早挑起了家庭的重担。老家有这样一句俗话：“当哥比父，当嫂比母。”在哥嫂的严厉训导下，我的童年时光没有荒废，而是同其他的孩子一样，正常生活，努力学习。

熬过了严寒的冬天，万物复苏，迎来了满怀生机的春日。在一个风和日丽的正午，我兴高采烈地放学归来。在饭桌上，我突然发现一个不同寻常的客人。他瘦高的个头，一袭天蓝色的长衫，挽着饱满的发髻；清瘦修长的脸上镶嵌着一双深邃睿智的眼睛，似乎能洞察这世间的一切；双眉如慧剑一般鼎托着宽阔的额头，好像其中蕴藏着无穷的智慧；那悠然自得的胡须将他衬托得如此潇洒与飘逸，仿佛他是从另外一个世界而来。对他的景仰之情，在我心底油然而生。从母亲那里得知，他是一位在华山修道的出家之人，云游来此。

在家人的引荐下，我正式拜他为师。此后，每日白天我像别人家的孩子一样，去学校上学。不同的是，早晚我还要跟随师父习武，并听他讲述许多离奇的故事和他那传奇的人生经历。那时的我对于武功和拳术全然不知，脑子里根本没有概念，但是他那神奇的经历和动听的故事深深吸引了少年的我。当时的中国，电视机不算普及，但一系列以武侠为题材的电视连续剧，例如《张三丰》《武当》等，却轰动了整个中国。习武的热潮和侠客的梦想，在刚刚开放的中国，令无数年轻人痴迷神往。肉眼凡胎的我，也追波逐流，在大侠的梦想中畅想未来。

不能继承家学、传承医道的我，实在不忍看着终日被病魔缠身的人却无所作为。这种心有余而力不足的烦恼，始终困扰着我。成为一个能扶弱济困的人，是我当时唯一的奋斗目标。师父心怀天下，慈悲济世，云游四方。他每年能来我家居住的时间非常宝贵，我十分珍惜，只能加倍努力，冬练三九，夏练三伏。

20 世纪 90 年代初期，随着年龄慢慢增长，我开始进入中学时代，就读于文碧峰下的青山中学。据史料记载，这里是宋代道学大家邵雍所创办的青山书院之旧址。邵雍（1011—1077），字尧夫，谥号康节，是北宋时期的一代高道，集思想家、数学家、文学家于一身，誉满后世。在其所著《皇极经世》书中，邵雍运用易理和易数推演宇宙起源与自然演化的规律，探究古今历史变迁的奥秘，取得了极大成就。邵雍生于河北范阳（今河北涿州市），晚年隐居洛阳，毗邻我的家乡，因当地民风淳朴，山川灵秀，故在此创办青山书院传道授业，著书立说，教化一方。

青山中学秉承青山书院的教学理念，为青年学子打下了坚实的基础。青山中学门口有一条涓涓小溪紧挨着操场，旁边有两棵胸径粗近八米、高近三十米的千年古树，据说乃是邵雍亲手所植。每次路过，看到此树在溪水的滋养下郁郁葱葱，枝繁叶茂，我都为其所展现出来的顽强不息的生命力而赞叹不已。

离开了家庭生活，我开始和同学们朝夕相处，吃住在学校里。只能每周末回家一次，所以与家人和师父相聚的时间越来越少，对于往事的思索和怀念却越来越多。师父那飘逸潇洒的形象，在我心中变得高大起来……

一次偶然的机遇，我做出了人生的重大选择。我清晰地记得，那是中学快要念完的一个傍晚，我在校外的小镇玩耍，偶然间被一部电视连续剧《封神榜》吸引住了。电视剧讲述了古代中国众多神仙和隐士们的修炼生活，以及他们是如何辅佐周王朝战胜邪恶、统理天下的故事。周王朝是中国历史上统治时期长达近八百年的一个朝代（前 1046—前 256）。我为这样一个故事痴迷，并且沉醉其中难以自拔。

从那以后，我再也无心学习。尽管每天依旧按时去学校上课，但是满脑子都是神仙的世界。我开始思考我的师父：他虽然从来没有读过大学，却拥有丰富的知识和了不起的智慧，他还精通绘画、书法、医学和武功……师父每天怀着慈悲之心，行医治病，解救众生。他亲自去深山采药，然后精心炮制，制成各种汤膏和药丸，药到病除。不仅如此，他清静的心态和深邃的智慧，给无数人提供了一种精神指引。他成了我的英雄和偶像。在我的内心深处，我是多么想成为他那样的人。

每当想起师父，我就倍受鼓舞。可是，当我意识到想学习的东西永远也无法从学校里学到时，我就万分沮丧。学校目前的教育模式，很难让我拥有师父那般的智慧。在学校按部就班的学习也难以实现自己的梦想——拥有像师父那样无拘无束、自由自在的生活。那段时间我非常困惑，每天都在思考如何实现梦想。

期末考试的前两周，我突然鼓起勇气做出了重大决定——离开学校。我没有告诉任何人，包括家人和老师、同学。除了那身夏天的衣服，只带了一把母亲给我的雨伞。尽管那时我孤身一人，但是内心充满喜悦之情，虽然当时我也不知该去向何方。这时，我遇到一位老人，他告诉我在某座山上有一座寺庙，里面住着一位老和尚。我就顺着他的指引去了那座庙。

那时候交通不发达，也没有直达山中寺庙的交通工具。我只能靠我的双手双脚，一路翻山越岭。这真是一段艰辛的旅程。尽管早已精疲力竭，但是虔诚的精神力量一直支持我不断前行，因为我很高兴自己终于走上实现梦想的道路。

当我最终到达寺庙的时候，已是黄昏时分。群山环绕之中，万山来朝，一座已经荒废的“地母庙”静静地耸立在这山巅之上。漫天的星辰和彩云，触手可及。松柏翠竹相伴，清风徐来，沙沙作响。尽管地母庙颓败破旧，但在我看来，它却是这壮观景象中最耀眼的地方。

当我正在欣赏这壮观景象时，一位老僧走了出来。他独自一人住在这里，不仅是这里的住持，也是这里唯一的僧人。这位大师和我的师父不一样——他穿着灰色的僧袍，剃着光头，没有胡须，他完全不像我的师父那样优雅潇洒，但是他看起来依旧端庄干净，令人肃然起敬。他慈祥地看着我，然后用和蔼的语气和我讲话。我十分激动地诉说着自己的来意，他很和善地答应了我的请求。

伴随着日出日落，我和法师一起练习武功，打坐冥想，早晚学习经文。在变幻莫测的彩霞映照下，我们一起喝茶，期间他教我一些心法。然而，地母庙的生活让我想起了师父和电视剧里的姜子牙。我有时会思考：要怎样才能过上他们那种生活呢？我开始怀念师父，试图去实现电视上看到的那种生活。

到达地母庙两三个月后的一个午后，我跟地母庙的法师闲谈，告诉他自己的理想——成为一名道士，修道成仙。后来法师告诉我，在另一座山上有一座老君山道观，那里的道长是他的老朋友。当听见这个消息，我非常激动，想着也许在那里就会遇到我命中注定的真正的师父。我非常感激地母庙的法师，并立刻去大殿里焚香感谢地母，祈求她的保佑，帮助我实现我的梦想。与法师告别后，我就离开了地母庙。

经过漫长艰苦的跋涉，通往梦想之路似乎出现在了眼前。在几乎不间断地行走了一天半以后，我终于到达山脚下。老君山道观位于商南县城西党马乡，途经312国道，由捉马沟大桥向北行进，山路崎岖，山石险峻，有点“山高石头多，出门就爬坡”的意思，山尖高耸入云，极其陡峭。那天下了很大的雨，还好是夏天，过一会儿太阳就出来了。尽管梦想就在眼前，但依旧困难重重——这座山太陡峭了。这下真的是“爬山”——因为只能手脚并用去爬，有些地方就像是在攀登陡立的墙壁或攀登直立的梯子。

事实上，很快我就迷路了。尽管迷路了，但我还是很高兴，因为我在山里——夏天的山里，有各种各样的成熟野果，可以给我提供充足的能量和力量，帮助我登上顶峰。但是当我最终到达山顶之时，我却发现，法师跟我讲的那座道观，却耸立在另一座山峰之上。于是我只能原路返回，然后再重新攀登。

最终到达那座道观时，天已经黑了，我也已经累得精疲力竭。然而，我吃惊地发现整座道观一个人也没有。真的，一个人也没有。不过我还是径直走进道观，然后倒头就睡。因为确实累得不行了，我一觉睡到天亮，醒来才发现道观原来是建造在悬崖绝壁之上。主峰天池峰，峰顶有一池号称“天池”，四季不涸，常年清澈，传说是神仙沐浴的地方。左有狮象峰，右为蜡台峰，环山依岩，坐北向南，自然天成。经过昨天的大雨，远远望去一目千里。山上清晨的阳光是那么清纯明亮，视野开阔。我起来洗漱完毕，就去大殿上香叩拜，静静地等候道长回来。道长大约是在中午之前回来的，我恳请他收留我，允许我出家成为一名道士，在这儿和他一起修道，修炼成仙。

他静静地倾听，微笑地看着眼前这个可爱而虔诚的小男孩。在接下来的日子里，我要接受出家相关的种种考验。每天打扫卫生，早晚功课，练习打坐冥想，诵读经文。

一起生活了一段时间以后，我和师父的关系变得非常亲密，算是通过了初步考验，他建议我回家一趟，把我出家的打算告诉家人，并且让他们知道我在哪里，在做什么。那时候我突然想起了家人，尤其是我的母亲。因此，我决定在正式出家修道之前至少先回趟家。

当我回家的时候，才发现他们一直都在找我，而且已经找了很长一段时间了。母亲见到我喜极而泣，又是激动又是高兴。原来，自我逃学走后，学校便联系我的家人，询问为何我很长时间都不去学校上学，他们这才意识到我失踪了。从那以后，家人们就一直尽力寻找我。但是在他们找我的时候，我却把他们忘得一干二净。

就在此时，我突然意识到每个人的生活都是不可复制的，别人是无法替代你去生活，而我也只能经历属于我的生活。家人的担心和关怀，让我感受到慈悲与爱的力量，更加坚定了我对美好未来的无限憧憬。

我前往家族祠堂（也就是堂屋），这里供奉着天地君亲祖先牌位。我在香炉里上了炷香，告诉先辈们自己出家修道的打算，然后又告诉了母亲。我的母亲是一位虔诚善良的宗教信徒，当听到我的打算时，她非常高兴我能做这样的决定。但是我的哥哥，还有家里的其他亲戚却不理解我为什么要这样做。

我又回到那个老君山道观，把母亲同意我出家修道的决定告诉了师父。母亲认为我为了能够造福更多的人而选择出家修行这条路，是整个家族莫大的荣耀。这时候，师父才正式收我为徒，并赐道号“合春”作为我的道名。“合”是天人合一、聚集联合的意思，是道教全真龙门派第十六代玄裔弟子的辈分；“春”是春天的意思，春天是万物萌芽的季节，这个字就像道生万物一样，充满着生机，让我甚是欢喜。

在师父身边，我从道门日常课诵基础开始，从净心神咒、净口神咒、净身神咒、安土地神咒、净天地神咒、金光神咒、祝香咒、玄蕴咒等“八大神咒”学起，相继背诵了《太上老君说常清静妙经》《高上玉皇心印妙经》《吕祖百字铭》《龙门派百字辈》《龙门心法》《三官经》《北斗经》等道家典籍。修行学习一段时间后，师父感知到我内心的想法，给了我外出云游历练的机会，参访学习见识一下外面的世界，拜访洞天福地里的高真大德。

一个风雪交加的清晨，师父送我到汽车站，并跟我说先去华山和楼观台拜访两位高道。在分别的时候，他语重心长地跟我说了两句话：“慈心下气，恭敬一切。”这一下子触动了我内心深处。这八个字，来自我每天都要念诵的早晚功课经文，但是在此情此景中，这就是师父特意为我准备的参学处事心法。从那时起，这两句经文便成为了一座灯塔，照亮了我的修行之路。

按照师父的指引，我来到了华山。到达华山的时候，已是傍晚时分。放眼望去，在皎洁的月光映照下，皑皑白雪覆盖的群山是多么的雄伟壮丽。当晚，我住在山脚下的道观玉泉院里。进入道观的一刹那，蜿蜒矗立的殿台楼阁召唤着我，内心喜悦之情油然而生。

第二天很早我便起床，却发现其他人已经做完了功课，每个人都悄无声息地拿着扫帚，打扫着庭院的落叶，我也自然而然地加入其中。院落很大，大家互不交接，各自扫着眼下的落叶。好像每个人都在清扫着自己的心田一般，且在自然而然的过程中受到教化，如《南华真经·知北游》所言："天地有大美而不言，四时有明法而不议，万物有成理而不说。"① 这一切是那样的完美和谐，宁静祥和。

玉泉院始建于北宋皇祐年间（1049—1051），是高道贾得升为其师"希夷先生"（陈抟老祖）修建的。据说陈抟老祖在这里的山荪亭写出了《钓潭集》《三峰寓言》等著作，院内的无忧树，也是陈抟老祖当年亲手栽植的。此外，玉泉院还有石舫、无忧亭、通天亭、希夷洞等名胜古迹。华山三宫九观七十二庵一百零八洞，自古便是久负盛名的道文化胜地。

在其他道长的指引之下，我去拜访了一位德高望重的老前辈，她住在华山极为险要的地方——大上方。我内心有很多问题需要请教，想从她那儿学到一些方法。但在我和她相处期间，她并没有传授我具体的方法，后来回想起有关她的点点滴滴，总觉得从中受益匪浅。我这才明白这就是所谓的以身示法，行不言之教。

离开华山，我去了终南山楼观台。楼观台传说是周朝函谷关关令尹喜真人结草为楼，观星望气之所，留下了"紫气东来"的千古佳话。一日尹喜真人观天象，有紫气从东方缓缓而来，预示着将有智者圣贤路经此地。于是，他命人清扫

---

① 《南华真经》，《道藏》第 11 册，第 607 页。

道路，在此恭候，不日老子离开京畿云游至此。在尹喜真人的再三请求下，方才有了《道德真经》流传后世，惠及苍生。之后的楼观台成为了世人心中的圣地，道韵悠长。

福地洞天历来都是高道大德们切磋砥砺的云集之地。师父推荐我来此地参学定有深意，我每日扫洒应对，早晚功课，沐浴在谈玄论道的玄门正气之中。在众多前辈的熏陶之下，我和其他道徒一样，聆听教诲，学习经典。虽然当时对众多经典领悟有限，然而通读并背诵的《黄帝阴符经》《道德真经》《黄石公素书》《周易参同契》等经典至今记忆犹新。其中，刊刻在楼观台的《道德真经》碑石之侧的十四字秘诀，经过任道长的解读和传授，让我受益良多。这十四字如下①：

【𨈚】读音：玉 yù

𨈚，乃珍贵之意。天有三宝日、月、星，人有三宝精、气、神。此字会意身内有宝，珍贵如玉。常人因凡俗萦扰，恣情纵欲，而不能常保。故《道德真经》第七十五章说："民之轻死，以其求生之厚。"老君造此字教人固守三宝，恬淡世情，积精累气，以求长生。

【躬】读音：炉 lú

躬，冶炼的器具。此字为内丹修炼术语，从字的构成可以这样理解，人固有的精、气、神，经过阴阳交会而炼就养

① 参见任法融：《太上老君作十四字养生诀释义》，中国道教协会。

生的真丹。丹经《悟真篇》曰：“先把乾坤为鼎器，次搏乌兔药来烹。”① 人身如一小乾坤，既有炼丹的鼎器，也有炼丹的元素。“舟冃”字反映了道家关于修养的基本方法。

【炚】读音：烧 shāo

炚，由“一”“内”“火”三字组合而成：一者，坎也，为水也，取“天一生水”之意，在天干为壬癸，在地支为亥子，在卦为坎，按老君太极图意，阴极生阳，故曰“冬至一阳生”②。内，指人体之内兼藏水、火。水乃万物之所伏生，喻人身亦有阴极生阳之理。火于时令为夏，于四方为正南，于卦为离，于天干为丙丁，于地支为已午，于三光为日，于人身则为心神。丹经说，火逼金行者，实即心火下降，肾水上腾，阴阳交会成为烧炼之意。

【桯】读音：炼 liàn

木能生火，故为火源。丹经上讲，木为火之元神，金为水之元精；土能簇五行。金、木、水、火，在四季各有旺、相、休、囚的不同变化，只有土属中央，旺于四季。金、木、水、火皆依于土。所以说“土能生万物”③。用人的心意来招摄身内的水火，使之归源，去其糟粕，取其精华（元神、元精）。只有经过这样的提炼，真气才能正常运转。

---

① ［宋］张伯端撰，王沐浅解：《悟真篇浅解》，中华书局 1990 年版，第 31 页。

② ［宋］翁葆光注：《悟真篇注释》，《道藏》第 3 册，第 28 页。

③ 《周易参同契注》，《道藏》第 20 册，第 182 页。

【愈】读音：延 yán

愈，以修心而延命之意。道家认为只有性（心）命双修才能延年益寿。丹经中说，只修性，不修命，此是修行第一病。性命双修是通过戒、定、慧，修炼精、气、神，宁心静虑，精满气足，心旷神怡。故此字的意思是教人平日清静身心，固守精气，这才是延长寿命的根本，亦即道家倡导的养生之道。

【𤕟】读音：年 nián

𤕟，依法修炼能够达到长寿无极之意。据《南华真经·在宥》记载，广成子向轩辕黄帝传授养生之道时说："天地有官，阴阳有藏，慎守汝身，物将自壮。我守其一，以处其和，故我修身千二百岁矣，吾形未尝衰。""千万"意喻长久，人如能依照老君养生之法，久持不懈地修养，就能身强体健，延长寿命。

【𤄰】读音：药 yào

《高上玉皇心印妙经》云："上药三品，神与气、精。"①𤄰，由"自""家""水"三字组合而成，指人体内之精液，为三品上药之源泉，故丹经《悟真篇》中又说："人人本有

---

① 《高上玉皇心印妙经》，《道藏》第 1 册，第 748 页。

长生药，自是迷徒枉摆抛。甘露降时天地合，黄芽生处坎离交。”① 人不分贤愚，皆有丹药，只因常人纵欲过度，以致药源枯竭，多疾寿夭。因此，修道之人把清心寡欲、筑基、炼精作为养生最根本的功夫。

【靖】读音：正 zhèng

靖，其字体现了修炼的不偏不邪、生机盎然之意。此字指人外行纯一，止于正大光明、不染邪曲，以此作为修德之本，所以它有道与德、内与外对仗意义。青于五行为木，于四季为春，于四方为东，属万物生气一方。又春为一岁之首，草木应春而生，枝叶青葱，隐含人循道养生，就能生机旺盛，如草木逢春。

【僔】读音：道 dào

僔，由“人”“道”“寸”三字组合而成。“人”指人体，“道”指宇宙万物运行的规律，“寸”喻心。整个字含有道法自然之意，教人修炼时要顺乎人身阴阳之道，使人常处于无邪思、无妄为的清静状态。可是一般人都因世俗影响，心神躁动，胡思妄为，气血循环不轨，阴阳失去调和，心神偏离生理自然之道。故道家借此字教人要清静心神，革除邪思妄为，循道而行，返璞归真。

---

① ［宋］张伯端撰，王沐浅解：《悟真篇浅解》，中华书局 1990 年版，第 11 页。

【㑦】读音：行 xíng

㑦，由“人”“法”“心”三字组合而成。“人”指人体，“法”指师法，“心”指人的心性。《太上老君说常清静妙经》云：“人心好静而欲牵之，常能遣其欲而心自静，澄其心而神自清。”① 人心本来是清静的，然而不能保持者，是因私欲牵绕，此字是教人降心止念，宁心澄虑，取法自然清静之意。又《道德真经》第十九章云：“见素抱朴，少私寡欲。”也强调要绝去私欲，养我常静常清之心。

【𦤺】读音：修 xiū

𦤺，由“至”“成”两字组合而成。“至”即达到，“成”即成功，指坚持不懈的决心。《高上玉皇心印妙经》说：“回风混合，百日功灵。”② 其意为收视返听，经百日即可见修炼之效。换言之，如能遵循自然之道，久持不懈，诚心修炼，就一定能够成功。

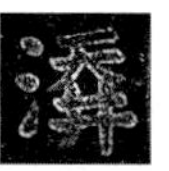【𣶏】读音：益 yì

𣶏，添也，满也，是天井中有水也。所谓“天”“井”“水”者，是指人用功到虚极静笃时，阴阳交会，心平气和，只觉口内上腭有分外香甜的津液，自然由上降下，滋润百骸。故《道德真经》有“天地相合，以降甘露”之语，吕

① 《太上老君说常清静妙经》，《道藏》第 11 册，第 344 页。

② 《高上玉皇心印妙经》，《道藏》第 1 册，第 748 页。

祖《百字碑》亦说“白云朝顶上，甘露洒须弥”①，讲的都是这个道理。

【僑】读音：寿 shòu

僑，由“人”“在”“内”三字组合而成。“人”指道家所谓的“真身”，“内”指人体内精、气、神的凝聚物。故《周易参同契》说金丹长成以后的形态是“类如鸡子，白黑相符，纵广一寸，以为始初，四肢五脏，筋骨乃俱，弥历十月，脱出其胞，骨弱可卷，肉滑若铅”②。这时的丹在人身内，还没有成熟，似妇妊娠，尚未分娩，所以是“在”“人”“内”。古代道家认为，如果人体内成就此丹，便可长寿有望。

【尦】读音：丹 dān

尦，由“九”“真”两字组合而成，“九”比喻炼功长久，“真”是真实之意。古时修道之人常说修炼功成时“九转丹成”“三千功满”“八百行圆”，方能证得道果。所谓“三千”就是三千天，将近九年。这里的“九”即“久”的谐音，隐喻长久不断修炼。比如炼金，次数愈多，纯度愈高。所以，古代道教人士认为，“炼丹”必须久修久炼，持之以恒，真丹才能炼成。

时光荏苒，白驹过隙。在楼观台学修期间，我有时也会

① 《吕祖志》，《道藏》第 36 册，第 482 页。

② 《周易参同契》，《道藏》第 20 册，第 85 页。

和道友们骑自行车到大重阳万寿宫朝拜，虽然只有几十分钟的行程，但却有着特别的感悟：从老子讲经说法，到重阳祖师创立全真道，先贤们的弘道立德事业已传承两千多年，远眺绵延起伏的终南群山，我不禁感到自身的渺小。于是，努力精进，像先贤一样传承中华道家文化精华并使之发扬光大，成为我奋斗的目标。而冥冥之中注定矗立在崇山峻岭那一边的武当山，则将成为我参学访道的下一站。

武当山修行人很多，他们中间道行高深的人看上去鹤发童颜，步履清虚，让人不禁想起唐人李翱的诗句："练得身形似鹤形，千株松下两函经。我来问道无余说，云在青天水在瓶。"① 朝拜完武当山众道观后，我决心在山下的玉虚宫住下，学习八卦掌、太极拳和武当剑等。玉虚宫内有一位年过百岁的坤道（道教将出家修炼的道姑称为坤道），每日我在练功之余，时常聆听她讲述修道的经历。虽然她的言语朴实无华，然而却让我感受到了大道至简至朴，厚重而幽玄。尽管当时的玉虚宫古老而凋敝，但却气韵非凡。我在这里每天练功习武，有时也会打坐冥想。

一日午后，我在背负石碑的巨大石龟上静坐冥想时，回想自己的过往，开始思考人生的价值和意义。我意识到自己的梦想已然不再是成为一代大侠，而是通过努力获取到能够帮助更多人的智慧。如何才能获得真正的智慧？我觉得真正的智慧，应当是平凡中的伟大，像我的启蒙恩师和这位年过

---

① 余嘉锡著：《四库提要辨证 · 李文公集十八卷》，中华书局 2007 年版，第 1291 页。

百岁的坤道前辈那样，用抱朴守真的心态积功累德，以大道至简的方式传道授业，将德行作为感化世人的不二法宝。

怀揣着前行的梦想，思考和疑问在我心中不断增加。带着在武当山修行历程中遇到的困惑，我又回到了终南山楼观台。清晨起来，整理完自己纷乱的思绪，带着心中的无数个困惑，前去拜见德高望重的前辈任老爷子。

当我第一眼见到他时，晨曦映照下的他一派怡然自得的神仙气象，手持羽扇向我微笑示意。他那温和的笑容，如同冬日里的阳光一般，瞬间令我心中的困惑消融殆尽。在熹微的晨光中，我们二人在观内漫步，静静地感受这暖暖的朝阳。虽然，谁也没有讲话，但是我们却好像在无声地交流。过了些日子，我拜别了任老爷子，途经茅山、上海，来到了美丽的西子湖畔——杭州。此地钟灵毓秀，人杰地灵，是南宋的都城，历史悠久，文化底蕴深厚。

抱朴道院位于杭州西湖边上的葛岭山，曾是道家祖师葛洪真人炼丹修炼之所。我沿着曲径通幽的山间小道，在烟雨朦胧中拾级而上。走着走着，一座山门映入眼帘，山门两侧有两排大字："神仙事业三生诀，襟带江湖一望中。"只身前行其中，犹如漫步在清虚之境。宋人魏野有诗云："寻真误入蓬莱岛，香风不动松花老。采芝何处未归来，遍地白云无人扫。"① 诚如是也。来到抱朴道院，满眼的湖光山色，令我心旷神怡。依山而建的抱朴道院，坐北朝南，可以将西湖风景尽收眼底，果然不负"葛岭仙境"的美誉。

---

① 郭绍虞辑：《宋诗话辑佚》，中华书局 1980 年版，第 268 页。

在这里，我和其他青年道友一起，每日研习斋醮科仪，早晚练习八卦太极。因葛岭有一名泉甘洌无比，故而常有文人雅士来此品茗雅静，抚琴对弈，谈玄论道。在这些往来的文人雅士中，有一位徐老先生和蔼可亲，温文尔雅，我被他深厚的学养所折服。他时常带领着我和其他几位年轻的小道友浸润在文化艺术之中。春暖花开、天朗气清之际，他也会率众泛舟雅集于西湖之上。在他老人家的启发熏陶之下，我慢慢开始对古琴等传统音乐艺术产生了浓厚的兴趣。

光阴似箭，日月如梭。我在杭州的参学之旅，用一位老道长对我的开示来总结，即为："一心求道，道无穷，穷中有乐；万事随缘，缘有分，分外无求。"纵观古代高道的一生，多是求道、学道、悟道、证道、得道、行道、弘道的过程，是实践检验真理、提升生命境界的历程，他们传承下来的精神遗产，指引着我此后的修行之旅。

离开了葛岭抱朴道院，我回到了陕西西安，住在西安有名的道教十方丛林万寿八仙宫。传说八仙宫是汉钟离（钟离权）祖师度化吕洞宾祖师得道之处，有"黄粱梦觉"之典故，警醒世人早日觉悟。道教的大丛林，往往是道门中各方游学参访的云集之地，八仙宫亦不例外。我在此住下，潜心修学闵爷（闵智亭）所传的《全真正韵》（也称《十方韵》）和道教仪轨。

闵爷是近现代道教领袖，道德高深，智慧广大。他为培育道教的后备力量，推动道教事业发展奉献了终生。道门常言，善为士者，微妙玄通，深不可识。体至道之隐奥，用至道之不测，得至道之幽深，达至道之无碍，方可微妙玄通。古往今来善为士者，无不立身持正之间，正己感化，度人度己；应事接物之际，以德践行，度己度人。谨守尊道贵德之念，不立一毫巧伪之心。能会于此，其不盈之深旨，不待言而自明矣。如此超凡脱俗者，闵爷是矣。

世间的人都在以各种方式，在不同的时间和空间里遇见各种各样、形形色色的人，以此来丰富自己的生命。可最有价值的遇见，就是在某一个瞬间，重遇了自己。那一刻你才会懂得，行于世间，也不过是为了觅得一条回归内心之路。

一个秋雨绵绵的午后，我正在院内回廊漫步，迎面走来一位云游到此的道长。他赤裸双足，看起来衣衫褴褛，然气度非凡。我们非常投缘，于是邀请他到我的丹房喝茶畅玄。不久后他离开了八仙宫，行脚去喜马拉雅山继续修行。临别时，他赠予我八个字："万缘放下，忍辱精进。"字如珠玑，令我细细品味其中含意。道者，路也。有的路是用脚去走，唯有登峰造极，才可平步青云；有的路是要用心去走，走好内心选择的路，别选择容易走的路，才能拥有真正的、自由的自己。

云中白鹤山中象，天外朝霞世外楼。在华山刘爷的指引下，我来到华山的后山王刁岭，闭关独处。这里曾是古代道教前辈们闭关修炼的山洞，位于悬崖峭壁间，方圆数十里没有人烟。我在此与世隔绝，却与天地相通。正所谓"山中无历日，寒尽不知年"。我在山中的日子，正如陶弘景祖师诗中所言的那样："山中何所有？岭上多白云。只可自怡悦，不堪持寄君。”① 我每日打坐练功，诵经冥想，思考道士的真义。道士，乃有道之士，飘逸不羁，自适逍遥，出有入无。道士，乃有道之士，道在天地，道在蝼蚁，道法自然。道士，乃有道之士，无为而无所不为，法自然乃自然而然。率性即为天，天性合乎道；道在渺渺处，道在冥冥中……

结束了为期半年的闭关修行，我继续云游参访。我首先来到北京，朝拜祖庭白云观，后参访东北道教丛林沈阳太清宫、福建武夷山、厦门太清宫。之后，我又来到天府之国——成都，常住青羊宫。自古蜀地多“神仙”，从轩辕黄帝问道于青城，到天师创教于西蜀，此地道教文化兴盛不衰，道教宫殿星罗棋布。在历经燹火得以保存至今的道观中，以青羊宫最为完整。相传青羊宫曾是老子西出函谷关留下《道德真经》后，与尹喜真人再次相会的地方。李唐王朝两代君主，幸蜀时均曾居住于此。后几经修葺，道脉绵延。我承蒙住持老道长的垂青，在道教协会历练深造，奉持道祖训教。

自 2011 年起，我担任成都市至真观住持，负责至真观的恢复重建工作。至真观位于成都凤凰山，始建于隋开皇二年（582），曾是西蜀著名道观、重玄学的重镇。历经世代更迭，百废待兴。得祖师感应，道众齐心。经过数载耕耘，如今的至真观已得到整体规划，并逐步实施，现已初具规模。兴办重玄书院，阐扬道法，丕振玄风。

庚子年（2020），受全球新冠疫情的影响，原本的工作计划因此搁置，这让我有了充足的时间，组织修缮道观，整

① ［南北朝］陶弘景：《诏问山中何所有赋诗以答》。

理讲记。追忆过往的点点滴滴，感慨万千。如今已入不惑之年，初心依然。承蒙十方相助，道气长存。

《阴符经》《清静经》贯穿我整个出家、学道、云游、修行的始终，本“讲记”凝聚了我对这两部经典的学修和参悟。此次结集成册，希望能起到抛砖引玉的作用。愿管窥经典的感悟，能够带给大家智慧与力量。

福生无量！

2020 庚子月圆夜
李合春记于至真观

目　录

阴符经讲记

开 篇

《黄帝阴符经》，古时以为出自华夏人文始祖黄帝之手。距今四千多年前，黄帝轩辕氏是黄河、长江流域一带最有名的一个部落首领。《史记·五帝本纪》记载："黄帝者，少典之子，姓公孙，名曰轩辕。"黄帝部落最早位于西北方的姬水附近，后来迁居至冀中涿鹿之野，开始发展畜牧业和农业。与黄帝同时代的另一个部落首领炎帝，最早住在西北方姜水附近，与黄帝部族是近亲。后世把黄帝和炎帝并称为中华民族的始祖，称自己为"炎黄子孙"。

在中华文脉的传承中，有"甲子纪年创始于黄帝"的传说。黄帝即位的那一天，时逢日月合璧、五星连珠、七曜齐元等瑞象一同出现，黄帝定那一刻为甲子年甲子月甲子日甲子时，作为六十甲子纪年的起始。大挠始作甲、乙、丙、丁、戊、己、庚、辛、壬、癸等十天干，以及子、丑、寅、卯、辰、巳、午、未、申、酉、戌、亥等十二地支，相互配合成六十甲子用以纪年。由于这种说法少见于后世的正史记载，故已难以溯源细考。

黄帝除了制定中国最早的历法以外，还发明了许多有用的器物。此外，他还精通医术，与神医岐伯一起研究出一套诊治方法。他和岐伯关于医学的对话，被后人编成中国最早的医学著作《黄帝内经》。在该书中，黄帝和岐伯从医学的角度入手，通过剖析人体与宇宙的对应关系，探索生命科学的奥秘。

黄帝的妻子嫘祖最早教授人民养蚕，总结出喂蚕、缫丝、织帛等技法。从此，人们既会制衣，又会作冕，还能制鞋，彻底改变了原始社会的生活习俗，全面提升了人民的生活品质。

古代大多数人受饮水条件的限制，需要逐水草而居。黄帝发明了井，人们才有可能去远离河流的地方生活。当时的人还不会盖房子，穴居野处，构木为巢；黄帝教人们"伐木构材，筑作宫室，上栋下宇，以避风雨"①。黄帝召集了一大批有才能的人，他们都能发挥自己的特长。比如，文字学家仓颉，造出了象形文字；音乐家伶伦分出十二音阶，配成乐曲；精通数学的隶首，制定了各种度量衡等等。

《史记·五帝本纪》载："轩辕乃修德振兵，治五气，艺五种，抚万民，度四方，教熊罴貔貅貙虎，以与炎帝战于阪

① 徐仁甫著：《史记注解辨正》，中华书局2014年版，第155页。

泉之野。三战，然后得其志。”[1] 太史公言黄帝名“轩辕”，轩辕本来的意思是“车”。在这里是指发明制作车的技术而得名的氏族及其首领的名称，如发明制作农耕工具技术称神农氏，发明制作捕捞工具技术而称伏羲氏，发明钻燧取火技术称燧人氏。黄帝的国号“有熊”，当时的“国”，实为部落。熊、罴、貔、貅、貙、虎为六种兽名，是有熊部落中六个氏族的名称。相同的记载，还见于《冲虚至德真经·黄帝》：黄帝与炎帝战于阪泉之野，帅熊、罴、狼、豹、貙、虎为前驱，雕、鹖、鹰、鸢为旗帜。

黄帝轩辕氏历经数次大战，最终打败炎帝统一了天下，成为了诸侯拥立的天子。可是炎帝的子孙和部下不服也不甘心，尤其是蚩尤。《史记》中有“蚩尤姜姓，炎帝之裔也”[2]。根据《帝王世纪》的记载，“炎帝”之名号传了有八世之余，到第八世，帝榆罔之时，蚩尤部落才开始有名望。由此可知，蚩尤继承了“炎帝”的名号，其部落是由神农氏族发展而来。蚩尤部落是众多农耕部落中实力最强的一个部落。其实力雄厚的原因，一是得益于其居住地盛产食盐；二是在煮盐的生产过程中，发明了冶炼金属与制作兵器的技术。

《史记·五帝本纪》记载：“轩辕乃习用干戈，以征不享。诸侯咸来宾从。而蚩尤最为暴，莫能伐。”又载：“蚩尤作乱，不用帝命。于是黄帝乃征师诸侯，与蚩尤战于涿鹿之

---

① ［汉］司马迁撰：《史记》，中华书局 1982 年版，第 3 页。

② ［汉］司马迁撰：《史记》，中华书局 1982 年版，第 3 页。

野，遂禽杀蚩尤。”黄帝战蚩尤的典故，最早见于《山海经》。《山海经·大荒北经》云：“有系昆之山者，有共工之台，射者不敢北乡。有人衣青衣，名曰‘黄帝女魃’。蚩尤作兵伐黄帝，黄帝乃令应龙攻之冀州之野。应龙蓄水。蚩尤请风伯、雨师，纵大风雨。黄帝乃下天女曰魃，雨止，遂杀蚩尤。”①

记载黄帝事迹非常详细的文献，当属《轩辕黄帝传》。据《四库全书未收书提要》考证，《轩辕黄帝传》当为南宋时代的著作。书中对黄帝的生平传记及其后世子孙的传承谱系有着较为详尽的记载。据《轩辕黄帝传》载，在公孙轩辕于帝位二十二年的时候，蚩尤率领着自己的族人公然抗命，反对黄帝的统治。虽然书中不乏神话般的描写和传说，但也为后人了解黄帝提供了一些线索，比如下面的传说：

> 蚩尤有八十一个兄弟，个个铜头铁臂非常凶猛，有着像刀刃一般的毛发。自从炎帝败给黄帝之后，蚩尤每天都想着报仇雪恨。有一回蚩尤路过葛庐之山脚下，发现那里有很多的矿石，就把矿石收集起来铸造成刀、剑、矛、戟等兵器，以及铠甲等护具。同时，蚩尤还请来了风伯和雨师一起助阵，顿时实力倍增，誓要打败黄帝。蚩尤给黄帝下了战书，准备开战。
>
> 黄帝接了战书，亲自率领部下和大将们与蚩尤

① 袁珂校注：《山海经校注》，上海古籍出版社 1980 年版，第 430 页。

对阵。首先黄帝派出大将应龙。应龙是条巨龙，只见他“嗖”的一下飞到天上，从口中喷出大量的水冲着蚩尤扑过去。蚩尤早有准备，让风伯和雨师迎战。风伯施法刮起了漫天狂风，把水刮回了黄帝一方，雨师此时将所有的洪水收集起来袭向黄帝的大军，瞬间狂风暴雨。应龙能喷水但是收不回来，黄帝这一方就被水给淹了，大败而归之后，黄帝重整旗鼓与蚩尤再战。第二阵，黄帝一马当先率队冲入蚩尤阵中，蚩尤施展法术吞烟吐雾让黄帝的队伍迷失方向。就在此时，黄帝猛然间抬头看到了天上的北斗七星，这北斗七星的斗柄转动，但是最前面不动，黄帝根据这个原理就发明了指南车。

黄帝与蚩尤双方，历经三载苦战未果。黄帝退兵休整，盼望早日能有智者贤良辅佐，匡正天下，造福世间。一天晚上，他梦见大风吹走了天下的尘垢。接着又梦见一个人手执千钧之弩驱羊数万群。醒来后，黄帝暗自思量：风，号令而为主；垢，是土解化清。天下难道有姓风名后的人吗？千钧之弩，说明此人力大无穷；驱羊数万群，应当指的是善于牧羊之人。难道有姓力名牧的人不成？于是便命人到处访寻这两个人。结果在海隅找到了风后，在泽边找到了力牧。黄帝以风后为相，力牧为将，重整旗鼓，肃正军队。

在涿鹿之野，黄帝与蚩尤两军再次摆开阵势，一决高下。蚩尤布下百里大雾，三日三夜不散，致使兵士辨不清方向。此时，西王母派遣玄女前来助阵，教黄帝三宫秘略、五音权谋之术。杜光庭祖师在《墉城集仙录》中记载：“帝用忧愦，斋于泰山之下。王母遣使披玄狐之衣，以符授帝，曰：‘精思告天，必有太上之应。’居数日，大雾冥冥，昼晦。玄女降焉……即授六甲六壬兵信之符，灵宝五帝策使鬼神之书，制妖通灵五明之印……遂灭蚩尤于绝辔之野、中冀之乡，分四冢以葬之。”① 此外，《黄帝玄女战法》亦云：“黄帝与蚩尤九战九不胜。黄帝归于太山，三日三夜，雾冥。有一妇人，人首鸟形，黄帝稽首再拜，伏不敢起。妇人曰：‘吾，玄女也。子欲何问？’黄帝曰：‘小子欲万战万胜。’遂得战法焉。”② 《轩辕黄帝传》整合了这两种说法，进而详细加以阐发：“帝战未胜，归太山之阿，惨然而寐。梦见西王母遣道人，披玄狐之衣，符授帝，曰：‘太一在前，天一在后。得之者胜，战则克矣。’帝觉而思之，未悉其意。即召风后，告之。风后曰：‘此天应也，战必克矣。置坛祈之。’帝依之以设坛，稽首再拜，果得符，广三寸，长一尺，青色，以血为纹，即佩之，仰天叹所未捷，以精思之感天，大雾冥冥三日三夜。天降一妇人，人首鸟

---

① ［唐］杜光庭集：《墉城集仙录》，《道藏》第18册，第195页。
② ［宋］李昉等撰：《太平御览》，中华书局1960年版，第78页。

身。帝见，稽首，再拜而伏。妇人曰：‘吾，玄女也。有疑问之。’帝曰：‘蚩尤，暴人残物。小子欲一战则必胜也。’玄女教帝三宫秘略、五音权谋、阴阳之术。玄女传《阴符经》三百言。帝观之十旬，讨伏蚩尤。又授帝《灵宝五符真文》及兵信行。帝服佩之，灭蚩尤。又令风后演《河图法》而为式，用之，创百八局，名《遁甲》，以推主客胜负之术。”①

黄帝将所得兵法加以推演，风后又据之演化出遁甲之法。蚩尤又向风神雨神求援，立刻刮起倒山拔树的狂风，降下瀑布般大雨，大地上波浪滔天，一片汪洋。黄帝也施展法力，召唤女神旱魃助阵。旱魃的相貌狰狞可怕，据说是僵尸变成的，全是一条一条的小蛇，身上长满白毛，所到之处，连一滴雨都不会有，往往一连大旱三年，赤地千里，所有生物，全部干渴而死。人们听到她的名字都会发抖，但请她出面对抗风神雨神，却最恰当。她一出现，风神雨神就狼狈逃走，霎时间风停雨住，大水消失，泥泞干涸。黄帝趁机反攻，九黎部落大败，蚩尤战死，残余的民众向南逃窜，定居在南方的万山之中，据说就是苗族的祖先。

---

① ［宋］无名氏著：《轩辕黄帝传》，［清］阮元辑：《宛委别藏》，江苏古籍出版社 1988 年版，第 44—46 页。

古代，人们往往把中华先民文明进程中的种种历史功绩，归于黄帝，如唐代王瓘撰写的《广黄帝本行记》提到，黄帝“乃写九州山川百物之形，又作五岳之图，用传于世。帝炼石于缙云之山，有缙云之瑞，立缙云之堂，丹丘存焉。帝藏兵法胜负之图、六甲阴阳之书于苗山。帝又合符瑞于釜山，奉事太一元君，受易形变化，藏于空同之岩。帝考推步之术于太山，稽力牧，著体诊之诀于岐伯、雷公，讲气候于风后，穷律度于容成，救残伤、缀金冶之事”①。这段话的大意是说：有一天，黄帝正在洛水上，与大臣们观赏风景，忽然见到一只大鸟衔着图，放到他面前，黄帝连忙拜受。再看那鸟，形状似鹤，鸡头，燕嘴，龟颈，龙形，骈翼，鱼尾，五色俱备。图中之字是慎德、仁义、仁智六个字。黄帝从来不曾见过这鸟，便去问天老。天老告诉他说，这种鸟雄的叫凤，雌的叫凰。早晨叫是登晨，白天叫是上祥，傍晚鸣叫是归昌，夜里鸣叫是保长。凤凰一出，表明天下安宁，是大祥的征兆。后来，黄帝又梦见有两条龙持一幅白图从黄河中出来，献给他。黄帝不解，又来询问天老。天老回答说，这是河图洛书要出的前兆。于是黄帝便与天老等游于河洛之间，沉璧于河中，杀三牲斋戒。最初是一连三日大雾。之后，又是七日七夜大雨。接着就有黄龙捧图自河而出，黄帝跪接过来。只见图上五色毕具，白图蓝叶朱文，这正是重要的中华传统文化符号之一——河图洛书。

在道教的传承谱系中，黄帝是原始道教的代表人物，后

---

① ［唐］王瓘：《广黄帝本行记》，《道藏》第5册，第34页。

世道门中人，则把追求长生久视、炼丹飞升等理想寄托于黄帝、广成子等身上。下面的传说为我们认识道家道教，提供了历史资料。

黄帝听说有个叫广成子的仙人在崆峒山，就前去向他请教。广成子说："自你治理天下后，云气不聚而雨，草木不枯则凋，日月暗淡无光。你的心性躁动不定，心神不宁，哪里值得我和你谈论至道呢？"黄帝回来后，清静无为，垂拱而治。搭建了一个小屋，里边置上一张席子，一个人在那里斋戒反省了整整三月。而后他又到广成子那里去问道。当时广成子头朝南躺着，黄帝跪着膝行到他跟前，问他如何才得长生。广成子蹶然而起说："此问甚好！"接着就告诉他至道之精要："至道之精，窈窈冥冥。至道之极，昏昏默默。无视无听，抱神以静，形将自正。必静必清，无劳汝形，无摇汝精，方可长生。目无所见，耳无所闻，心无所知，如此神形合一，方可长生。"① 说完，广成子传授他一卷《自然经》。

黄帝得到广成子的点拨之后，开启了遍访天下名山高隐之旅，寻求长生成仙之道。在王屋山获得丹经，并向玄女、素女请教修道养生之法。而后入蜀，在天社山留下了丹井，在昌利山留下了辙迹，

① ［宋］江澂：《道德真经疏义》，《道藏》第 12 册，第 530 页。

> 登云台入青城仙都，拜见了宁封子先生，获授《龙蹻经》。黄帝筑坛于青城之巅，封宁先生为“五岳丈人”。黄帝向宁先生请教“真一之道”，宁先生推荐他前往峨眉山请教天真皇人。黄帝来到峨眉山，清斋三月之后拜见天真皇人。皇人曰：“西王母秘此书于五城之内，其外卫备有仙楼十二，藏以紫玉之匮，刻以黄金之札，封以丹芝光华，印以太上中章。其无仙籍者，不得闻之也。”① 在黄帝的再三恳求下，皇人将“真一之道”传予黄帝。经过数年潜心修炼，精研大道，参悟玄机。
>
> 黄帝回到缙云山，在缙云之堂采石炼丹，留下丹丘。之后，他采来首山铜，在鼎湖山下铸造九鼎。鼎刚刚铸成，就有一条长须飘垂的黄龙，前来恭迎他进入仙境。黄帝当即乘龙飞升，回归到仙班。

关于黄帝与《阴符经》的关系，唐代王瓘撰写的《广黄帝本行记》记载，黄帝“毕该秘要，穷究道真，传《阴符》，则内合天机，外合人事，理天下。南洎交趾，北至幽陵，西极流沙，东界蟠桃”②。唐代张果认为：“《阴符》自黄帝有之，盖圣人体天用道之机也。”③ 明代官方监修的《正统道

---

① ［唐］王瓘：《广黄帝本行记》，《道藏》第 5 册，第 33 页。
② ［唐］王瓘：《广黄帝本行记》，《道藏》第 5 册，第 34 页。
③ ［唐］张果注：《黄帝阴符经注》，《道藏》第 2 册，第 755 页。

藏》洞真部玉诀类，收录了长生子刘处玄 1191 年撰写的《黄帝阴符经注》。在范德裕为其撰写的序言中指出："昔轩辕黄帝万机之暇，渊默冲虚，获遇真经，就崆峒山而问天真皇人、广成先生，得其真趣，勤而行之，一旦鼎湖乘火龙而登天，斯文遂传于世。"①

20 世纪 70 年代出土的马王堆汉代帛书《黄帝四经》，据陈鼓应先生考证，成书于战国早中期。书中多次出现的"符""机""执""观""神""天下""圣人""生杀"等用语，以及书中的执道以观、天人互法、生杀相克等思想，都与《黄帝阴符经》彼此呼应，说明该经的思想在战国时期便已广为流传。此后，《黄帝阴符经》一直都在道教界世代相传。唐朝宰相、著名书法家褚遂良奉唐太宗和唐高宗之命，先后两次书写《黄帝阴符经》。唐初著名书法家欧阳询也曾书写该经作为礼品馈赠友人。唐代李筌在嵩山虎口岩石壁中，得绢本《阴符经》。李筌注解该经并加以刊印，遂广传于世。

自古对《阴符经》的成书时代和作者就有争论。朱熹在《阴符经考异》中说："邵子曰：《阴符经》，七国时书也。伊川程子曰：《阴符经》何时书？非商末则周末。"这是关于时代的争论。而于作者，朱熹又说："《阴符经》三百言，李荃得于石室中，云寇谦之所藏出于黄帝……以文字气象言之，必非古书，然非深于道者不能作也。"朱熹认为，《阴符经》是托名黄帝的"深于道者"所著。当然，朱熹的观点并

① ［宋］刘处玄注：《黄帝阴符经注》，《道藏》第 2 册，第 817 页。

不为教内所接受。

宋代黄居真祖师认为，《黄帝阴符经》乃“西王母所以阐扬道枢，丁宁详复，为黄帝言之也”①。他认为《黄帝阴符经》是由西王母传授给黄帝的，因为经中遍布隐语，暗合大道，经文大义只有西王母和黄帝才能领悟与传达，故称为“阴符”。而黄帝将经文记录下来，流传后世，故称为“经”。道教认为，懂得了《黄帝阴符经》所说的道理，则对个人来说可以长生成仙，对统治者来说可以富国安民，对军队来说可以战无不胜。《阴符经三皇玉诀序》中则以轩辕黄帝的口吻写道：“朕闻崆峒山有一高圣先生广成子，妙道深玄。朕车驾亲诣，自心屈弱，膝行肘步，礼拜侍立，告求广成子先生指教：‘臣自石室中得《阴符经》一卷，不晓义理，在世尽不通晓此经。今遇先生，感天不忘，要通此经之妙道。’广成子先生言：‘此经者，是上天所秘，在世洞天隐此经一卷，镇天下妖魔龙神精怪，当与世上有德行之人。遇此经者，修长生之路，复升天道，永世流传天下信道有缘之人。此经要知义理，天下莫能知。’……朕当时深晓阴阳造化成道之理。朕道成升天之日，恐后人信道修真者，凭何经文？朕乃留此经遍行于世，复隐此经一卷于崆峒山。”②

《黄帝阴符经》又称《阴符经》，与老子《道德真经》、庄子《南华真经》，并为道家道教的重要经典。据不完全统计，从唐代至清末注解《阴符经》的版本大约有一百七十种

① ［宋］黄居真注：《黄帝阴符经注》，《道藏》第 2 册，第 773 页。
② 《阴符经三皇玉诀》，《道藏》第 2 册，第 790 页。

之多，大量注本被收录于《正统道藏》。

《阴符经》这部语言高度精练的经典，告诫人们遵从天道自然运行造化之机，效法阴阳消长之理，体应五行生克制化之法，是中华传统文化的遗产之一，因此古往今来的文人墨客亦对该经青睐有加。李白、杜甫、卢纶等都曾化《阴符经》的思想入诗，陆龟蒙、皮日休等更是对该经心折首肯。今选录如下：

门有车马客行

［唐］李白

门有车马宾，金鞍曜朱轮。
谓从丹霄落，乃是故乡亲。
呼儿扫中堂，坐客论悲辛。
对酒两不饮，停觞泪盈巾。
叹我万里游，飘飘三十春。
空谈帝王略，紫绶不挂身。
雄剑藏玉匣，阴符生素尘。
廓落无所合，流离湘水滨。
借问宗党间，多为泉下人。
生苦百战役，死托万鬼邻。
北风扬胡沙，埋翳周与秦。
大运且如此，苍穹宁匪仁。
恻怆竟何道，存亡任大钧。

哭台州郑司户苏少监

［唐］杜甫

故旧谁怜我，平生郑与苏。
存亡不重见，丧乱独前途。
豪俊何人在，文章扫地无。
羁游万里阔，凶问一年俱。
白首中原上，清秋大海隅。
夜台当北斗，泉路著东吴。
得罪台州去，时危弃硕儒。
移官蓬阁后，谷贵没潜夫。
流恸嗟何及，衔冤有是夫。
道消诗兴废，心息酒为徒。
许与才虽薄，追随迹未拘。
班扬名甚盛，嵇阮逸相须。
会取君臣合，宁诠品命殊。
贤良不必展，廊庙偶然趋。
胜决风尘际，功安造化炉。
从容拘旧学，惨澹閟阴符。
摆落嫌疑久，哀伤志力输。
俗依绵谷异，客对雪山孤。
童稚思诸子，交朋列友于。
情乖清酒送，望绝抚坟呼。
疟病餐巴水，疮痍老蜀都。
飘零迷哭处，天地日榛芜。

代员将军罢战后归旧里赠朔北故人

[唐] 卢纶

结发事疆场，全生俱到乡。
连云防铁岭，同日破渔阳。
牧马胡天晚，移军碛路长。
枕戈眠古戍，吹角立繁霜。
归老勋仍在，酬恩虏未亡。
独行过邑里，多病对农桑。
雄剑依尘橐，阴符寄药囊。
空余麾下将，犹逐羽林郎。

奉和鲁望读阴符经见寄

[唐] 皮日休

三百八十言，出自伊祁氏。
上以生神仙，次云立仁义。
玄机一以发，五贼纷然起。
结为日月精，融作天地髓。
不测似阴阳，难名若神鬼。
得之升高天，失之沈①厚地。
具茨云木老，大块烟霞委。
自颛顼以降，贼为圣人轨。
尧乃一庶人，得之贼帝挚。
挚见其德尊，脱身授其位。

① 沈，通“沉”。

舜唯一鳏民，冗冗作什器。
得之贼帝尧，白丁作天子。
禹本刑人后，以功继其嗣。
得之贼帝舜，用以平洚水。
自禹及文武，天机嗒然弛。
姬公树其纲，贼之为圣智。
声诗川竞大，礼乐山争峙。
爰从幽厉余，宸极若孩稚。
九伯真犬彘，诸侯实虎兕。
五星合其耀，白日下阙里。
由是圣人生，于焉当乱纪。
黄帝之五贼，拾之若青紫。
高挥春秋笔，不可刊一字。
贼子虐甚斯，奸臣痛于棰。
至今千余年，蚩蚩受其赐。
时代更复改，刑政崩且陊。
予将贼其道，所动多訾毁。
叔孙与臧仓，贤圣多如此。
如何黄帝机，吾得多坎踬。
纵失生前禄，亦多身后利。
我欲贼其名，垂之千万祀。

哭陷边许兵马使

［唐］曹唐

北风裂地黯边霜，战败桑干日色黄。
故国暗回残士卒，新坟空葬旧衣裳。
散牵细马嘶青草，任去佳人吊白杨。
除却阴符与兵法，更无一物在仪床。

读阴符经寄鹿门子

［唐］陆龟蒙

清晨整冠坐，朗咏三百言。
备识天地意，献词犯乾坤。
何事不隐德，降灵生轩辕。
口衔造化斧，凿破机关门。
五贼忽迸逸，万物争崩奔。
虚施神仙要，莫救华池源。
但学战胜术，相高甲兵屯。
龙蛇竞起陆，斗血浮中原。
成汤与周武，反复更为尊。
下及秦汉得，黩弄兵亦烦。
奸强自林据，仁弱无枝蹲。
狂喉恣吞噬，逆翼争飞翻。
家家伺天发，不肯匡淫昏。
生民坠涂炭，比屋为冤魂。
只为读此书，大朴难久存。

微臣与轩辕，亦是万世孙。
未能穷意义，岂敢求瑕痕。
曾亦爱两句，可与贤达论。
生者死之根，死者生之根。
方寸了十字，万化皆胚腪。
身外更何事，眼前徒自喧。
黄河但东注，不见归昆仑。
昼短苦夜永，劝君倾一尊。

从古至今的书法家也以《阴符经》为书写范本。据今人萧登福考证，元人黄仲圭曾见过书圣王羲之石刻本《阴符经》书法作品，可惜其作未能流传至今①。唐代的著名书法家褚遂良、欧阳询、柳公权等亦有《阴符经》的书法作品，且有拓本流传下来，现已成为众多书法爱好者研习唐代书法的范本。

据朱越利教授的研究②，江苏徐州馆藏的一组《阴符经》碑刻，具有极高的学术价值。其一为《欧阳询书阴符经》，楷书，六统碑刻，合计七十六行，共计四百四十六字，分上中下三篇，属分篇无篇题的四百余字本。该碑款识曰："贞观五年孟春之月既望又六日兼太子率更令勃海男臣欧阳询敕书。"其二为《〈欧阳询书阴符经〉序》，书风行草相间，凡三十二行。序文前后钤刻五枚印章，其中四枚连珠印

① 参见萧登福著：《黄帝阴符经今注今译》，文津出版社 1996 年版。

② 参见朱越利著：《道教考信集》，齐鲁书社 2014 年版。

同为“贞观”字样，一枚内容为“晋府世子藏书”。朱教授指出，“贞观”印章和“御书”款识，表明唐太宗李世民是该序的作者及书写者。唐太宗在序中对于《阴符经》的来历提出了自己的看法，依据此经的内容认定其毫无疑问出于上古时代：“此经世传为黄帝书。是虽未必其果为轩辕，谛玩词义简奥，其出上古无疑。”其三为《〈欧阳询书阴符经〉跋》，行书，合计二十四行。跋文前部钤刻一“集”印，后部钤刻一“开元”印。“开元”印文和“行在”款识，表明唐玄宗李隆基是该跋的作者及书写者。跋文曰：“太宗文皇帝御制《阴符经序》文，洞该微言，阐扬奥旨，实跻太古之域。……此经用笔险劲，端整遒利，尤为欧书之甲。”唐玄宗的跋文对唐太宗的序文进行了肯定，并对欧阳询抄写的经文予以了高度评价。其四为《〈欧阳询书阴符经碑〉序》，行书，十五行。序文前部钤刻一“御书”印，后钤刻“高趣”“绍兴”“高丘宋荣书画府印”等三印。“绍兴”印文和“御题”款识，表明宋高宗赵构为该序作者及书写者。序文曰：“欧阳信本奉敕书《阴符经》六纸，绍兴己未征西将军岳飞获于民间，装池以呈。上有太宗御制《序》、玄宗御《跋》。……遂敕兵部侍郎米友仁补完、勒石，公诸天下同好，诚快事也。”先后经文武兼备的岳飞、书画精妙的米芾、收藏丰富的宋高宗鉴定：欧阳询抄写的《阴符经》、唐太宗《序》文、唐玄宗《跋》文的真实性。

因此，《褚登善书阴符经》中结合各代著名书法家所抄写《阴符经》的流传情况，进行了综合论述：“褚河南先后奉命书百七十卷。今石刻存者，贞观六年，行草一卷，永徽五年正书一卷。而欧阳渤海亦有，贞观六年正书一卷。其大小皆逾黍米，而绝妙，又《道藏》内《阴符》数十种注释，亦如之，独赵文敏（案：即赵孟頫，号松雪道人）书最为定本，盖据欧阳本也。”① 此后书写《阴符经》的书法家代不乏人，为我们留下了诸多顶礼膜拜的书法佳作。

《阴符经》的传世版本，略有不同。之所以如此，盖因经文传之久远，在漫长的历史时间里，历经朝代更迭，出现了版本差异。这种情况对于一部古老的经典来说，在所难免。现在一般通行的《阴符经》有两个版本。一是褚遂良书写的四百余字本②。据记载，褚遂良当时接到诏书，奉皇帝之命抄经，故其本影响力相对大些。原文如下：

黄帝阴符经

神仙抱一演道章上

观天之道，执天之行，尽矣。天有五贼，见之者昌。五贼在心，施行于天。宇宙在乎手，万化生乎身。天性，人也。人心，机也。立天之道，以定人也。天发杀机，移星移宿。地发杀机，龙蛇起陆。人发杀机，天地反覆。天人合发，万变定基。性有巧拙，可以伏藏。九窍之邪，在乎三要，可以动静。火生于木，祸发必克。奸生于国，时动必

① 余嘉锡著：《四库提要辨证》，中华书局2007年版，第183页。

② 《黄帝阴符经》，《道藏》第1册，第821页。

溃。知之修之，谓之圣人。

富国安民演法章中

天生天杀，道之理也。天地，万物之盗；万物，人之盗；人，万物之盗。三盗既宜，三才既安。故曰："食其时，百骸理；动其机，万化安。"人知其神而神，不知其不神所以神也。日月有数，大小有定。圣功生焉，神明出焉。其盗机也，天下莫能见，莫能知。君子得之固躬，小人得之轻命。

强兵战胜演术章下

瞽者善听，聋者善视；绝利一源，用师十倍；三返昼夜，用师万倍。心生于物，死于物，机在于目。天之无恩，而大恩生。迅雷烈风，莫不蠢然。至乐性余，至静性廉。天之至私，用之至公。禽之制在炁。生者死之根，死者生之根。恩生于害，害生于恩。愚人以天地文理圣，我以时物文理哲。人以愚虞圣，我以不愚虞圣。人以奇期圣，我以不奇期圣。故曰："沉水入火，自取灭亡。"自然之道静，故天地万物生。天地之道浸，故阴阳胜。阴阳相推，而变化顺矣。是故圣人知自然之道不可违，因而制之。至静之道，律历所不能契。爰有奇器，是生万象；八卦甲子，神机鬼藏。阴阳相胜之术，昭昭乎尽乎象矣。

另一传本是唐代李筌注本，该本字数相对较少，仅三百余字①。原文如下：

黄帝阴符经

神仙抱一演道章

观天之道，执天之行，尽矣。天有五贼，见之者昌。五贼在心，施行于天。宇宙在乎手，万物生乎身。天性，人也。人心，机也。立天之道，以定人也。天发杀机，龙蛇起陆。人发杀机，天地反覆。天人合发，万变定机。性有巧拙，可以伏藏。九窍之邪，在乎三要，可以动静。火生于木，祸发必克。奸生于国，时动必溃。知之修炼，谓之圣人。

富国安人演法章

天生天杀，道之理也。天地，万物之理盗；万物，人之盗；人，万物之盗也。三盗既宜，三才既安。故曰："食其时，百骸理；动其机，万化安。"人知其神而神，不知不神所以神也。日月有数，大小有定。圣功生焉，神明出焉。其盗机也，天下莫不能见，莫不能知。君子得之固躬，小人得之轻命。

① ［唐］李筌疏：《黄帝阴符经疏》，《道藏》第2册，第737—745页。

强兵战胜演术章

瞽者善听，聋者善视。绝利一源，用师十倍；三反昼夜，用师万倍。心生于物，死于物，机在目。天之无恩，而大恩生。迅雷烈风，莫不蠢然。至乐性余，至静则廉。天之至私，用之至公。禽之制在炁。死者生之根，生者死之根。恩生于害，害生于恩。愚人以天地文理圣，我以时物文理哲。

字数的多寡不是该本最引人关注的地方，反而是李筌本的出处值得探索。李筌说这本《阴符经》得自于“嵩山虎口岩石壁中”，而且是北魏著名高道寇谦之“藏诸名山，用传同好”[①] 的文本。道教对选择传承人，有严格的规定。所以，道教的历代仙师们，在没有找到合适的传承人时，便会将手中经典藏在名山石室或山洞之中，等待后来有缘之人发掘学习，这类现象在道教历史上屡见不鲜。后人在名山石室中发现道教经典，李筌此次也非孤例。如宋代高道王文卿得唐代高道叶法善的道书就是在洞天福地之中。道教法脉除了师徒口耳相传之外，先贤埋藏于名山大川，后学发掘而学习之，亦是道教经典与道法传承的又一种方式。

《黄帝阴符经》篇幅虽短，但却内含天机之奥，外契人事之妙。全文通篇贯穿天道、自然、和谐。上、中、下三章行藏道法术妙用，始终渗透着“阴符”的无为与自然。天道的运行，日月往来，阴阳升降，消息盈虚，必然会形成寒暑

① ［唐］李筌疏：《黄帝阴符经疏·序》，《道藏》第2册，第736页。

交替、昼夜晦明、春夏秋冬、风云雷雨等现象，通过这些现象的升迁变化，就自然形成了品物万类、胎卵湿化、飞潜动植之万物。

先贤们对《阴符经》的理解归纳起来，大致分为这几个方面：有人认为讲解的是天道，有人认为讲解的是内丹，有人认为讲解的是兵法。亦有注家认为，《阴符经》分为三部分，每个部分各有主题。如李筌《黄帝阴符经疏·序》曰："《黄帝阴符》三百言，百言演道，百言演法，百言演术。参演其三，混而为一。圣贤智愚各量其分，得而学之矣。上有神仙抱一之道，中有富国安人之法，下有强兵战胜之术。"①《阴符经》作为一部文字简约而内涵广博的经典，涉及了甚为丰富的人类认知领域，故而世人称赞该经是"凿天之奥，泄神之谋"。

中国先秦的学问无不都是在研究"道"，诸子百家的学说也多是围绕道展开。其中《易经》与《道德真经》是研究"道"的重要著作。如果说以上两部著作是从探索道的玄幽入手，认识并顺应道的规律，那么《阴符经》则是教导人们在体悟"道"的前提下，制之而用，行为举止契合于道。故陆西星《黄帝阴符经测疏·序》曰："《阴符经》者，昔者轩辕氏得道于广成子，作《阴符》《虎符》二经，所谓性命之宗，三元之道，则论之备矣。老氏祖之而言《道德》，伯阳拟之而作《参同》，言言一旨，等趣不殊，诚入道之津梁，

① ［唐］李筌疏：《黄帝阴符经疏·序》，《道藏》第2册，第736页。

登真之梯筏也。”① 作为内丹修炼大家的陆西星，对《阴符经》在修行方面的指导意义理解颇深。他认为《阴符经》指明了修行之大道，是修炼者学习与实践的重要经典。在《阴符经》的指导下，修炼者通过认识“道”之本质，并以清静无为之心，践行道的要求，自然就会融汇于大道。

下面，就让我们从“经名释义”开始，去学习这部道学经典吧。

---

① 王宗昱集校：《阴符经集成》，中华书局 2019 年版，第 373 页。

经名释义

阴者，暗也，在这里为“悄无声息”“幽隐”之意，指经义幽隐，如春风化雨一般，可以润物且无声。《道德真经》曰：“万物负阴而抱阳，冲气以为和。”阳者，表也，契合于表；阴者，里也，对应于阳，一阴一阳之谓道也。

“阴”在这里就是“暗”，“符”字则是“符合”的意思。符作为一种凭证，如果双方所持的部分能够吻合且丝毫不差，便可让陌生的双方彼此信任。《阴符经》这部经典，就是要告诉我们，人类的一切行动，分毫不差地暗合于“道”！这样才能使我们整个身心徜徉在道中，过上符合道的生活，才能无病无灾，身心安泰。如若每个人都能快乐健康地生活，整个社会也就能良好地运转，和谐有序了。

经者，典范也，是天人所传，天经地纬，万世之典范，明道德之真义。故道家认为，《黄帝阴符经》乃黄帝受之于天人，暗合天道、人道之枢要，是一切修行之准绳，修炼身心之路径，入道之门墙。朝夕诵经，勤行其法，可受益无穷，既能迥出是非之门，直达无为之路，又能逍遥宇宙，出入虚无，自由自在，保养元和。从而复元始之性，得自然之心，无求而不应，有感而皆通。

《阴符经》主张个人的言行遵循与自然、人类社会和谐的规律，对当今的人们仍有积极的借鉴价值。

经文讲解

观天之道，执天之行，尽矣。

这句经文是对全经高屋建瓴的总结，以“一览众山小”的视野，作为全经的开场。首句经文通过凝练的语言，告诉我们要去把握那个无法用语言描述的道，只要能够把握住“道”，一切就能顺其自然。如何才能对道进行把握呢？《阴符经》明确提出了具体方法，那就是“观”。《易传·系辞下》有云：“仰则观象于天，俯则观法于地，观鸟兽之文与地之宜，近取诸身，远取诸物。于是始作八卦，以通神明之德，以类万物之情。”[①] 先民通过“观”，对天道法则的观察

① 刘大钧著：《易传全译》，巴蜀书社 2006 年版，第 163 页。

和对自然规律的分析，寻求与世界和谐相处的最佳途径。在这一过程中，逐步形成了一整套完善的理论体系，以阴阳五行八卦为思想核心，从现象到概念来诠释天道的衍化。故《道德真经》第一章说："道可道，非常道；名可名，非常名。"这里老子告诉我们，道无法用语言表达出来。用看、听、触等感知方法，也不能很好地把握道，所以第十四章接着说："视之不见，名曰夷；听之不闻，名曰希；搏之不得，名曰微。此三者不可致诘，故混而为一。"这个不可言说的"道"，只能是可传而不可受的。

道充盈于世间万物之中，但却难以表述。《南华真经·知北游》曰："天地有大美而不言，四时有明法而不议，万物有成理而不说。"如果用文字书写出来，并让读者能够接收到所要表达的"道"，老子也只能采用比喻的方法，因此，第八章用水做比喻，让世人感受与体悟"道"的那些难能可贵的品质："上善若水。水善利万物而不争，处众人之所恶，故几于道。"上善的智慧当若水，江海之所以能为百谷王者，以其善下之。天下莫柔弱于水，而攻坚强莫之能先，可谓遇柔则柔也。上善的智慧当若水，柔中有刚，刚柔一体。水，貌似柔，实则刚，虽柔然能克刚。滴水经年则可石穿，流水日久则可使棱棱顽石冲刷如卵。柔弱之水重压之下，则巨岩被碎，坚钢锻压，可谓遇刚则刚也。

上善的智慧当若水之应变。水，常为液态，凝为固态，升为气态，滞低空则为雾，升高空便成云，凝结下落则为雨，为雪，为雹，为霰……借光，则呈现霓虹华晕。水以不变应万变，可谓大道若水也。水利万象万物，善心备焉。水以善屈而德厚，滋润万物，水因善居于下而浮船，水因善流动而净化万物。水之善心无有际也，无际之善不仅彰显了水所代表的德行，同时也是道在人事层面的具体呈现。

将《道德真经》与《阴符经》关于“道”的描述对照起来理解，《阴符经》第一句简短的文字，其实包含了丰富的内在信息。因为无论我们用语言怎么去描述“道”，都显得语言太过简单，描写太过苍白，根本无法表达出道之全貌。《云笈七签·思神诀》也试图采用恰当的语言来为世人展现无可描述的“道”：“夫道者，有形之父母也。寂然不动，至虚无也。感而遂通，至神明也。视之不见，无形容也；听之不闻，无音声也。故无形无名，言象莫能得也；有情有信，变化有以生也。”①

《抱朴子·道意》用优美的文字，描述了难以捉摸的“道”：“道者涵乾括坤，其本无名。论其无，则影响犹为有焉；论其有，则万物尚无为焉。隶首不能计其多少，离朱不能察其仿佛，吴札晋野竭聪，不能寻其音声乎窈冥之内。”②

语言无法表达的那个说不清道不明的“道”，其实就是天地运行的规律，人们只要“观天之道，执天之行”，时刻遵行不违，就够了。《易传·象传》曰：“天行健，君子以自强不息；地势坤，君子以厚德载物。”③ 天行健，方可执天之

① ［宋］张君房集：《云笈七签》，《道藏》第22册，第377页。

② 《抱朴子内篇》，《道藏》第28册，第202页。

③ 刘大钧著：《易传全译》，巴蜀书社2005年版，第144页。

行。君子自强不息，厚德载物，可谓体道应物也。

那么，我们要学习道，要向道靠拢，应该采取什么方法呢？《道德真经》中告诉了我们一个方法，就是向水学习。寰宇之初，天清地宁，万物相生，阴阳交变，抟和合之气，凝气以为雨，降而为水。水处天地间，或动或静，动则为涧、为溪、为江河；静则为池、为潭、为湖海。水遇不同境地，则风采各异，经沙土则渗流，碰岩石则溅花，遭断崖则垂为瀑，遇高山则顺而行。水可由点滴雨雪，汇成涓涓细流，继成滔滔江河，又成茫茫海洋。水渊则藏，含而不露，容其量深其度；水涤污垢，洁净万物，有纯净灵动之性；动静相宜，急缓相随，刚柔并济，进退自如，深浅有度，善变而不失原则。

《南华真经》云："水之积也不厚，则其负大舟也无力。"意思是水积不深则无力行大船，人的学问修养不深又怎能担当重任呢？从水之道，而不为私焉。流水自有其道，顺此道而行，水中道意自现也。"流水不腐"是暗示人的身心健康要常运动。"饮水思源"是告诫人们不要忘本。"顺水推舟"是告诉人们要善于审时度势。"高山流水"是知音，"行云流水"为妙境。让我们徜徉于"山清水秀"间，"行到水穷处，坐看云起时"，可谓水之妙境也。

除此之外，我们还可以通过观察天道，体察天心，然后按照天所展现出来的"道"去生活。如果能够体察到天的运行之道，我们就能"居善地，心善渊，与善仁，言善信，政善治，事善能，动善时。夫唯不争，故无尤"。只有对大道了然于胸之后，我们才能游刃有余于无形的大道之中。

如何能够体察天道呢？只有通过“观”的方式去体悟大道，这是《阴符经》提出的一种体悟天道的有效方法。《黄帝阴符经心法》曰：“欲造阴符之道，便向观字上下工夫，更莫别生解会，猛着精采。默默自观，忽然观见吾之自观者，即使前圣后圣，钳口结舌，无言可道，《阴符》之学毕矣。”① 心法强调了“观”的重要性，认为应当在缄默之中反观自身。对自我有了清醒而明确的体认，方可称之为“自观”；并在此基础之上，对这种自观状态进行自觉的体认，则可称之为“观见吾之自观”。

故黄居真说：“天之行，健而不息，故四时万物由焉。至人于其运者观之，则与之相为周流；于其行者执之，则与之相为终始。”② 不仅要“观”天道，而且还要求“观”我们的行为举止与天道运行是否相符合。只有行为契合于天道，我们才能够自强不息，与四时万物共生共荣。

“观”字的另一层意思，则是内观，观我之内心念头如何生灭。当念头清静、内心澄明之际，自然就能与道相合。具体方法在《太上老君内观经》中有着相应的论述：“内观之道，静神定心。乱想不起，邪妄不侵。固身及物，闭目思寻，表里虚寂，神道微深。外藏万境，内察一心，了然明静，静乱俱息。念念相系，深根宁极。湛然常住，杳冥难

① ［宋］胥元一注：《黄帝阴符经心法》，《道藏》第 2 册，第 799 页。

② ［宋］黄居真注：《黄帝阴符经注》，《道藏》第 2 册，第 773 页。

测。忧患永消，是非莫识。”① 经中所言，乃内观的具体方法，有助于我们从内观入手，澄明我心。而《黄帝阴符经讲义》则指出了“观”的意义：“天道在吾身，我能尽其观之之妙，则目击道存，至道不烦矣。”②

道不分内外，因为它无处不在，我之所观也是这样。我们通过“观”这个审视性的意识活动，让我们的身心与无形之道混而为一，能去天地之间体悟道之恒常，能于山水之间观察道之恒变无常，如此，我们离道也许就不远了。

天有五贼，见之者昌。五贼在心，施行于天。宇宙在乎手，万物在乎身。

《黄帝阴符经》的文字使用与很多道家经典颇有不同，该经在词语的使用上，曲折深奥，发人深省。比如“五贼”之“贼”字，就用得非同寻常。如果没有解经人的解释，确实不太容易理解。“五贼”是什么？现在注家大致可以分为两类：一类如《天机经》：“五贼者，其一贼命，其二贼物，其三贼时，其四贼功，其五贼神。皇帝王霸，权变之道也。”③ 此种注释侧重于权术，故有助于修行之处甚微。另一类则认为，“五贼”，就是五行。如沈亚夫注解《黄帝阴符经》时便认为：“天有五贼，五行也。日者，火也，火生于

① 《太上老君内观经》，《道藏》第 11 册，第 397—398 页。

② ［宋］夏元鼎撰：《黄帝阴符经讲义》，《道藏》第 2 册，第 722 页。

③ 《天机经》，《道藏》第 28 册，第 347 页。

木，木克土。月者，水也，水生于金，金克木，见五行相贼相生，是为寒暑。”① 此类解释更有助于理解个人之修行，且通过五行与自然环境融通，是我们全面理解人与自然的一个重要途径。

五行即可相互生养，也可相互克制，是古人观察自然运行规律所得出的结论。天有五行，为风、云、雷、雨、电；象有五星，为木、火、土、金、水；人之五行为五脏：肝、心、脾、肺、肾；地有五行为五方：东、南、中、西、北；音有五行为五音：角、徵、宫、商、羽。在物为五色：青、赤、黄、白、黑；在食为五味：酸、苦、甘、辛、咸；在山为五岳：东岳泰山、西岳华山、中岳嵩山、南岳衡山、北岳恒山，等等，不一而足。

通过掌握五行的生克之道，人与自然，人与环境，人与宇宙，就可和谐相处，万物昌盛。古人将人身看作是一个小的宇宙，个体与个体之间、个体与整体之间形成了同构互动的关系。五行之间相生相克，相刑相胜，又成为万事万物相互制衡、和谐存在的重要力量。五行有逆顺之炁和相返之炁，如果修炼者向道之心坚定，则五行之炁便会返为己用。虽然，万物的化育与刑杀，都是天地运行的自然规律，所谓“施行于天”，但人们只要遵循之，就能做到“宇宙在乎手，万物在乎身”。

道家认为，五行之炁即为阴阳之炁，阴阳之炁散逸则化为五星，五星之炁散逸则化为五行，五行之炁散逸则化为万

① ［宋］沈亚夫注：《黄帝阴符经注》，《道藏》第 2 册，第 777 页。

物，万物之炁聚合而成为五味，五味之炁化为真一，真一散逸而化育五芽，五芽生而五行具，五行具而五脏全。如果人能够明白五行的这种关系，通过判断天地间五气之消长变化，就能够体察天地运化之消息。顺着五行变化的气息去安排自己的生活，那就是顺之者昌。所以通过观察天地五行，并顺之而行，就能够身心安泰，事业兴旺。

如果乱五行之气而行事，则为“贼”，五贼藏在人心。沈亚夫指出：“心者，五贼之首。是以观于五星，经纬万象，内外相成，执天之道行矣。”如果心能不被欲牵，保持真心，就能体察到天地万物之五行，如若任由“五贼”不加限制地发展，祸乱心灵，欲望滋生，则蒙蔽心灵，使人失去清静之心，无法与世界、自然、宇宙形成有效沟通，故五行反过来伤害其身，所以《黄帝阴符经》称之为“五贼”。五行生于阴阳，掌握了五行运行之道，也就能通晓阴阳变化之理。故《化书·动静》曰：“小人由是知阴阳可以召，五行可以役，天地可以别构，日月可以我作。”① 五行联通天地，内藏于人身，外形于五岳，化声为五音，在人之伦则为五常。

《化书·五行》曰：“道德者，天地也。五常者，五行也。”② 仁，代表发生之意，因此比配于木。义，代表救难之意，因此比配于金。礼，代表明白之意，因此比配于火。智，代表变通之意，因此比配于水。信，代表悫然之意，因此比配于土。仁不足则可以义进行补救，取金克木之意也；

---

① ［五代］谭峭撰：《化书》，《道藏》第 36 册，第 302 页。
② ［五代］谭峭撰：《化书》，《道藏》第 36 册，第 305 页。

义不足则可以礼进行补救，取火克金之意也；礼不足则可以智进行补救，取水克火之意也；智不足则可以信进行补救，取土克水之意也。世间万物开始于五行相生，终结于五行相克，因此道家认为，在五行生克的过程中化育了世间万物。

天性，人也。人心，机也。立天之道，以定人也。

“天性，人也”与《中庸》开篇“天命之谓性，率性之谓道，修道之为教”的意思相同。天性，就是天理，在天为命，在人为性。只要人们遵循天道（率性)，这便是“道”。正如嵩隐子①《阴符经注》曰：“天之道也，以性赋人，故谓之人。”故尽乎人事，则可同于天，同于天则可同于道。天之性，纯一而不驳杂。人们通过“复性”，归于本初，便是回归到人性最朴厚的状态。因此，天之性通于人，人之心则同于天，人心是人与天沟通的枢机。同时，人心又是一身之主宰，是控制我们思想感情的中心，是决定我们行善还是作恶的关键。因此，人要成为人，就要明天道，执天之行，就须常常洗去后天的尘埃，找寻丢失的赤子之心。

所以，中华传统文化都很重视心性的修善，而大多数内丹著作，也将心性修行放在很重要的位置。心性修行为什么如此重要呢？因为，为善是这颗心，为恶亦是这颗心。善恶

① 嵩隐子：即石和阳，明末清初人，字嵩隐，儒士出身，擅长著述，是庐山当时最具影响力的道士。

就在一念之间，故而才有“人心，机也”的说法。这个“机”是机关的意思，把握好我们的心，这样我们就能以我心而映照天心，实现天人合一。三丰祖师有诗唱道：“未炼还丹先炼性，未修大药且修心。心修而后丹性至，性静而后药材生。”三丰祖师在此强调了心的重要性，修行之路始于此，因此我们要守好这方寸之间，使其清静灵明，方能有所得。当我们的内心与天地相通之际，便是观天之道、执天之行之时。窃取天机而逆用于己身，进而能更加深刻地理解化育刑克、相生相杀的道理。

天发杀机，龙蛇起陆。人发杀机，天地反覆。天人合发，万变定机。

大道无法表述，所谓“天行有常，不为尧存，不为桀亡”①。因此，《道德真经》说：“天地不仁，以万物为刍狗；圣人不仁，以百姓为刍狗。”不仅有和风细雨的春天，也有苍茫萧瑟的秋天；不仅有生机盎然的夏天，也有寒风凛冽的冬天。因此，当季节转换时，地上的龙蛇亦会随之顺应天时。这里的“机”还是在说道发生变化的关键点和发生转折的时间点。

道无形无象，无臭无味，无影无踪，我们理解天道的方法，是去观察那些具有代表意义的转折点。这些转折点，有显有隐，有柔有刚，但可见于天道、地道、人道之中。如以

① 王天海、王韧撰：《意林校释》，中华书局2014年版，第72页。

天道观之，春季阳炁复归、万物生长；秋季阴炁升腾、万物肃杀，彰显天道肃杀之机。再如以地道观之，道教向来注重“八节”。所谓“八节”就是立春、春分、立夏、夏至、立秋、秋分、立冬、冬至，这八个日子是天道运行十分重要的时间点，它们是天道运行中时节改变的关键点，也是太阳运行的八个关键时间节点。由于太阳是地球最大的能量来源，它与地球远近关系的改变，对地球的天气、自然环境等都有影响，万事万物也会随着这些关键节点的推进，发生有序的变化。这些改变是自然循环周期的必经阶段，没有好坏之别，也不会因为个人的喜好而改变。人们要把握天道就必须顺应“机”的发力点，在天道转变的瞬间，随“机”而动。而体察“道”的关键点就在心，故我们要澄其心，使我们的心如明镜一般，方能照见天道运行的轨迹。

从天道运行的这个层面来说，这个“杀”字，是没有涉及个人情感和好坏判断的。它就是一个吐故纳新的过程，是新陈代谢所必须经历的阶段。人没有清明之心时，便与天地相隔，不能与道相通。所谓的人发杀机，夹杂着主观判断，反而失去了纯净，失去了天道的真常之性，而沾染了太多的个人好恶分别。

关于“人发杀机”，嵩隐子《阴符经注》解释道：“人若发此杀机则天地反覆者，外而言之，四海不妥；内而言之，心身颠倒……安其心而天地定矣。”所以，不能恢复澄明之心，那么我们所起的“杀机”，便破坏了天地阴阳的自然真性。人心因种种无明之苦，沉溺于酒色财气、情爱名利之中。这些情欲都属阴，沉溺于阴，便会导致肾水下泄，魂魄迷散，六神无主。外阴旺盛，则会导致内阳衰竭。只有心清似天，才能领悟万物之有，达到以阳杀阴的目的。

《天机经》总结“杀机”的意义为：“夫杀机者，两朝终始之萌，万人生死之兆，处云雷未泰之日，玄黄流血之时。故天之为变也，则龙出于田，蛇游乎路。此为交战之机，故曰‘龙蛇起陆’。人之为变也，则春行秋令，赏逆罚忠，此为颠堕之机，故曰‘天地反覆’。”① 人心与天心高度和谐统一，人心就与天心相应了，故嵩隐子《阴符经注》又说：“天人合发者，天发其机，以性赋人也；人发其机，以心观天也。天发以赋人，人发以观天，而性之理自明，心之理自见，如是性明心见，万物定基而不摇也。万物者，一身是也。”人若遵天道而行天理，则性善心慧，生机无穷。

性有巧拙，可以伏藏。

上文主要研究人与天道之间的关系，这一句则具体讨论人的心性问题。心性本有巧拙，然而巧拙的是否显露，则待时机而定。不需要显露时，就叫“伏藏”，而需要显露时，就可以称之为“发”。

《道德真经》第四十五章说：“大直若屈，大巧若拙，大辩若讷。”时机不到，就该将自己的“巧拙”伏藏起来，以待天时。如果妄作，不按天时，就像我们冬天种水稻，只能

① 《天机经》，《道藏》第28册，第347页。

是白费劲，是不会有什么收获的，甚至还可能招来危险。故《道德真经》又说："不知常，妄作凶。"蹇昌辰《黄帝阴符经解》亦云："巧拙之性在乎人，可以屈，可以伸。见机而作，藏器于身，待时而动，使人见其显而不见其隐。盖有自得之场，而能全身远害，以亡后悔者也。道德之人，又何加焉？故曰：'国之利器，不可以示人。'则大巧若拙，不厌深藏；返而用之，则为贵矣。"①

智慧的人能够顺应天时，该藏的时候会藏。仁者必有勇气，然而勇者却不一定有仁心；智者能够使用笨办法，然而愚者却不懂得聪明的方法。因此圣贤往往根据时局来选择应对的态度，通达之时便建功立业，困顿之时则隐忍伏藏。由此可知，有智慧者，并非何事都在"发"，懂得伏藏者，顺应天时，见机行事，才是真智慧。

九窍之邪，在乎三要，可以动静。

"九窍"是指我们身体的九个关窍，这让我想起了《南华真经·应帝王》里讲的一个故事：南海与北海相去甚远，南海之帝倏与北海之帝忽就经常在中央之帝混沌的地盘上相聚。混沌很友善地接待两位远道而来的朋友，使得倏和忽很是过意不去，想要报答混沌。混沌天生没有七窍，因此倏与忽就觉得要帮混沌凿出七窍，让他享受七窍带来的人间快乐。于是，他们一日给混沌凿一窍，凿到第七天，混沌便死

① ［宋］蹇昌辰解：《黄帝阴符经解》，《道藏》第 2 册，第 761 页。

了。这个故事提示我们，九窍联通内外，把握不好，外邪侵入，就会扰乱我们的心性，严重时甚至可能要了我们的性命。

而在这九窍里，耳、目、口三窍对于心性的修持，最为根本。胥元一《黄帝阴符经心法》注曰："人之身，上下具有九窍，以通神明之德，犹宅之户牖也。其司治乱生死之要者三，曰耳目口。耳则闻声，目则见色，口则言辩。因以动其心，萌其欲，徇其情，亡其性，九窍于是乎邪矣！"① 对于这种因欲望而伤害身体的现象，《道德真经》第十二章描写道："五色令人目盲，五音令人耳聋，五味令人口爽，驰骋畋猎，令人心发狂。"因此，控制好这三窍的动静开阖，就可以减少外界环境变化对心的干扰，从而获得内心的清静，达到与天道相合的状态。

有人将耳、目、口三者在扰乱人心方面的副作用做了细分。眼睛是役神之舍，外面的美丽景色常牵动我们的心神，人们看到美好的事物就难以割舍，见到美好的事物就念念不忘，舍不得离开。两耳为送神之位，眼睛所见不过百米以内，耳朵能听到的就远了，随时可能将心神牵动。口鼻为劳神之位，闻到香味则寻迹而去。如果我们任由三窍去追逐外境而不加控制，那么就会耗散心神，内心不得安宁。我们要做到不被外界事物变化所纷扰，就应该"塞其兑，闭其门"，神不露于外，而敛于内，方能气归元海，心神安宁。

正如嵩隐子《阴符经注》所说："九窍之邪，在乎三要

---

① ［宋］胥元一注：《黄帝阴符经心法》，《道藏》第2册，第801页。

者，凡人一身因空而入者，皆是贼也，内有五贼，则九窍之邪，皆其支党，惟有三要，则九邪不生。三要者，收机而心定，正心而性明，性见而得天，则一主正而万贼服矣。”因此，能够做到“收机”“正心”“得天”这“三要”，则九窍自静不扰，外邪就不能干扰人心了。

火生于木，祸发必克；奸生于国，时动必溃，知之修炼，谓之圣人。

火因木而燃，木是火之源，但当火形成燎原之势，则会山林俱焚，就像“以子克父”一般，故曰“祸发必克”。一个国家如果纵容奸邪小人，他们一开始往往卖国自肥，但是，当这些小人赖以生存的国家灭亡以后，他们自己也会随之溃灭，故曰“奸生于国，时动必溃”。《阴符经》用“火”和“奸”这两个形象生动的事物，来比喻人性。如果对人性中各种机巧之心不加以限制的话，生生之气势必被燃烧殆尽，不复存在。圣人通过身心调伏，来避免各种损害心性的不利因素，这个过程通常被称为修炼。

“火生于木”，但树木烧为灰烬之后，火也随之熄灭；“奸生于国”，但国家被他们毁灭之后，奸邪之徒也随之流亡。《阴符经》通过这两个比喻，说明只有正心而性明，才能使“九邪不生”，从而防止“克本伤原”之祸。然而，要做到防微杜渐，像“圣人”那样将各种邪念消灭在萌芽状态，只有将生活作为修炼历程的一个必要环节，坚守修身养性之道，以真诚面对生活，以宁静面对诱惑，才能逐步臻于完美。因此，嵩隐子在其《阴符经注》中总结道："惟天之道也，内有理存焉。天生天杀，天之道；其生其杀，道之理也。能究此理，则得道矣。"

天生天杀，道之理也。

天之道，即宇宙自然运动发展的规律，它是有"生"有"杀"的，比如春夏生而秋冬灭，就是既生于天而又杀于天。《冲虚至德真经·天瑞》曰："道终乎？本无始。进乎？本不久。有生则复于不生，有形则复于无形。不生者，非本不生者也；无形者，非本无形者也。生者，理之必终者也。终者不得不终，亦如生者之不得不生。"① 生生死死，一切顺乎自然，故天道无为，生杀有时。春风吹拂大地，万物在和煦的春风中被唤醒，焕发出灿烂的生机。夏日的阳光，为万物生长赋予充足能量。秋风吹起，万物在萧瑟中枯萎凋零，丰硕的果实为秋冬的藏养蓄积能量，等待春天的到来，万物再次复苏。

在这个生死循环的过程中，在"一阴一阳之谓道"的世界里，天道的生与杀、阴与阳互相依存，自然而然地发生发展。《道德真经》第二章有云："有无相生，难易相成，长短相形，高下相盈，音声相和，前后相随，恒也。"因此，我们应该抛却"杀就是不好"的惯性思维方式，以天"其无私

① ［金］高守元集：《冲虚至德真经四解》，《道藏》第 15 册，第 15 页。

邪”的精神，去理解天所运行的生杀之机，春天跟秋天都是同样美丽的；生和杀均为道运行之必然，没有好坏之分。一切都是天道之流行，我们就该遵循天道法则，自然而然地生活。

《黄帝阴符经本义》注曰：“二气生杀之机，五行盛衰之理，天地人物，其揆一也。如天有春木之发生，即有秋金之肃杀；而有少壮之强盛，即有老死之衰残。至于万物，亦复如是。”① 人在四季的生活应该呈现何种状态才符合道呢？中国现存最早的中医典籍《黄帝内经》，就把春夏秋冬的养生之道写得很清楚，它说：“春三月，此谓发陈。天地俱生，万物以荣。夜卧早起，广步于庭；被发缓形，以使志生。生而勿杀，予而勿夺，赏而勿罚。此春气之应，养生之道也。”② “夏三月，此谓蕃秀。天地气交，万物华实。夜卧早起，无厌于日。使志无怒，使华英成秀，使气得泄，若所爱在外。此夏气之应，养长之道也。”“秋三月，此谓荣平。天气以急，地气以明。早卧早起，与鸡俱兴。使志安宁，以缓秋刑。收敛神气，使秋气平。无外其志，使肺气清。此秋气之应，养收之道也。”“冬三月，此为闭藏。水冰地坼，无扰乎阳。早卧晚起，必待日光。使志若伏若匿，若有私意，若已有得。去寒就温，无泄皮肤，使气亟夺。此冬气之应，养藏之道也。”人只有顺着季节的变化去变换自己的生活习性，

---

① 王宗昱集校：《阴符经集成》，中华书局 2019 年版，第 586 页。

② ［唐］王冰次注：《黄帝内经素问补注释文》，《道藏》第 21 册，第 8 页。

才能与天道同频，与万物同体。

天地，万物之盗。万物，人之盗。人，万物之盗也。三盗既宜，三才既安。

天地覆载万物，给予其生长的源泉，然而风雨、雷霆、霜雪、水旱、地震、海啸等自然灾害，又使万物毁灭，故曰“天地，万物之盗”。人禀受父母的精血而生，本性纯善，在成长过程中，识见愈多，物欲愈大，被五味、五音、五色等引诱而贪嗔痴爱纷起，为名利而自役其身，自累其心，终被“万物”盗取了精神，故曰“万物，人之盗”。人在追逐名利、享乐的时候，对自然的掠夺日益疯狂，环境日益恶劣，动植物均受其害，故曰“人，万物之盗也”。以上“三盗”，皆非正道，因为它们对自然和人类起到的都是破坏作用，可谓“三盗不宜”，所以下文提出“三盗既宜，三才既安”。人们怎样做到“盗”之相“宜”呢？要预防自然界的各种灾害，顺应自然，同时又要吸收（“盗取”）天地之精华；要抵御万物之诱惑，远离酒色财气，虚心静虑，而又吸纳万物之正气（养料），做到与天地、万物和谐相处，而人与人之间也应互帮互助，共生共荣。这样，就能使天地人“三才既安”了。

“盗”是《阴符经》很有特色的思想概念，“天地，万物之盗”这一句则是从另一个维度上去描写“道”的规律性。或者我们也是可以用《道德真经》说的“反者道之动”

的逻辑路径来理解《阴符经》所描述的“道”——如果说“天生天杀”一句从正面描述了道的运行规则，那么这句话则从反面来描述道的运行法则。

道本无形，如何彰显道的存在呢？我们只能通过万物的生死荣枯去了解道，也只有通过黑天白夜的循环，去感受“道”的存在。故而，没有四季更替，没有白天黑夜，没有阴晴圆缺，没有秋收冬藏，道又在何处？

《黄帝阴符经本义》曰：“盗者，窃也。”[①] 此“盗”字有“破坏”和“吸纳”两重含义。大自然既有发育万物之德，又有巨大的破坏力。万物窃取天地之精华，以生成自身，养育了人类的同时，又挑起了人类的物欲，耗散了人们太多的精力。人们如不能控制好“三窍”，就会被外界的声色犬马、五光十色耗泄一空。这就是“盗之宜”与“不宜”的区别。

“人，万物之盗也。”人靠万物滋养而存在，没有万物的滋养，人类就无法生存。这个“盗”字的使用方法，与《阴符经》的“阴”字又有异曲同工之妙，都包含了“潜为也”和“不知不觉”的意思。其实，大道润物何尝不是“不知不觉”呢？或许《阴符经》用“盗”这个字就是要警醒世人，多去体味大道慈悲的一面，不要因为生活在其中而不知大道慈悲。

《阴符经》中“盗”字与《列子》中对“盗”的使用方法相类似。《列子》中说，家住齐国的国氏颇为富贵，家住

---

① 王宗昱集校：《阴符经集成》，中华书局 2019 年版，第 586 页。

宋国的向氏生活颇为窘迫。向氏特意从宋国前往齐国，向国氏请教致富的方法。国氏向他解释道："我善于窃取。自我开始窃取之后，一年便可自给自足，二年便可丰衣足食，三年则衣食无忧。自此之后，便有余力施舍于乡里。"向氏大喜过望，听取了国氏这番有关"窃取"的言论，然而却没有理解窃取之道。于是向氏翻墙凿屋，将自己看得到、拿得着的东西一扫而光。没过多久，向氏便在销赃的时候被抓，连带他之前的财产一并被没收充公。向氏认为国氏有意欺骗自己，于是便再次前往齐国埋怨国氏。国氏问道："你是怎么盗取的呢？"向氏便把自己偷盗东西然后被抓的事情详细说了一遍。国氏嘲笑道："你怎么能这样理解盗之道呢？现在我来告诉你什么是真正的盗之道吧！我听说天有时、地有利，因此我盗取天地之时利、云雨之滂润、山泽之产育，借助它们来使得我的庄稼生长，建筑我的房屋院墙。我从大地上盗取禽兽，从水塘中盗取鱼鳖。禾稼、土木、禽兽、鱼鳖，这些都是天之所生，并不是我本人所拥有的，但是我盗取了它们却不会遭殃。金玉珍宝、谷帛财货，这些人们所聚集的财物，难道都是直接来自上天的吗？你因为盗窃而获罪，又有何值得埋怨的呢？"向氏大惑不解，以为国氏又一次欺骗自己，于是便跑去请教东郭先生。东郭先生听完向氏的叙述后，回答道："国氏的盗窃行为，是符合公道的，因此无殃。你的盗窃行为，出自私心，因此会被判有罪。"国氏之盗，乃是顺天时，合阴阳，取自然之物为用。而宋氏之盗，则是盗取他人之物，其性质完全不同，而《阴符经》所言之“盗”，与国氏之“盗”同理，都点明应该在至公的情况下去“盗”天地精华。

天地人三才，通过这种潜在的能量交换，阴阳互补，以达到安定和谐的局面。《道德真经》第二十五章曰：“故道大，天大，地大，人亦大。域中有四大，而人居其一焉。”天、地、人合称三才。三才禀气而生，故《服气精义论》曰：“夫气者，道之几微也。几而动之，微而用之，乃生一焉。故混元全乎太易。夫一者，道之冲凝也。冲而化之，凝而造之，乃生二焉。故天地分乎太极，是以形体立焉。万物与之同禀，精神著焉。万象与之齐受。在物之形，唯人为贞；在象之精，唯人为灵。并乾坤，居三才之位；合阴阳，当五行之秀。”① 此论不仅说明了三才及万物皆禀气而生，而且还说明人乃万物中的灵秀者。天地人三才相互盗机而生，这体现了大道的至理。如果天地人三才互不相涉，那么万物的化育便无法维系。这种相互盗机而生的前提保障是适度，即不能过分，同时也不可不足。盗机而生并非恣欲妄为，恣欲妄为便是过度，需要通过“杀”来进行纠正，达到“三盗既宜”的状态。这种相生相杀的关系，看似相害，实则相利。因此，天地人三才才能够在这种状态之下维持和谐稳定，得以长期发展。

唐末五代谭峭的《化书》中，有另外一种关于“盗”的说法，虽与《阴符经》所言颇有不同，但亦有助于理解“盗”这一理论。《化书》以“盗”为着眼点，去检视修行

---

① ［唐］司马承祯述：《服气精义论》，《道藏》第 18 册，第 447 页。

之法。人通过炼精化炁、炼炁化神、炼神还虚的修炼方法，达到与道合真的境界。

《阴符经》以阴阳五行、三盗五贼为核心思想，全面系统地阐发了人与自然、自然与人的密切关系。这种思想，在道教中颇受重视。《太平经》言："天地病之，故使人亦病之，人无病，即天无病也；人半病之，即天半病之，人悉大小有病，即天悉病之矣。"① 可见，天地的化育流行与人类的活动具有相互影响的特性，一损俱损，一荣俱荣。道家把整个宇宙看作生生不息、恒常流动的大生命，而一切修炼都是以宇宙的和谐为前提的，它的核心信仰在于坚信人类能够通过自身的实践与修炼，凭借特定的方法与途径来消除自然时空对生命的限定，使现实的个体长生不死、羽化成仙，从而实现生命在时空中的无限延续和自由。

食其时，百骸理。动其机，万化安。

仙道贵生，无量度人。如何看待生老病死，获得长生久视？这是修道的行者们对人生终极关怀的根本探索。保养好我们的身体是第一步，所以道家一直都在追寻如何保持自我的身心健康。因此《黄帝阴符经》指出："食其时，百骸理。"这句话其实潜藏着这样一个道理：只有清楚地认识天地人三才之间的盗取关系，才会对"道"有深刻的理解，才能将这个认知和理解用于指导我们的生活行动、饮食起居、

① 王明编：《太平经合校》，中华书局 1960 年版，第 355 页。

工作学习。时者，令也。所谓时令即是命令，道家主张遵从和效法天运律历，行为规范合乎于天时、法于自然，如此，便可百骸顺畅，百病不侵了。

《阴符经》之所以强调“食其时”，如此注重饮食，那是因为饮食对人是每天不可或缺的。南朝著名道士陶弘景在其所著《养性延命录》中指出：“百病横夭，多由饮食。饮食之患，过于声色。声色可绝之逾年，饮食不可废之一日。为益亦多，为患亦切。”① 因此我们将《阴符经》与《黄帝内经》中岐伯的回答对照来体味，就更能体会《阴符经》所要告诉我们的道理：“上古之人，其知道者，法于阴阳，和于术数，饮食有节，起居有常，不妄作劳，故能形与神俱，而尽终其年，度百岁乃去。”② 这是告诉我们要顺天时、和阴阳的道理。

“以酒为浆，以妄为常，醉以入房，以欲竭其精，以耗散其真，不知持满，不时御神，务快其心，逆于生乐，起居无节，故半百而衰也。”不仅如此，在饮食上，我们也要像黄帝所说的那样：“人服饮食，必先五味五肉，五菜五果，皆须调候得所，量体而进，熟则益人，生则伤脏。此食时之义也。故使饮食不失其时，滋味不越其宜，适其中道，不令乖分伤性，则四肢调畅，五脏安和，无诸疾病，长寿保终。”③ 通过《黄帝内经》如此清楚的阐释，我们得知了生

---

① ［南朝］陶弘景集：《养性延命录》，《道藏》第 18 册，第 477 页。

② ［唐］王冰次注：《黄帝内经素问补注释文》，《道藏》第 21 册，第 4 页。

③ ［唐］李筌疏：《黄帝阴符经疏》，《道藏》第 2 册，第 741 页。

活该遵循的规则。《阴符经》文中称之为“动其机”，就是我们的生活必须顺应天道之机，不能妄作。这里以日常生活中最为常见的饮食为例，强调了“时”的重要性。

“食其时”，既指适宜的时间，又包括适宜的量和适宜的食物等含义。适宜的时间指的是每天都按时吃饭；适宜的量指的是要吃七分饱，不可暴饮暴食；适宜的食物指的是当季的、当时得令的、道地的食材。“道地”非常重要，这不仅是地理环境筛选后的结果，同时也汇聚了历代祖先的生活智慧。在适宜的时间吃适宜的东西，便能够达到康健延年的目的。

符合天道的规律去生活，就能安顺万物，这就是“动其机，万化安”。《阴符经》试图告诉我们，生活要过得符合时节，过得顺乎自然，如果一意放纵自己享乐，最后将自食其果。人的饮食与健康，都与时机相关。在适宜的时机饮食，便不容易罹患疾病，因而便能“万化安”。宇宙自然和人类社会的发展变化，都有其内在的“定理”，正如经中所言：“日月有数，大小有定。”只有明了事物的发展变化“定理”，方可懂得自然之“定数”，洞察自然万物变化之规律，而加以合理改造运用。这和《道德真经》所言“天之道，不争而善胜，不言而善应，不召而自来，繟然而善谋，天网恢恢，疏而不失”的道理是相吻合的。

张伯端《悟真篇》用诗的语言，把时、机、安之间的关系表达了出来：“三才相盗食其时，此是神仙道德机，万化既安诸虑息，百骸俱理证无为。”① 传颂千载的姜子牙的故事，便是正确处理时、机关系的典型范例。满腹经纶的姜子牙之所以在经商过程中屡屡碰壁，是因为他没有“食其时”——没有选对适合自己的职业。后来他来到西岐，在渭水畔遇到了西伯侯姬昌，这就是“动其机”。西伯侯与姜子牙一见如故，恭聘其为军师，并亲自用自己的辇舆将他载入城中。经过了九年的运筹帷幄，姜子牙帮助姬发讨伐商纣，建立了长达近八百年的周王朝，这就是“万化安”。

人知其神而神，不知不神所以神也。

在讲述天道关系方面，《阴符经》《道德真经》《易经》关系紧密，在养生等方面则与《黄帝内经》文理相通。我们只有将这几部经典对照起来读，才能更为深刻地理解《阴符经》所表达的意思。《易经》说“阴阳不测之谓神”，因为阴阳是万物之根本，就像《黄帝内经》所言：“故阴阳四时者，万物之终始也，生死之本也。逆之则灾害生，从之则苛疾不起，是谓得道。”② 这句话引出了一个更高的存在——“道”，人们日常生活之中只看到阴阳造化是如何影响世间万物，故而将阴阳称之为“神”，但却不知产生阴阳以及使阴阳不测的“道”。妙而无方者，神也；化生阴阳者，不神也。

---

① 《修真十书悟真篇》，《道藏》第 4 册，第 736 页。

② ［唐］王冰次注：《黄帝内经素问补注释文》，《道藏》第 21 册，第 12 页。

阴阳不测，故能化育天地、长养万物。

《黄帝阴符经疏》如此注释道："人但见万物从阴阳日月而生，谓之曰'神'。殊不知阴阳日月从'不神'而生焉。'不神'者何也？至道也。言至道虚静寂然而不神。此不神之中，能生日月阴阳三才万物，种种滋荣而获畅，皆从至道虚静中来。此乃不神之中而有神矣。"① 道生长出日月阴阳，产生出天地人三才。正如《道德真经》所言："有物混成，先天地生。寂兮寥兮，独立而不改，周行而不殆，可以为天地母。吾不知其名，强字之曰'道'，强为之名曰'大'。"《道德真经》这一章说明了道为阴阳之来源，先天地而生。如果能够站在"道"的高度来看待世界会怎样呢？《道德真经》第六十章就解答了这个疑问："以道莅天下，其鬼不神；非其鬼不神，其神不伤人；非其神不伤人，圣人亦不伤人，夫两不相伤，故德交归焉。"人只能看到阴阳寒暑给人带来的生生不息之生命之源，而没有看到那个能够使"神"之所以成为"神"的力量。我们没法称呼它，姑且称之为"道"，有时候也称之为"大"。从修行的层面来说，我们不仅要认识阴阳，还要感知阴阳之上的道。这样，道常无为而无不为，才能不神以为神也。

《黄帝阴符经本义》曰："盖神妙无方之道，唯天地行之，圣人法之。彼常人者，虽习见而不识焉。如天地之升降阴阳，其生长敛藏，以成造化之功；日月之运行精气，其晦朔弦望，以成昏明之度。及五行之生成，三才之化育，此盖

---

① ［唐］李筌疏：《黄帝阴符经疏》，《道藏》第 2 册，第 741 页。

不神之至神也。”①“不神之至神”者，常人习见而不识，水便是这样一种存在。没有什么东西比水更柔，即便是柔滑的丝绸，遇水之后也显得有刚性。柔软飘飞的棉絮，湿水之后也会坠落地面。水柔若无形，触摸却难言其状，甚至无以掬之在手。水之柔，柔到不禁风，微风吹过，便化作云雾……水虽柔，却柔而有刚。水之刚，足以摧毁一切，青山挡不住，毕竟东流去。它不仅有百折不挠之精神，更有勇往直前之气魄！水之细，细到分子之后，水皆能穿行其中，万物无不与之结缘。何止润物细无声，一切生命系统之中，有谁能够找到没有水的证据来呢？

水之大，巍峨高山，苍茫大地，白云之下，环球之间，有什么不为水所包含呢？人们常说，水之静，静若处子，它可以让一切嘈杂与浑然归于沉静，波澜不起。人心修炼到至高境界，便是心如止水。水之动，有时是快乐的表达，君不见小溪中、山涧里，泉水一路欢歌；水之动，有时又是力量的展现，惊涛拍岸，激起千层浪，那惊天动地、摧枯拉朽的气势无物可挡！这就是水之大智慧，集众多矛盾于一身，但又是如此和谐。既具原则性，又有灵活性。这种超然的矛盾与和谐，就是所谓的“不神之至神”。若没有惊世的智慧，又岂能参悟得透？水无形无态，却至柔至刚，深藏于万物之内，又能包容万物于其中，如若参悟其道，必得大智慧，如此可为将帅良相，可为王者圣贤。而达此者，必具豁然之品

① 王宗昱集校：《阴符经集成》，中华书局2019年版，第586页。

性，超然之才情。

日月有数，大小有定，圣功生焉，神明出焉。

人生宇宙之间，一切皆有数。地球绕太阳公转一周是365天，一般情况我们只看到了大的四季变化，其实不然，中国古代的“八节”是地球在公转过程中的八个重要节点。但地球的实际运转是以十五天为一个节点，古人通过对自然变化规律的观察，掌握了二十四节气的节点，用来指导一年四季的农业生产活动。同时，古人也非常重视月亮的阴晴圆缺。日月交辉构成了宇宙中距离人类最近的两大天体的阴阳关系，所以中国古代使用的农历是阴阳合历，不仅考虑到地球绕太阳公转一周的运行情况，太阳对地球的“阳”的关系，也考虑到了月亮在缺月和圆月之间，给地球带来的“阴”的变化。

阴阳的消长关系和自然之道，就在这种阴阳变化中显现出来。而地球的自转又构成了二十四小时的循环，在这个人与地球、太阳、月亮的结构关系中，人在其中与天地构成一个统一的和谐体。日月是阴阳二炁之精华，在六合内处于至尊之位。人们又以日月的运行度量时间，日、月、年之间的积累换算形成了历法。不仅如此，人是天地间最有灵气的生物，而能够认识阴阳以及日月运行规律的先贤，被古人称为“圣人”；“圣人”教导我们顺应这些规律而生存，他们还将这些规律记录下来，代代相传，教导后人。皮日休曾在《奉和鲁望读〈阴符经〉见寄》诗云："不测似阴阳，难名若神鬼，得之升高天，失之沉厚地。"我们若是学习效法圣人的道德智慧，便能够认识不测的阴阳，就能够"得之升高天"了。

修斋是学道之基本功课，古人重视在特别的日子修斋祈福，《三天内解经》云："夫为学道，莫先乎斋。外则不染尘垢，内则五脏清虚。降真至神，与道合居。……为学不修斋直，冥冥如夜行不持火烛。此斋直应是学道之首。"① 因此"八节"之日甚为道家所看重，《三道奉道科》云："立春为建善斋，春分为延福斋，立夏为长善斋，夏至为朱明斋，立秋为遐龄斋，秋分为谢罪斋，立冬为遵善斋，冬至为广庆斋。"② 此八节斋正是季节变化之关键点，修道者在此时修斋，是顺应天时、合乎自然的一种表现。修行人通过修斋来齐整内心，约束行为，所以道教之设斋醮科仪，亦有指导修行的意义。

其盗机也，天下莫能见，莫能知。君子得之固躬，小人得之轻命。

"盗机"是理解《阴符经》的关键所在。"机"隐匿在无形无象之中，深藏在阴阳之间，埋藏在宇宙循环之内，所以经文说"天下莫能见，莫能知"。"莫能见，莫能知"也是

---

① 《三天内解经》，《道藏》第28册，第416页。

② ［宋］张君房集：《云笈七签》，《道藏》第22册，第26页。

一种“阴”，是一种隐秘的、不容易被发现的存在。然而，《老子》《易经》《阴符经》则是将这种隐秘揭露出来，让大家知晓如何遵循“道”之机，实现制机而用，最后达到“我命在我不在天”的境界。若想实现这一目标，就必须观察天道的运行规律，并在生产、生活中去适应和运用之，从而实现“盗机”。

所谓“盗机”，指的是对大道有清楚认知的人，能从天地运行的常规中体悟大道，过一种符合道的生活。而对大道没有清楚认知的人，追求世间繁华，沉溺名利声誉，不能守道抱一。如此逆道而行，虽身在道中却只能离道而亡，甚为可惜！能够“盗机”便可以知晓道的“杀机”，如此方可从中寻找“生机”。人在把握天机、盗机的同时，要很好地掌握分寸和尺度，才能在杀机中盗取生机，辨天人合变之机，演阴阳动静之妙。

《黄帝内经》从合顺阴阳、身心健康的角度阐释了坚守“道”的功用，以及“失道”之后造成健康受损的不良影响，从中自可体会顺“道”之以为用的重要性。《黄帝内经》曰：“故圣人传精神，服天气而通神明，失之则内闭九窍，外壅肌肉，卫气解散。此谓自伤，气之削也。”① 而《黄帝阴符经》不仅讲个人修炼，也讲“身国同治”的道理，治国一如治身。《黄帝阴符经本义》曰：“夫三才相盗之真机，日月运化之至理。此惟有道之上士，乃能知能行，以治国治身；而

① ［唐］王冰次注：《黄帝内经素问补注释文》，《道藏》第 21 册，第 13 页。

天下之常人，其何能见识之也！”① 只有尊道贵德之士，才能依照《阴符经》中的道理修身养性，对外可以治国理政，对内可以正己修身。

瞽者善听，聋者善视，绝利一源，用师十倍。三反昼夜，用师万倍。

人的心神必须专一、聚集，才能得到“道”之真谛，而言行举止均无所失，正如那些失去视觉功能的人们，听力则会更好，他们会更加仔细地去听，听到很多不为大家注意的细节；失去听力功能的人们，视力则会更佳，他们看得会更加用心，看到很多人不太注意的细微之处。人心意念或起或灭有如门户，少一门则少一事，故“瞽者”“聋者”之善听善视的原因，就是因为他们减少或杜绝了外界的干扰。所以，当人们塞其兑，闭其门，休息五官，便能用心去体悟周围的一切，感知到视之不见、听之不闻的“道”，这个时候，就能够“不出户，知天下；不窥牖，见天道”。这就是所谓的“绝利一源，用师十倍”。盲人因为丧失了视力，所以在听力方面得到了极大的提升；耳聋之人因为丧失了听力，所以在视力方面得到了极大的提升。之所以如此，是因为人的精神有限，自然而然地就会在其他地方对损耗之处进行弥补。当我们把耗散我们精气神的三窍干扰都杜绝之后，效果

① 王宗昱集校：《阴符经集成》，中华书局 2019 年版，第 589 页。

就不仅仅是“用师十倍”了。“君子万物皆备，不出户庭以修其身，而世道之变迁，人心之更易，与夫推亡固存，反乱为治之机，无不洞晰于方寸。此岂术数为之哉？良以物我同源，穷一己之理，即能尽天下之理，是以不出户而知天下也。”① 当我们闭塞自己的五官，防止精气神的耗散，将其收敛内观，通过内观去体悟大道，实现与道合真，这样就能不出户而知天下事。此过程当然是需要不断训练的。《黄帝阴符经解》曰：“聋瞽之辈，虽偏失耳目之不全，而至于无听之以声，非视之以目，惟内听之于心，神专一也，故云绝利一源而致十倍，若更三思，可敌万倍。”② 这是极言“专一”的力量和功效。

“三反昼夜，用师万倍。”中国古代用“三”来表示多，“三反昼夜”就是日复一日的训练。“用师万倍”诚如上面所说，只是借用一个兵书术语，来表达不断反复最终取得成功的道理。

《黄帝阴符经解》又云：“师者，众也。众人虽备耳目，而皆外失于视听。彼之人不足于耳目而聋瞽乎？彼人以内得之于心，是忘耳目而视听乎？故至人用心若鉴，莹然而外尘，不私容物而无私也。”③ 道家认为，人们不仅应当闭塞接受传递信息的耳、目、口等感官，其内心也应该无思无虑。《老子指归·圣人无心章》曰：“及其寐也，心意不用，聪明闭塞，不

---

① ［清］黄元吉撰，蒋门马校注：《道德经注释》，中华书局 2012 年版，第 198 页。

② ［宋］蹇昌辰解：《黄帝阴符经解》，《道藏》第 2 册，第 763 页。

③ ［宋］蹇昌辰解：《黄帝阴符经解》，《道藏》第 2 册，第 763 页。

思不虑，不饮不食，精神和顺，血气生息，心得所安，身无百疾，遭离凶害，大疮以瘳，断骨以续，百节九窍，皆得所欲。”① 强调只有断除影响我们的七情六欲，才能身心安泰，体健康宁，以至不被异彩纷呈的外部世界“盗”伐一空。

心生于物，死于物，机在目。

心是一身之主，是我们精神魂魄的依靠，喜怒哀乐、爱恨情仇，无不发自于心，所以，历代修道之人，皆是从锤炼这颗心着手。面对乱眼纷飞的物质诱惑，修道之士认为，能够守得住这一心清明是非常重要的。因为心是精神之主，内心清明则万神归焉。如果心在蒙蔽之中，人便会妄行恶事，因此保持心之清明尤其重要。

若想保持心的清明，关键之处在于眼睛，这就是所谓“机在目”。人都“如恶恶臭，如好好色”②，当有美丽的事物出现在我们眼前，我们的眼睛就会被其牵动，致使我们心神不能自守，耗散心神而身体不得周全。此与《道德真经》所谓“不见可欲，使民心不乱”有异曲同工之妙。

《黄帝阴符经本义》中详细论述了“心”“物”之间的关系：“今言‘心生于物’者，盖缘外物之感触，以内达于身心，而智知者，心引而去矣。然外物诱神以出者，则气亦

① ［汉］严遵撰，樊波成校笺：《老子指归校笺》，上海古籍出版社 2013 年版，第 77 页。

② ［宋］朱熹撰：《四书章句集注》，中华书局 1983 年版，第 3 页。

随之而去。而神气俱去，则心神竭矣，精气败矣，未能生者也。故曰‘死于物’也。五官虽皆能诱掖心志，然逐物生情，遇境留意者，而惟目为最切，故曰‘机在目’也。”①

天之无恩，而大恩生。

鱼儿终其一生都生活在水里，所以鱼体会不到水的恩德。人一生都活在道及由其演化出的万事万物之中，如同鱼儿自由自在地生活在水中，也未能觉察到天地之大恩一样。诚如《道德真经》第五十一章所云：“生之蓄之，生而不有，为而不恃，长而不宰，是谓玄德。”这句经文点明了道对于万事万物最大的恩、最深的德。当我们“日用而不知”地在道中生活，应该深深地去感恩那看似“无恩”的天道。《道德真经》第二章亦有类似的文字，阐释了道之于人的恩德。“是以圣人处无为之事，行不言之教；万物作而弗始，生而弗有，为而弗恃，夫唯弗居，是以不去。”徜徉在道的海洋里，沐浴在道的恩泽之下，人们当怀感恩之心，常怀道之玄德和天地之大恩。

《黄帝阴符经本义》曰：“蠢者，动也，作也。盖天地之于万物，唯以二气鼓动，任其自然之化育，各遂其性之所宜，并无娇揉之事，以助其生长。故视之若无恩，而不知大恩乃生乎其中矣。”道家认为，在大道恩德中生长化育的众生，或许该放慢脚步，用心去体味大道之于万物的玄德。

---

① 王宗昱集校：《阴符经集成》，中华书局 2019 年版，第 590—591 页。

迅雷烈风，莫不蠢焉。

人类认识世界，是从认识自然界开始的。人类最惧怕的自然现象莫过于雷电，于是先民们将雷电崇奉为神灵。神字，最早的形态写作“申”。甲骨文里的“申”字写得就像雷电的形状，只是后来加上了“示”字旁。在汉字中凡是有“示”字旁的文字，都与祭祀相关。这就说明神最初的观念来自自然界，尤其是来自让我们惊恐不安的雷电。

古人认为，雷电是阴阳激荡最为激烈的表现之一，当人类感此阴阳激变之际，怎么能不感怀苍天给予人类的恩典？万物在阴阳交替之中，沐浴阳光雨露，春生秋实自由地生长。人类观察到自然界的阴阳变化，暴风骤雨，无不时刻警醒着人们心存感恩修德，并约束自己的言行举止，使之符合道的运行规律。风雷震荡，是天神之威的显现，它能够震慑伺机妄动的宵小之辈，令他们不敢犯上作乱，不敢欺压良善。心胸开阔、内心坦然的人，便无惧雷霆之声、雷风之动，正己化人、威慑四方。

至乐性余，至静则廉。

世人所理解的快乐，大多数是肤浅的自娱自乐，声色游宴、自我麻痹之类的，是与物质相关的内心感受。不能说物质以及人间交游所带来的就不是快乐，但是，这些快乐都是短暂而易逝的，所以不能称之为“至乐”。至乐是什么呢？古人说：“至乐无声，而天下之人安。”① “至乐者，非丝竹欢娱之乐也。”② 当我们心平气正，心怀坦荡，顺应天时，不越规矩，心无所惧，性情安逸，逍遥自在之际，或许就在至乐之中了。这是一种与道相合之后的乐，至乐是有道之人才能体会的乐，当然有道者并不吝啬，故“有道之君，以乐乐人”③。当周围的人感到你处在这种至乐之中，周围的人也会随之感到快乐。

“至静则廉”之“静”，在中国古代思想史中有着深刻的解说。如《道德真经》第十六章：“致虚极，守静笃。万物并作，吾以观其复。夫物芸芸，各复归其根。归根曰静，静曰复命。复命曰常，知常曰明。不知常，妄作凶。知常容，容乃公，公乃王，王乃天，天乃道，道乃久，殁身不殆。”这段经文告诉我们，静能够感受万事万物，能够体悟到生命的真谛，顺之而行，便能长生久视。道家认为，“静”之于道教修行的意义非同一般。

《亢仓子》的描述更为直接：“贵则语通，富则身通，穷则意通，静则神通。”④ 所以，道家认为，修行之人应将心保持在静的状态之中，将身心与道合二为一。道教对于“性”与“命”这两个概念，有着明确的区分。《太上老君内观经》

---

① ［唐］李筌疏：《黄帝阴符经疏》，《道藏》第 2 册，第 743 页。

② ［唐］李筌疏：《黄帝阴符经疏》，《道藏》第 2 册，第 743 页。

③ ［唐］李筌疏：《黄帝阴符经疏》，《道藏》第 2 册，第 744 页。

④ 庚桑楚（生卒年不详）：《洞灵真经》（又作《亢仓子》《庚桑子》），《道藏》第 11 册，第 558 页。

曰："从道受分谓之命，自一禀形谓之性。"① 《性命主旨》则明确指出："性之造化系乎心，命之造化系乎身。"② 性是心的主宰，静则是性的本根。只有达到至静，才能实现心无挂碍。道家认为，人生最好的状态，便是为人处世无所挂碍。不愿以至静的态度对待事物，执着于事物的动静变化，则会对自身的生存质量造成损害。神清性静便能臻达至乐的境界，因此清静是对天下之正道的具体践行。这些思想对于今人仍有积极的借鉴价值。

天之至私，用之至公。

这句话的文眼，就是这个"私"字。很多时候从我们的习惯去理解，都会觉得"私"是不好的，所以在这里看到这个"私"字，会有些摸不着头脑，不知如何去理解。其实这个"私"与经名《阴符经》中的"阴"字，在用法上有着相似之处。我们在这里将之解释为"幽隐"。天道是如此的幽隐，人们难以一眼洞悉它的玄妙。

"私"字这种用法，在《道德真经》中也有类似之处，如第七章"天长地久。天地所以能长且久者，以其不自生，故能长生。是以圣人后其身而身先，外其身而身存。非以其无私邪？故能成其私"。就是这样"渊兮似万物之宗"的玄妙之道，用在大道之中，确是至公至正之"道"。天地化机

---

① 《太上老君内观经》，《道藏》第 11 册，第 396 页。

② ［宋末元初］李道纯撰：《中和集》，《道藏》第 4 册，第 503 页。

而生、曲成万物，因此称之为“至私”；万物各归其类、各得其位，因此称之为“至公”。无论是“至私”还是“至公”，都是天地以公正的态度来对待万事万物。

禽之制在炁。

理解这句话的关键，在于理解这个“禽”字。史上注解《阴符经》的注家对“禽”的理解，以下面两种观点较为妥帖：

第一种认为“禽”指的是飞禽。飞禽通过驾驭气而自由飞翔在云端，又用飞禽比喻“羽客”“羽人”等道教修行之人。唐淳《黄帝阴符经注》曰：“圣人将飞禽翱翔，喻如羽客者。飞禽乘一气而上青霄，人不如也。人为万物之灵，不能制伏道德之气，固穷养命。如善用道德之气者，如龙换骨，如蛇蜕皮，如蝉脱壳，人则修炼换形，飞入大罗，上登云汉，不亦难乎？”①

第二种解释认为“禽”说的是“心”。“禽”字的这种使用方法，体现了中国语言文字的多彩之处，像是解谜题一样地绕了一大圈，最后才道出这个字的真实意义。中国古代传统有四方神兽的概念，这种观念起源很早，比喻四方神兽，东边是青龙，西边是白虎，南边是朱雀，北边是玄武。南边的朱雀属禽鸟，而南方又属火，对应人的五脏为心。所以通过这一通的意义转换之后，“禽”在这里指心。《黄帝阴

① ［宋］唐淳注：《黄帝阴符经注》，《道藏》第 2 册，第 816 页。

符经夹注颂》曰："禽即心也，神也，火也，南方朱雀也。此警示学人大要，专心制气。"① 另外还要注意的就是这个道教专用字"炁"。"炁"所指乃先天一炁，是未出生之前的那一点灵光。在这里使用这个"炁"，再一次强调了心的重要性。就像《道德真经》第五十五章说的："心使气曰强。物壮则老，谓之不道，不道早已。"

无论"禽"字如何理解，本句经文的重点，却是在"制炁"。当我们能够以心制气，心息相依，便能保持心的清静。如果欲念扰动心气，则导致心念纷乱，离道日远。著名内丹家施肩吾曰："气是添年药，心为使气神。能知行气主，便是得仙人。"② 元气充足则不会贪恋美食，精气充沛则不思淫欲，心神聚全则身心康泰。能够依此律己，便可如神仙般逍遥自在。

生者，死之根。死者，生之根。

世人皆爱生恶死。但是，人们对生死的理解往往不符合道，而仅从个人情感的好恶出发，所以我们会好生恶死。过分地看重生，就可能会"自厚养其身，恐致灭亡也"③。对此，《南华真经》有言曰："生也死之徒，死也生之始，孰知

---

① ［元］王道渊注：《黄帝阴符经夹颂解注》，《道藏》第 2 册，第 842 页。

② ［元］王道渊注：《黄帝阴符经夹颂解注》，《道藏》第 2 册，第 842 页。

③ ［唐］李筌疏：《黄帝阴符经疏》，《道藏》第 2 册，第 744 页。

其纪？人之生，气之聚也，聚则为生，散则为死。若生死为徒，吾又何患？故万物一也。其所美者为神奇，其所恶者为臭腐，臭腐复化为神奇，神奇复化为臭腐，故曰：通天下一气耳。圣人故贵一。”

庄子站在道的高度，认为生死不过是气聚气散而已，有聚就有散，皆在道中，不因我们的好恶而有所改变。从阴阳的角度来说，阴阳互根，阴是阳之根，阳为阴之根，就像阴阳鱼中，黑里面的白点，白里面的黑点一样。孔子有句话说：“未知生，焉知死？”① 这句话反过来说，或许更能体味道的玄妙。未知死，焉知生？人生修行就是在生死相依之间，去寻找内心最为清明的部分。而生死互根的这种关系，诚如阴阳互动一般。生与死互为根本，生死相依，是道的常态。无生便无死，无死便无生。人们又为何贪生而畏死呢？

恩生于害，害生于恩。

沿着生死互根的思路，经文又从“恩”“害”两个方面来阐释世间万物阴阳相依、互为存在的道理，就像《道德真经》第二章所说：“有无相生，难易相成，长短相形，高下相倾，音声相和，前后相随，恒也。”如果我们继续探索这句经文更为内核的意义，那就是《道德真经》第四十章里所表达的“反者，道之动”的思想。正是来自两个相

① ［宋］朱熹撰：《四书章句集注》，中华书局 1983 年版，第 125 页。

反的力量，推动着道的前行。这点，颇有一点互琢互磨的意味。

这种“恩”“害”互生的转化又与“祸兮福所倚，福兮祸所伏”为同出一源的思想。经文的字面意义可以理解为，当处于灾难之中，却有幸得他人相助；但处于安乐之日，却可能隐藏灾祸。经文的内涵意义提醒我们，做事要慎终如始，谨小慎微，如履薄冰，时刻对我们的言行进行约束，使我们的一举一动都符合大道。否则阴阳随时可能转化，忧喜随时可能颠倒。

人心变幻无常，恩害相伴而生。此时之“恩”，则为彼时之“害”；此时之“害”，则为彼时之“恩”。本来无害亦无恩，恩生则害亦生，害生则恩亦生。以君子为例，偶遇困顿之时，在旁人的帮助下度过危机，于是常怀感恩之心，这就是“恩生于害”；以小人为例，虽然受到贵人的提携而身居要位，然而却不能慎独明哲，反而会恃宠欺上，于是便失权落马、身陷囹圄，小人不但不反思自己的过失，反而对自己的贵人心生怨恨，这就是“害生于恩”。修道之人，应当正心诚念、反朴还原，于是便可恩害不生，静默持守，全真葆性。

愚人以天地文理圣，我以时物文理哲。

“愚人以天地文理圣，我以时物文理哲”，天地文理，指宇宙运行的现象；时物文理，指一年四季万物生长收藏的过程。愚人把那些对自然运行规律无所不知的人称为“圣人”，认为圣人在表面上是奇异非常的，殊不知真正的圣人伏藏若拙，安静无为，毫无神奇之处，所以大众莫不以愚目之，不知其为“圣”也。所以，古代的哲人遵循自然变化的规律，他们从观察天地万物、四季变化之中获得生产、生活的智慧和方法。因此《易经·观卦》有“大观在上，顺而巽，中正以观天下”① 的说法。人类并没有离开世界而独立存在，我们仅是这个世界中的一员。要认识并理解这个世界，我们只能通过观察自身，观察环境，观察万物，观察阴晴圆缺，观察斗转星移，慢慢地去体悟，然后才能对世界运行之道，了然于胸。

当我们不能明白天文地理所隐含的道的意义时，就可能会做出违背道的行为，这时的我们就是不明智的。当我们明白了天文地理所告诉我们的那些隐秘的道理，并按照上天所垂之象去生活和工作，就能顺应天道。这一句经文，与《阴符经》开头首句“观天之道，执天之行”前后呼应。“愚人以天地文理圣”中的愚人，指的不是智商层面的愚昧，而是指那些受到自身才智与知识束缚的修炼之人。他们只是沉溺于纸面功夫，在文字与口头上求道，而不愿从个体肉身层面探求天地造化的至理，同时也不屑于放低身段向那些真正的修行人请教修炼的具体心得。

只有得道之人，方能位处中正以观天下，体悟四季变化与世间万物所蕴含的造化至理，并将这些至理化用到自己的

---

① ［宋］朱熹撰，廖名春点校：《周易本义》，中华书局 2009 年版，第 98 页。

生活当中，成为洞达明彻的哲人。诚如古人注释本经时所云“天人之际，造化之妙，尽泄于此”。

至此，三百余字版本的《阴符经》就结束了。以下几句是四百余字版本所多出的内容。

自然之道静，故天地万物生。天地之道浸，故阴阳胜。阴阳相推，而变化顺矣。

这句话从不同的视角再次对道的不同状态进行了阐述。“自然之道静，故天地万物生”，“静”是道的一种状态。道有了“静”的状态，世间万物才能相生。对此，《道德真经》曾说：“我无为而民自化，我好静而民自正。”

“天地之道浸，故阴阳胜。”朱熹在注释本经的时候，认为“浸”用得非常之妙，表现了天地之道慢慢改变的一种状态。就像我们常说的季节变化是以十五天为一个节点，所以有十五日为一节气之说。这就说明，任何事情都不是一蹴而就的，而是渐渐积累的过程，阴阳互胜，也非一夜之间的事情，而是一个渐进转变的过程。就如从山花烂漫的春天，到硕果累累的秋天，是阴阳的此消彼长，通过一天天的积累，最终才产生了质的转变。浸，意为渐进也；胜，意为胜负也。天地之道渐进，阴阳二炁消长，在不同的时间和空间里各有胜负。

《易传》曰：“日月相推，而明生焉，寒往则暑来，暑往则寒来，寒暑相推而岁成焉。”① 无论是阳胜阴负，还是阴胜阳负，都是天地之炁运行的结果，是化育世间万物的源泉。而阴阳二炁的彼此消长，不仅彰显了变化之道，同时也是“机”的具体呈现。人只要懂得阴阳变化的道理，并时时体悟，顺势而行之，就离大道不远矣。

《太平经》说：“故顺天地者，其治长久；顺四时者，其王日兴。道无奇辟，一阴一阳，为其用也，得其治者昌，失其治者乱；得其治者神且明，失其治者道不可行，详思此意，与道合同。”②《太平经》作者不仅看到了天地阴阳大化的状态，而且看到了人与天地大化的对应关系。道家认为，人乃是天地阴阳交合的产物，因为天地之原初乃是元气。元气恍惚自然，共凝为一，此即为天也；二分为阴，则成地也。因为天在上地在下，阴阳相互交合施生为人，共统共生，化育万物。人乃天地自然之产物，生存于天地之间，如何按自然之道的方式生存生活呢？在《阴符经》看来，人类只有观天道自然之运行变化，执而行之，方可逢凶化吉，长生久视。

是故圣人知自然之道不可违，因而制之。至静之道，律历所不能契。爰有奇器，是生万象；八卦甲子，神机鬼藏。阴阳相胜之术，昭昭乎进乎象矣。

---

① ［宋］朱熹撰，廖名春点校：《周易本义》，中华书局 2009 年版，第 249 页。

② 王明编：《太平经合校》，中华书局 1960 年版，第 11 页。

“道不可违”的特性，先贤都已经在各种书中讲得比较通透，我们在读《阴符经》的同时，若能参阅其他典籍，就更容易理解其内涵。

《易经·系辞上》曰：“是故易有太极，是生两仪，两仪生四象，四象生八卦，八卦定吉凶，吉凶生大业。是故法象莫大乎天地，变通莫大乎四时，县（悬）象著明莫大乎日月，崇高莫大乎富贵。备物致用，立成器，以为天下利，莫大乎圣人。”①。圣人在观察天地万物的过程中，体悟到了自然之道的不可违逆，进而将自然之道化用于人事当中，劝诫人们为人处世既不可不足，也不要过度。我们将阅读《阴符经》的道理和心得体悟，贯穿于我们生活的方方面面，亲身躬行大道之至理，那么我们在生活和做事之中，又会加深对大道的认知。

阴阳转换是渐进的“自然之道”，如果人们违背了它的规律而妄动，将自取困顿和灭亡，所以《阴符经》说圣人“因而制之”。制，就是制止人们因物欲而违背“道”的行为。《阴符经》认为，人们只有抵制住外界的诱惑，让耳目不去追逐声色，让心思纯朴，不陷于机诈，安静无为，伏藏若拙，以顺从自然的变化，待机而作，就能逐步接近古代圣人“伏藏于至静，潜心于渊也”的境界，从而与“道”合一。至静之道，原于天地万物之间，无象、无形、无声、无味，“玄之又玄”，就连历代先贤总结自然规律而制定的“律

① 刘大钧著：《易传全译》，巴蜀书社 2005 年版，第 161 页。

历”，也难以完全契合于它，所以，《阴符经》说“至静之道，律历所不能契”。《阴符经》认为，阴阳八卦，是圣人在观察宇宙、体察自身的过程中认识“道”的成果，它揭示了“阴阳相胜”的规律，“昭昭乎进乎象矣”，为我们接近于“道”提供了十分有价值的借鉴。八卦循环往复，象征着天地之道的正常运行。从观察自己到观察宇宙，从审视自身的言行举止到审视宇宙的大化流行，日积月累，我们自然就会向正道不断地靠近。最终，积跬步以至千里，终其一生都在践行大道。

道家认为，天道和人道的关系，即大自然与人类社会的关系，是一种提高生命质量的生存之道。人与自然的和谐共存，不仅是人类社会的生存必要，同时也是天道自然运行法则所决定（即自然规律的客观主导作用）的。人既然为天地阴阳之产物，理应法天效地，执而行之，方可构建出“阴符”的自然生态伦理观核心。阴符生态观主张不同个体生命之间的同构互动，反映了道家对于天然生态的热爱之情和强烈向往，体现了道家尊重客观发展规律的特性。在阴符自然生态思想中，不断地启迪和激发生命存在的内在智慧潜能，顺应客观自然发展规律，在永恒无穷变化的世界里去求得生存，促进人类社会持续和谐发展。

在《黄帝阴符经》的阴符自然生态观中，虽然存在着生命生存的互动互盗之矛盾，然而也反映出二者对立统一的根本关系。天人之间的同构互动，使其最终达到和谐统一，充分地验证了天道暗合于人事之机的阴符自然生态观，同时也说明了在阴符三才相盗的互动中，强调作为主体的人在道律、自律方面的重要性，即经中所言“君子得之固躬，小人得之轻命”的观念。告诫人们，不同认知在面对相同的大自然时，会获得不同的体悟和结果。

在人类高科技迅猛发展的时代，人们向大自然展开肆无忌惮掠夺的今天，人类文明正面临着前所未有的危机，古老东方的大道智慧，是否能重新洗涤生活在当代人们的心灵世界，让我们在纯真自然的世界中找回本真的自我，这不能不唤醒更多的贤人智士去思索和觉醒。充满无限神奇智慧的大道，如甘泉一般滋润着世间每一个生命，它必将成为未来人类荒芜心灵世界的重要精神食粮，也必将成为润泽人类文明的重要源泉。

清静经　讲记

开　篇

《清静经》，全名《太上老君说常清静妙经》，一卷，收录于《正统道藏》洞神部本文类[①]，传为太上老君著，先是在道士中“口口相传，不记文字”，至东汉时，由高道葛玄（164—244）“书而录之”而流行于世。《清静经》文字简洁，正如水精子《太上老君说常清静经图注·序》云：“其句九十有六……其字三百九十有四。”在《清静经》经末附有葛玄、左玄真人、正一真人跋语。《清静经》是推演阐释《老子》“清静无为”理论的道家经典，在道内地位崇高，常被作为《玄门日诵早晚功课经》中的一部分，要求学道之士日常诵读研修。

长期以来，道门就有学修、有序传承经典的传统。《清

① 《太上老君说常清静妙经》，《道藏》第11册，第344页。

静经》的传承体系，据葛玄自述，可溯源于西王母，由西王母传金阙帝君，金阙帝君传东华帝君，东华帝君传仙人葛公（即葛玄），体现其在道内的重要地位。《清静经》问世后先后出现了众多注疏本，足见其续而不断的历史传承和影响。就现存资料而言，最早的《清静经》注本为唐末五代著名高道杜光庭所作，之后元代的王元辉、王玠、李道纯等均有注本流传。当内丹修炼兴起之后，更有注家以内丹修炼之思想注经，亦别具特色。对此，学者蒋门马考证认为：

> 玉诀类收录有李道纯、无名氏、白玉蟾、王元辉、侯善渊、杜光庭、水精子、王道渊、默然子、刘通微等注本。《藏外道书》中收录有三种明刻本、抄本及八洞仙祖合注本等。此外，还有书法家明文征明、元赵孟频、唐褚遂良（或曰柳公权）等人的小楷本。西安碑林旧藏北宋太平兴国五年（980）庞仁显书、安文璨刻石碑本。①

《清静经》经文之后，附记述《清静经》的传承体系、各位真人诵读《清静经》的感受、灵验事件及其功德的文字②。如无名氏所著的《太上老君说常清静经注》中收录诵习《清静经》的灵验故事 15 个，最早的故事是南朝刘宋时

① 蒋门马：《〈清静经〉文本校订》，《中国道教》2016 年第 6 期。

② 记载读经之感应为学道之传统，如唐五代著名道士杜光庭就著有《道教灵验记》二十卷，专门记载学道之人的种种灵验事迹。

元田夫《清静经》应验之事，其中多为唐代事迹[①]。在《清静经》后附编《灵验记》，目的是坚定大众诵习道家经典的信心，推动经文更为广泛地传播。

伴随《清静经》广泛流布的同时，诸多著名书法家将经文书写为优美的书法作品，为我们留下了赏心悦目的《清静经》书法作品。如唐代著名书法家褚遂良所书的《清静经》拓本流落日本，藏于东京国立博物馆，今收录于日本二玄社《中国书法选》第 11 册《魏晋唐小楷集》[②]。此外，常见的书法版本还有明代文征明所书《清静经》，其书秀丽婉转，道蕴藏于笔端，令人回味无穷。

笔者在长期学修持诵的过程中，反复研习《清静经》之玄妙，于一字一句之揣摩，常常多达数月光景。随着人生阅历的不断丰富及自身学养的提升，对《清静经》的理解得到了持续深化，积累了许多心得体会。后来在与众多道友同好分享的过程中，逐步形成了较为系统的体悟和认识。

机缘巧合之下，师父听到我有关《清静经》的学修心得，认为其中不少见解与杜光庭祖师[③]的观点颇为相契，因

---

① 无名氏注：《太上老君说常清静经注》，《道藏》第 17 册，第 143—164 页。

② 〔日〕渡边隆男：《魏晋唐小楷集》，株式会社二玄社 1990 年版。

③ 杜光庭祖师是唐末五代时期著名高道，曾任成都至真观住持，晚年隐居四川青城山，注重对道教的教理教义、斋醮科范、修道方术等多方面的研究和整理，对后世道教影响甚大。由于他学识渊博、学贯儒道，先后被官方尊封为广成先生、崇真馆大学士、传真天师，故而道教徒众又尊称其为“祖师”。杜光庭祖师对《道德真经》《太上老君说常清静经》等的研究尤为精深，影响甚广。

此他便将其所著《太上老君说常清静经注》传授于我。我如获至宝，在悉心研读之后，愈发感受到杜祖师理论体系的博大精深。在注本中，他对这部道家经典的注释解说深刻而系统，解决了我多年以来的困惑，令我心悦诚服。因此在撰写本讲记时，杜光庭祖师的《清静经》注本，是最基本和重要的参考书。

同时，本讲记还参考并吸取了其他注本中的研究成果，又结合自己多年诵习《清静经》的感受，力图把《清静经》的基本思想和智慧梳理阐发清楚，使广大读者通过这本“讲记”，吸取道家思想之精华，从而提升自己的生命境界。

经名释义

《太上老君说常清静经》作为一部经典的名称，“清静”两字高度提炼、浓缩了该经思想之精华要旨，因此诵习经典的第一步，就是要明白经名的含义。

道门中人在学修经典时，首先应具有虔敬之心，《云笈七签·释七经》曰：

> 经者，径也，由也，常也，正也，成也。径直易行，由之得进，常通不塞，正以治邪，转败为成，经纬相会也。①

道家认为，经典是指引人们接近大道、疗治身心的金玉

① ［宋］张君房集：《云笈七签》，《道藏》第22册，第56页。

良言。大凡学修之士，必以正心诚念，信受奉行。

经名中的“太上老君”，是道家最为崇奉的尊神之一，相关太上老君教化众生的行迹在道书中有很多。在《太上老君说常清静经注》中，杜光庭祖师对“太上老君”这一名号做了如下解读：

> 太者，大也；上者，尊也。高真莫先，众圣共尊，故曰“太上老君”。“老”者，寿也，明老君修天修地，自然长寿，故曰“老”者；“君”者，尊号也，道清德极，故曰“君”也。以明老君为众圣之祖，真神之宗，一切万物莫不皆因老君所制，故为宗祖也。①

太上老君是道家尊崇的圣祖，道内流传有《老子八十一化图》，讲述了老君历世应化的圣迹。道家传说，自鸿蒙之初，太上老君就慈悲化民，辅佐历代贤君教化生民，后来在周朝，化生老子，留下了千古名篇《道德真经》。这里，道家把先秦哲学家老子和道教宗祖太上老君人神合一了。《道德真经》自传世以后，吸引着无数先贤去探索无可言说、无法名状的大道，成为两千多年来奉道之士的必读之书。

经名中“常”字的用法犹如《道德真经》第一章“道可道，非常道；名可名，非常名”中的“常”字。在早期的

---

① ［唐］杜光庭注：《太上老君说常清静经注》，《道藏》第 17 册，第 182 页。

《道德真经》中“常”作“恒”，汉代为了避皇帝刘恒讳，改“恒”为“常”，因此，“常”字应该取“恒”意。故笔者以为，《清静经》经名中的“常”字，亦据《道德真经》中的“常”字而来，也应该取“恒”意。所以，《清静经》就是要告诉我们，如何让心灵恒定地处于“清静”状态的方法，所以叫“常清静经”。

天道运行，“日往则月来，月往则日来”（《易传·系辞》），一阴一阳，亘古不变。君子依天道而行，自强不息，这便是恒常，也是《常清静经》之所谓“常”也。人若无常（恒）心，便无法得到“清静”之旨。杜光庭祖师认为，“常”是“法”，能够长久遵守的法则，亦可理解为“恒常”。杜光庭祖师说：

> 此明清静之理。且常者，法也。常能法则此经清静也。清者，元也。静者，气也。经则法也，一则为圣人之径路，二则为神仙之梯登。凡学道之人皆因经戒而成真圣。圣人未有不假经戒而立者，次说运行之理，下明无名之法。第一明大道无形，第二明大道无情，第三明大道无名。第一明大道无形，能匠成天地，分判清浊。

在此，杜光庭祖师从更加宏观的视野，从广义上解释了“经”的概念。在他看来，道家之经典“一则为圣人之径路，二则为神仙之梯登”，在修仙成道的过程中，虔诚地学习奉诵经典是不可或缺的。

经名中“清静”二字的含义，也值得细细体味。此处用到“清”字，马上就让我联想到水，与经文中“澄其心而神自清”结合起来理解，其意义就更为明了：犹如一摊浑水，如若一直不停地搅动，那么水就会一直浑浊下去。但是当我们停止搅动，让水静下来，浊重者就会沉下去，而清轻者就会浮上来，水就会变得清澈透明，这就是“静”之于“清”的意义。

今人萧登福先生《太上老君说常清静妙经通解》一书，将这个道理总结得非常凝练：

> 水“静”而后能“清”，人也一样，心“静”而后神“清”。①

当我们内心“清”了之后，就会像一面镜子，照见世间万物。“清静”两字在本经中具有重要意义，故经文说：“人能常清静，天地悉皆归。”当修行人常处于“静以思道，清以修身”的状态之中，心境自然澄清，道妙自然无穷。之所以在清静中就能通达大道，乃是因为清静之中藏有妙道乾坤。

《云笈七签·守和第一》曰：

---

① 萧登福注解：《太上老君说常清静妙经通解》，宗教文化出版社2011年版。

> 以天为父，以地为母，阴阳为纲，四时为纪。天静以清，地定以宁，万物失者死，顺者生。故静寞者，神明之宅也；虚无者，道之所居也。①

清静不是远离生活、束之高阁的清谈，而是修行者的必经之路。故《化书·清静》有云：

> 奢者好动，俭者好静；奢者好难，俭者好易；奢者好繁，俭者好简；奢者好逸乐，俭者好恬淡。有保一器毕生无璺者，有挂一裘十年不敝者。斯人也，可以亲百姓，可以司粟帛，可以掌符玺，可以即清静之道。②

此所言之“清静”，与《清静经》异曲同工，就是通过清静节俭的生活方式，去欲澄心，返璞归真。

---

① ［宋］张君房集：《云笈七签》，《道藏》第22册，第629页。
② ［五代］谭峭撰：《化书》，《道藏》第36册，第311—312页。

经文讲解

自杜光庭祖师注释《清静经》后，历代均有注本传世。本讲记经文以《藏外道书》所收八洞仙祖合注本为底本，校以水精子著《太上老君说常清静经图注》光绪三十二年（1906）重刻本。水精子注本将《清静经》分为二十四品（章），每品经文下列混然子所绘图谱，凡二十四图。图依经而画，读图思经，当有更深体悟，故本讲记将水精子注本之附图列于附录，以便读者研修。

无极品第一

老君曰：大道无形，生育天地；大道无情，运行日月；大道无名，长养万物。

我们都知道，要以道为法则，去生活、学习和工作，但道难以用语言准确描述，也不能轻易地把握其真实的存在。所以，《清静经》一开篇就从三个方面阐释了道的特性，即无形、无情、无名，以此让读者对道有个直观的认识。

第一，大道无形。道没有形状，所以我们无法用形容外形的语言去描述它，既然没有形状，所以我们也无法通过视觉的方式去感知到它。

第二，大道无情。道是没有感情预设的，表达了不偏不倚之情，这与《道德真经》中的“天地不仁，以万物为刍狗；圣人不仁，以百姓为刍狗”相类似。“无情”与“不仁”，虽然用词不同，但所要表达的意思却是相近的。杜光庭注云：

> 日月禀阴阳之所运行，故知道之无情，随机而所化。……天何言哉，四时行焉；地何言哉，万物生焉。①

大道没有亲疏远近之别，因而不会厚此薄彼，自然不会刻意妄为。

第三，大道无名。大道本来是没有名目的，它无象、无形、无始、无终，太上老君为了给众生讲清楚这个大而无外的至真至善之理，勉强给它起了个名字叫作“道”。《清静

---

① ［唐］杜光庭注：《太上老君说常清静经注》，《道藏》第 17 册，第 183 页。

经》的描述体系，与《道德真经》有着很多相似之处。要理解《清静经》中所讲的“道”，我们还应该结合《道德真经》的经文来体悟其中的奥妙之处。《道德真经》对于“道”是从不同侧面来论述的，有关文字分布在各章之中，我们可以串起来学习。

无论是《道德真经》还是《清静经》，因为要将不可言说的道说给芸芸众生，就只好勉强给它一个名号曰“道”。经文中的“吾”，是太上老君的自称。不仅《清静经》表达了这种难以言说之情，《道德真经》第二十五章也说：

> 有物混成，先天地生。寂兮寥兮，独立而不改，周行而不殆，可以为天地母。吾不知其名，字之曰“道”，强为之名曰“大”。

《老子指归·万物之奥章》由描述“道”进而讲述了万事万物与道的关系，并通过四时运行、春华秋实去领悟道的玄妙：

> 华实生于有气，有气生于四时，四时生于阴阳，阴阳生于天地，天地受之于无形。吾是以知：道以无有之形、无状之容，开虚无，导神通，天地和，阴阳宁。调四时，决万方，殊形异类，皆得以成，变化终始，以无为为常，无所爱恶，与物大

同，群类应之，各得所行。[①]

道化生万物和这世间的芸芸众生。那么，人作为万物之灵，又如何回归大道，与之合一呢？《化书·道化》曰：

> 道之委也，虚化神，神化气，气化形，形生而万物所以塞也；道之用也，形化气，气化神，神化虚，虚明而万物所以通也。是以古圣人穷通塞之端，得造化之源，忘形以养气，忘气以养神，忘神以养虚，虚实相通，是谓大同。[②]

《化书》中讲了“道”与气的关系，“道”不可能直接产生万物，“道”通过气去实现这一过程。《太平经·守一明法》说：

> 夫道，何等也？万物之元首，不可得名者。六极之中，无道不能变化。元气行道，以生万物，天地大小，无不由道而生者也。[③]

这段经文说明“气”是由“道”产生的，并由气生成万物。故《南华真经·知北游》曰：

---

① ［汉］严遵撰，樊波成校笺：《老子指归校笺》，上海古籍出版社2013年版，第142页。

② ［五代］谭峭撰：《化书》，《道藏》第36册，第297页。

③ 王明编：《太平经合校》，中华书局1960年版，第16页。

> 生也死之徒，死也生之始，孰知其纪？人之生，气之聚也，聚则为生，散则为死。若死生为徒，吾又何患？故万物一也，是其所美者为神奇，其所恶者为臭腐。臭腐复化为神奇，神奇复化为臭腐。故曰：“通天下一气耳。”

道家认为，滋养元气在体道而行（即元气行道），具有不可或缺的重要作用。那么，修道之士如何做到“元气行道”呢？《太上老君内观经》曰：

> 知道易，信道难。信道易，行道难。行道易，得道难。得道易，守道难。守而不失，乃常存也。①

这是一步步的递进关系，说明在我们学习经典知道以后，就该“信”“行”“得”“守”，如此一步步地做下去，方能真正有所得、有所成。

皇极品第二

吾不知其名，强名曰“道”。夫道者：有清有浊，有动有静；天清地浊，天动地静。

① 《太上老君内观经》，《道藏》第11册，第397页。

吾，指太上老君。强名，勉强取名。道家认为，老君用以概括宇宙运行规律的“道”字，从字义推之并不勉强，而是深隐玄蕴。道，其上两点，“左点为太阳（纯阳），右点为太阴（纯阴），似太极阴阳相抱……次为‘一’字，乃是无极一圈……圈折为‘一’。《易》曰‘乾一也’，《经》曰‘天得一以清，地得一以宁，人得一以圣’。……次写‘自’字于下者，言这‘一’字……乃在自己身上。儒曰‘道也者不可须臾离也，可离非道也’。上下相合成一‘首’字，首者，头也，修道是头一宗好事。次写‘走之’者，行持也”（水精子《太上老君说常清静经图注·皇极品第二》）。水精说，要掌握阴阳相互结合、转换的宇宙运行之道，其关键在学道者应日日身体力行，“行持”不辍，做到“抱元守一”。

“夫道者”，“夫”字是古文常用的发语词，没有实际意义。“清浊”指天地，“动静”言阴阳，杜光庭这样注解：“清者，天也，正阳之炁上腾为天。浊者，地也，正阴之炁下结为地。”清浊是一种状态，而无好坏之别。浊为地，犹如八卦之坤卦，象征的是“君子以厚德载物”的这种精神。故后面说的“男清女浊”也是表达同样的意思，都是在说明，浊者因其厚重，而有承载之力，以其厚浊滋养万物。这里不禁想起一句俗语：“水至清则无鱼。”太过清澈的水，鱼是没法生存的，浊重才能承载起天地万物。

无名氏《太上老君说常清静经注》曰：

清炁凝而上升，为天；浊炁流而下降，为地。

> 故天为阳，阳好动；地为阴，阴好静。动者，天之炁也；静者，地之炁也，故曰："天清地浊，天动地静。"文中子曰："天清而安，地浊而结。"结者，可与立也。天动而变，地静而宁。宁者，可与权也。①

太极品第三

男清女浊，男动女静。降本流末，而生万物。

道家对清浊动静之理有自己的理解，认为，清浊动静无论在天，在地，在人，都是阴阳二气的对待流行而已。其在天则以"日""月"呈现，"日"为阳，常圆常满；"月"为阴，有阴晴圆缺。其在地则以"春""秋"显示，"春"为阳而万物生长，"秋"为阴而万物凋敝。其在人则以"凡""圣"相别，"圣"为阳可以升仙，"凡"为阴只能化归尘土。所以，就天地人三才而言，所谓"男清女浊，男动女静"，只是相对而言，道家的主旨还是指向"凡""圣"之别。人禀天地阴阳之气而生，得其"中和"者为"圣"，失其"中和"者为"凡"，故《冲虚至德真经》云：

---

① 无名氏注：《太上老君说常清静经注》，《道藏》第17册，第144页。

元炁清轻者上为天，浊重者下为地，冲和气者为人。①

无名氏注曰：

元炁降者，在天成象，在地成形，变化显见矣。在天成象，为悬象，日月星辰也；在地成形，谓山川草木也。故曰："降本流末，而生万物。"②

"降本流末，而生万物"，谈到了道之本与其所生万事万物——"末"的关系。本的原意是树根。《说文解字》云："木下曰本，从木，一在其下。"③ 从字义来看，末指的是树梢。《说文解字》曰："木上曰末，从木，一在其上。"《大学》说："物有本末，事有终始，知所先后，则近道矣。"因此，《清静经》认为，世间万物无不源自"渊兮似万物之宗"的大道。

《冲虚至德真经·天瑞》详细描述了道如何化生万物的过程：

夫有形者生于无形，则天地安从生？故曰：有

① ［宋］白玉蟾注：《太上老君说常清静经注》，《道藏》第 17 册，第 147 页。

② 无名氏注：《太上老君说常清静经注》，《道藏》第 17 册，第 146 页。

③ ［清］段玉裁撰：《说文解字注》，中华书局 2013 年版，第 251 页。

> 太易，有太初，有太始，有太素。太易者，未见气也；太初者，气之始也；太始者，形之始也；太素者，质之始也。气、形、质具而未相离，故曰浑沦。浑沦者，言万物相浑沦而未相离也。[①]

世界从无形到有形的演化过程，是一步步有序展开的。道家认为，宇宙万物无不从道而来，所呈物象之间的差异，只是所处的位置不同。虽纷繁复杂，然实出一源也。

三才品第四

清者，浊之源；动者，静之基。

清，指轻清之气，清气上浮为天；浊，指重浊之物，其下沉为地。天动地静，而地随天动，静中有动。道家亦以“无为”为静，“有为”为动，而“无为”却从“有为”而来。因此，清浊动静，是《清静经》探讨的重要范畴。清浊是道之本，而动静则是道所表现出来的状态。杜光庭祖师说：

> 世人若求长生之道，炼阴为阳，炼凡成圣，皆因清自浊之所生，动因静之所起。清浊者，道之别名也。

① ［宋］江遹：《冲虚至德真经解》，《道藏》第 14 册，第 805 页。

吕祖有诗曰：

看破浮生早悟空，
太阳隐在月明中。
时人悟得阴阳理，
方夺天机造化功。

无名氏注释《太上老君说常清静经》曰：

> 至清则见浊，此清者浊之源；至动则思静，此动者静之基也。修真之士，以一气养神，故清；以五味养腹，故浊。①

道家的“修真”和儒家的“修身”，在今天都是有借鉴意义的。通过提高自身的修养，由浊向清，由阴向阳，则“人人可以为圣贤”，提升人生境界。

道心品第五

人能常清静，天地悉皆归。

道家认为，人们如果能够一直处在清静的状态中，大道自然会回归，我们则会常处道中，持道而行。《道德真

① 无名氏注：《太上老君说常清静经注》，《道藏》第17册，第147页。

经》曰：

> 静胜躁，寒胜热，清静为天下正。

“人能常清静”之“能”，是指能够以自强不息的精神坚守“道心”；之“常”，是指恒久不变。所以，道家认为，能做到清静者，则妄念不生；妄念不生，则外邪不入；外邪不入，则万缘顿息，因此修道当以清静为宗。

“天地悉皆归”，指人若恒心向道、体道，则可吸取天地之正气，“去人心，守道心”，在明师的指导下，还可能走上“成道”的坦途。故杜光庭祖师的注文说：

> 人能清虚寡欲，无为非于至道，至道自来归之于人。

只有静才能通达大道，《道德真经》第十六章曰：

> 致虚极，守静笃。万物并作，吾以观其复。夫物芸芸，各复归其根。归根曰静，是谓复命，复命曰常，知常曰明。不知常，妄作凶。知常容，容乃公，公乃王，王乃天，天乃道。

《道德真经》中的“虚”，与《清静经》中所说的“清”所要表达的意思是一致的。

今人陈鼓应先生《老子今注今译》一书对“致虚极，守静笃”的解释是：

> 形容心境原本是空明宁静的状态，只因私欲的活动与外界的扰动，而使得心灵闭塞不安，所以必须时时做“致虚”“守静”的功夫，以恢复心灵的清明。①

陈先生清楚地说明，人们只有不断地去“清静”我心，使我心处于清明之中，才能常处道中。

“虚无”与“清静”是一对内涵相通的范畴，《老子指归·致虚极章》强调了二者的重要性：

> 道德虚无，故能禀授；天地清静，故能变化；阴阳反覆，故能生杀；日月进退，故能光耀；四时始终，故能育成。释虚无，则道德不能以然；去清静，则天地不能以存。往而不反，则阴阳不能以通；进而不退，则日月不能以明；终而不始，则万物不能以生。②

无名氏在《太上老君说常清静经注》中，总结了清静本

---

① 陈鼓应注译：《老子今注今译》，商务印书馆 2016 年版，第 134 页。

② ［汉］严遵撰，樊波成校笺：《老子指归校笺》，上海古籍出版社 2013 年版，第 262 页。

源的方法，以及如何来归我身的原因：

> 天地者，乃大道之子孙也；人物者，大道之苗裔也。太上言人能禀大道之祖气，使身心之虚灵，神气之清静，如此能体其大道也，与天地合德。故天地自然而从顺，悉皆归依也。①

人心品第六

夫人神好清，而心扰之。

神，道家称为“元神”，是与生俱来的元炁，儒家称为“性”。神与心的区别在于，神为至善无恶，心则因认识外界事物能力（道家称为“识神”）之局限，而有善有恶。人生在世，往往“元神”失位，而人心当权，故有“夫人神好清而心扰之”之说。

关于心在人身中的重要性。《黄庭内景玉经注》梁丘子注曰：

> 夫万法以人为主，人则以心为宗。无主则法不生，无心则身不立。②

---

① 无名氏注：《太上老君说常清静经注》，《道藏》第17册，第148页。

② ［唐］白履忠注：《黄庭内景玉经注》，《道藏》第6册，第515页。

关于心与神的关系，《黄庭经》说：

> 心为脏腑之元，南方火色，栖神之宅。

司马承祯的《坐忘论》亦曰：

> 夫心者，一身之主，百神之帅。[①]

古人认为，神心相依一体，而又各具禀赋与功能，从道家的观点看来，神更接近“道心”，心则受世俗的熏染更深。所以水精子说：

> 此言元神本好清静，无奈人心之识神而好动作，时常以扰之，不能清静。

这是“心”对“神”的干扰，“不能清静”的后果，水精子指出：不能清静，朝伤暮损，渐磨渐亏，元神一衰，而百病相攻，无常至矣。

六贼品第七

人心好静，而欲牵之。

---

① 吴受琚辑释：《司马承祯集》，社会科学文献出版社 2013 年版，第 133 页。

从“心”对“神”的干扰，到“欲”对“心”的干扰，一步步递进，都是讲外界对“元神”的“损磨”，所以，杜光庭祖师注曰：

> 神者，妙而不测谓之神。心者，神也；神者，心也。心扰则神动，神动则心浮，心浮则欲生，欲生则伤神，神伤则失道。

心、神、欲三者之间相互牵连互动，唯有清静方能使三者复而为一，复归大道。故清静子诗曰：

> 妄念才兴神急迁，神迁六贼乱心田。心田既乱身无主，六道轮回在眼前。

关于“欲”对心神的干扰，无名氏《太上老君说常清静经注》曰：

> 夫人之生也，本乃神清心静。及其长也，为情欲所牵如此者，欲生也。故欲从谷、从欠，谷者无漏之称，欠者不足之号。神有所爱为之情，心有所欲为之贪。亢仓子曰：“水性本清而不得清，为土

混之；人性本静而不得静，为事汩之。”汩者，乱也。[1]

外界的各种事物扰乱心神，是通过人的眼、耳、鼻、舌、身、心等媒介达成的。道家认为，眼贪色，耳听邪，鼻贪香，舌贪味，身贪淫，心贪财，都是让人们难以清静的原因，故水精子称为“六贼”。

三尸品第八

常能遣其欲而心自静，澄其心而神自清，自然六欲不生，三毒消灭。

既然欲是扰乱人心之罪魁，时常清理心中的欲念，心中自然就能澄清，心神就会回归静笃。心神安宁则外邪不入，外邪不入则自然清静。自然清静，则道心坚定，心神自清。

杜光庭祖师认为，由心而神获得清静的着力点在“遣”“澄”两字上面：

> 遣者，去除之喻也。人能去其情欲，内守元和，自然心神安静。心既安静，世欲岂能生焉？……澄心

① 无名氏注：《太上老君说常清静经注》，《道藏》第17册，第149—150页。

> 定意，湛寂渊明，反本还原，如水不动。①

通过不断地排遣心中的欲念，以求内心到达安静。清静的内心必然涵养着神明。

当欲念不再去扰动我们的心灵，心就如明镜的潭水，能照见万事万物而清澈澄明，故有颂曰："常能守静笃，方寸育神灵。"杜光庭祖师注引《西升经》云："所谓教人修道，即修心也；教人修心，即修道也。故以令人绝利一源，修真养性，次保心神安乐。"《清静经》如此强调"心"的重要性，是与道教清静心灵的思想一脉相承的。

道家认为，遣欲澄心，心静神清，乃是得道的前提。《太上老君内观经》曰：

> 人能清静其心，则道自来居。道自来居，则神明存身。……道以心得，心以道明。心明则道降，道降则心通。
>
> 老君曰："虚心者，遣其实也；无心者，除其有也；定心者，令不动也；安心者，使不危也；静心者，令不乱也；正心者，使不邪也；清心者，使不浊也；净心者，使不秽也。"②

---

① ［唐］杜光庭注：《太上老君说常清静经注》，《道藏》第17册，第184页。

② 《太上老君内观经》，《道藏》第11册，第397页。

无名氏《太上老君说常清静经注》曰：

> 神者，心之主，是故神静而心和，心和而形全。神乱而心荡，心荡则伤其形。先理其神，故以圣人以恬和养其神。和者，去嗜欲也。如此，则以和养其神安于内，清思栖心则不诱于外。神和心清，形无累矣。无累者，则因遣欲者也。①

道家认为，当心无杂念扰乱，其“元神”自然就清明了；当元神清明，而眼、耳、鼻、舌、心、身六欲，就不会妄动，从而做到“七情顿息，三毒清灭”。

三毒，道家术语，又称“三尸”。“尸”者，神主之意，道家说三尸各神职责如下：上尸彭踞，管理人的上焦（心、肺）善恶；中司彭踬管理中焦（脾、胃、肝、胆）善恶；下司彭硚管理下焦（肾、肠、膀胱）善恶。三毒，即指人体三焦所聚之毒，除此之法，清静而已。

然欲从何起？欲从心来！当心静下来之后，我们的感官将会关闭，不被五光十色的外界现象所干扰，从而欲念不起，我们就会更加专注自己的内心。之所以要专注内心，乃是因为欲念源自我心。《太上老君内观经》云：

> 人所以流浪恶道，沉沦滓秽，缘六情起妄而生六识。六识分别，系缚憎爱，去来取舍，染著烦

① 无名氏注：《太上老君说常清静经注》，《道藏》第17册，第152页。

> 恼，与道长隔，所以内观六识，因起六欲。识从何起？识自欲起。欲从何起？欲自识起。妄想颠倒，而生有识。亦曰自然，又名无为，本来虚静，元无有识。有识分别，起诸邪见。邪见既兴，尽是烦恼。

针对调伏六欲之方，《制六欲神法》一书云：

> 六神各主其欲，断欲断识，于理成宜用平。若并平之，则弱尘生矣。是以对境，先从欲制，当豫断之，肇启一门，消之于未形，息之于未乱，令心壮于欲。①

通过不断锻炼，使我们的心变得越来越强大，从而降伏扰乱我们心志的欲望，并使困扰我们的“三毒”也因没有欲念的滋养而消亡。

如何让欲望转化为能量，这是修行的关键。养浩然之正气，凶恶化贤，邪魔归正。诚如《老子指归·五色章》曰：“夫圣人者，服无色之色，听无声之声，味无味之味。驰骋无境之域，经历无界之方，发无形之网，获道德之心矣！”②由此观之，声色犬马乱人之心，虽圣人亦避而远之。这是从

① ［宋］张君房集：《云笈七签》，《道藏》第22册，第578—579页。

② ［汉］严遵撰，樊波成校笺：《老子指归校笺》，上海古籍出版社2013年版，第254页。

自身的层面来讨论，如果从圣人治世的角度，则有另外的方法去实现“遣欲澄心”。《道德真经》曰：“不尚贤，使民不争；不贵难得之货，使民不为盗；不见可欲，使民心不乱。是以圣人之治，虚其心，实其腹，弱其志，强其骨。常使民无知无欲。使夫智者不敢为也。为无为，则无不治。”陈鼓应对此注解道：“虚其心：使人的心灵开阔。无知无欲：没有伪诈的心智，没有争盗的欲念。为无为：以无为的方式去为（做），即以顺任自然的态度去处理事务。”① 在我们保持内心清静的道路上，不仅需要自我守护内心的清明，亦离不开外界大环境的辅助，这样才能天下归真。

气质品第九

所以不能者，为心未澄，欲未遣也。

静不下来，是因为各种念头会在我们的思绪里不断地出现，犹如放电影一般，我们越想停下，越是控制不住地要去想。心猿意马，心神不宁，杂乱的心念与无尽的欲望，扰乱了我们的神气，杜光庭祖师注曰：

> 若未能专勤志意，澄心绝虑，则心不能内修至道，难穷妙用之理，则无所制伏于心猿，即渐失

---

① 陈鼓应注译：《老子今注今译》，商务印书馆 2016 年版，第 87—88 页。

精神。

如何才能澄心呢？庄子早就提出了“心斋”的方法，他在《南华真经·人间世》中说：

> 颜回曰：“吾无以进矣，敢问其方？”仲尼曰：“斋，吾将语若！有心而为之，其易邪？易之者，皞天不宜。”颜回曰：“回之家贫，唯不饮酒不茹荤者数月矣。如此，则可以为斋乎？”曰：“是祭祀之斋，非心斋也。”回曰：“敢问心斋？”仲尼曰：“若一志，无听之以耳而听之以心，无听之以心而听之以气。听止于耳，心止于符。气也者，虚而待物者也。唯道集虚。虚者，心斋也。”颜回曰：“回之未始得使，实自回也；得使之也，未始有回也。可谓虚乎？”夫子曰：“尽矣。吾语若！若能入游其樊而无感其名，入则鸣，不入则止，无门无毒，一宅而寓于不得已，则几矣。”

“心斋”作为道教重要的斋法，为后世学道者继承发扬。《云笈七签·斋戒叙》曰：

> 按诸经斋法，略有三种：一者设供斋，以积德解愆。二者节食斋，可以和神保寿，斯谓祭祀之斋，中士所行也。三者心斋，谓疏沦其心，除嗜欲

> 也；澡雪精神，去秽累也；掊击其智，绝思虑也。夫无思无虑则专道，无嗜无欲则乐道，无秽无累则合道。既心无二想，故曰一志焉，盖上士所行也。①

唐代司马承祯的《坐忘论·断缘》将庄子的“心斋”用更容易的方法和途径演绎出来：

> 断缘者，断有为俗事之缘也。弃事则形不劳，无为则心自安。恬简日就，尘累日薄。迹弥远俗，心弥近道。至圣至神，孰不由此乎！经云：“塞其兑，闭其门，终身不勤。”或显德露能，来人保己；或遗问庆吊，以事往还；或假修隐逸，情希升进；或酒食邀致，以望后恩。斯乃巧蕴机心，以干时利，既非顺道，深妨正业。凡此之类，皆应绝之。故经云：“开其兑，济其事，终身不救。”我但不唱，彼自不和；彼虽有唱，我不和之。旧缘渐断，新缘莫结。②

概而论之，就是要逐渐减少、逐渐扫清干扰妨碍心境的种种俗事，这样才能让心灵清静下来。

---

① ［宋］张君房集：《云笈七签》，《道藏》第22册，第257页。

② 吴受琚辑释：《司马承祯集》，社会科学文献出版社2013年版，第133页。

虚无品第十

能遣之者，内观其心，心无其心；外观其形，形无其形；远观其物，物无其物，三者既悟，唯见於空。

能遣之者，就是排除心中一切杂念，使内心处于虚静状态，正如《道德真经》云："涤除玄览，能无疵乎？"当我们涤除心灵的尘垢，去观照自己的内心，自现一尘不染的本源，因为没有生起各种妄想欲念，故而心道合一。

何谓内观？《洞玄灵宝定观经》解释说："慧心内照，名曰内观。"道家认为，不论"内观""外观"，还是"远观"，皆是瞑目而视。瞑目内视，不见其心，从心而发的杂念无所依凭，自然消灭；瞑目外视，不见其形，累心之"形"既无，依形而生的心又从何而生；瞑目远视，"天地、日月、星辰、山河、林屋都没得了，看他心又从何而生也"（水精子注《太上老君说常清静经》）。

道家对"心"的否定，是因为后天之"心"常常受到外界欲念之污染。唯有不断修心，才能回归先天之"性"，所以《坐忘论·收心》云：

> 夫心者，一身之主，百神之帅。静则生慧，动则成昏。欣迷幻境之中，唯言实是；甘宴有为之内，谁悟虚非？

心之于修行者，非同一般，故而注重修心，乃是修行之首要。修道即修心，修心即修道。心中没有执着，便无心可观，则无所用、无所修，因而凝合于道。心是神之宅，只要心能够清静，则神能全，神全则炁满。故“为使炁神，神之与心，炁之与道，不相远离”。

而观是一种功夫，它是一个不断审察自己言行的过程。《坐忘论·真观》曰：

> 夫观者，智士之先鉴，能人之善察，究傥来之祸福，详动静之吉凶。得见机前，因之造适，深祈卫定，功务全生。自始至末，行无遗累。理不违此，故谓之真观。然则一餐一寝，居为损益之源；一言一行，堪成祸福之本。虽则巧持其末，不如拙戒其本。观本知末，又非躁竞之情。是故收心简事，日损有为，体静心闲，方能观见真理。

心中欲念都已熄灭，自然也就不会再去关注承载心念的外在之形。

> 吾有大患，为吾有身，及吾无身，吾有何患？

在心无其心的状态下，外形随之消解在我们外观的心境之中。因为心与形是二而一的存在，当心已归于无，形亦无所依凭：

外观其形，是瞑目外视也。形无其形者，心生形，连形都没得了，看他心又从何生也？①

心在清静的状态下是与道契合的，怀着这样的心去观察诸事万物，看到的不过是“道”，而不是具体的一个个事物。犹如《道德真经》第二十一章所云：

道之为物，惟恍惟惚。惚兮恍兮，其中有象；恍兮惚兮，其中有物。窈兮冥兮，其中有精，其精甚真，其中有信。

无论是心、形还是物，在清澈的心灵与道合真的状态下，都复归于道，故无心、无形、无物。《坐忘论》曰：

人能虚心无为，非欲于道，道自归之。

当“心斋”具有一定的功夫之后，自然就会进入到“坐忘”的境界。

《南华真经·大宗师》用颜回与孔子对话的形式描述了坐忘：

颜回曰：“回益矣。”仲尼曰：“何谓也？”曰：

① ［唐］杜光庭、吕纯阳等注：《清静经集释》，中央编译出版社 2015 年版，第 213 页。

> “回忘仁义矣。”曰：“可矣，犹未也。”他日，复见，曰：“回益矣。”曰：“何谓也?”曰：“回忘礼乐矣。”曰：“可矣，犹未也。”他日，复见，曰：“回益矣。”曰：“何谓也?”曰：“回坐忘矣。”仲尼蹴然曰：“何谓坐忘?”颜回曰：“堕肢体，黜聪明，离形去知（智），同于大通，此谓坐忘。”仲尼曰：“同则无好也，化则无常也。而果其贤乎！丘也请从而后也。”

这是逐渐解构固有认知体系的过程，只有在固有认知体系完全解构，忘无所忘之后，我们才能认识无形无象的大道。

“三者既悟，唯见於空。”悟，似当作“无”。三者，指的就是心、形、物。站在道的高度去观察心、形、物，我们能体味到的只有空。无名氏《太上老君说常清静经注》曰：

> 此三者皆名为色空，应有形者，俱为幻化之境。《定观经》云：“定心之上，豁然无覆；定心之下，寂然无物。”其能识者，可以内观无心，外观无形，远观无物。此三者观之，无心、无形、无物，并同虚空。然后既悟，唯见真空寂境。

那么，空是什么呢？从“空者，道之用”的角度来说，这里所谓之“空”就是“无”，即如《老子道德经河上公章句》注“三十辐共一毂，当其无，有车之用”曰：

> 无，谓空虚。毂中空虚，车得去行。舆中空虚，人能载其上也。①

当然，唐代之后，道门对于“空”的注释，有所变化，更加注重探讨世间万物凭借一定的条件而存在，从而有所谓的“空”。“空”就是有所依凭、有所待的，所以心、形、物追其本质不过是“空”。海空智藏言：

> 三界之中，所行诸法，是知因借众生心力，众生之性，念念生灭。有为之法，亦复皆尔。念念生灭，即其生时，已是灭相；即其实时，便生空相。有不常故，故谓为空。②

这是从心、形、物三者有所待而成立的条件上去讨论的空。

另外，从道的本体上说，“道”也可说是空。《老子道德经河上公章句》注“无之以为用”曰：

> 言虚空者，乃可用盛受万物，故曰虚无能制有

---

① ［魏］王弼注，唐之恒、边家珍点校：《王弼道德经注》，凤凰出版社 2017 年版，第 8 页。

② 《太上一乘海空智藏经》，《道藏》第 1 册，第 630 页。

形。道者，空也。

我们时时刻刻生起的念头，乃至我们所感知到的万物，都不是恒常不变的，它们随时间空间的转变，最后都归于空寂。《上清经》曰：

空假之相，还复成假，亦非为假。道法自然，本无空假。天尊慈悲，乃立空假之相，善巧方便，随机应化，教导人天，皆归至道。

虚空品十一

观空亦空，空无所空。所空既无，无无亦无。无无既无，湛然常寂。寂无所寂，欲岂能生。欲既不生，即是真静。

“观空亦空，空无所空”，这句话是承上文“三者既悟（无），唯见于空”而言。道家认为，到了内不知其心，外不知其形，远不知其物的境界，剩下的只有“真空”了，更进一步，则连“真空”“常寂”都没有了，则欲望又从何而生？这是“清静”的更高境界——“无”。

道之“无”与“虚”颇有关系。《道德真经》第四章云：“‘道’冲，而用之或不盈。渊兮，似万物之宗。”冲，古字为“盅”，训虚。故陈鼓应先生曰：“道体是虚状的。这虚体并不是一无所有的，它却含藏着无尽的创造因子。”① 支撑有形有质之物周流宇宙的根本就在于“虚”，正如谭峭《化书·死生》中所言：

> 虚化神，神化气，气化血，血化形，形化婴，婴化童，童化少，少化壮，壮化老，老化死。死复化为虚，虚复化为神，神复化为气，气复化为物。化化不间，犹环之无穷。夫万物非不欲生，不得不生；万物非欲死，不得不死。达此理者，虚而乳之，神可以不化，形可以不生。②

于是杜光庭祖师以“重玄”的注解方式，给出了注文：

> 非无非有，非名为道。道本无形之形，真之能名；德本无象之象，是谓真象。杳杳冥冥，其中有精，其精甚真，非无为也。万法俱无，是为空无。空无之道，亦非自然。破此空无，还归于无也。无无者，无执也。

当人们达到无无的状态之后，就可以进入“常寂”。无名氏《太上老君说常清静经注》曰：“常寂者，道也。道既常寂，吾何有焉？”寂静之中，人类的六欲不起，离道就不

① 陈鼓应注译：《老子今注今译》，商务印书馆 2016 年版，第 91 页。
② ［五代］谭峭撰：《化书》，《道藏》第 36 册，第 299 页。

远了。

通过忘物、忘心、忘形最后达到“空”的状态，而空就是“无”。但是，我们要真正理解这个“无”，就应该连“无”这个概念也不应有，应该把“无”这个概念也“无”掉，方才能真正理解所谓的“无”，从而实现“欲既不生，即是真静”的境界。

当我们达到欲望不起的时候，才是真正的静；真静是一种自然无欲的状态。“有欲则患生，无欲则道生。”① 杜光庭祖师注曰：

> 真者，体无增减谓之真。常者，法也。常能法，则谓之真常之法也。法则真常应物，随机而化道众生，无所不应于物，道之物也。

在我们不断摒除纷繁复杂的欲念，心灵达到真静之后，心中之性就会复显出来：

> 不明真性只究命，此是修行第一病。夫性者，是心如一个器皿，器中盛得底，如一个宝珠，珠中光明底，是性。性发现，在胎为身，在世为人，在眼曰见，在耳曰闻，在鼻嗅香，在口谈论，手之运掉，足之举措，散满六合，敛之方寸。识者名为真

---

① ［唐］杜光庭注：《太上老君说常清静经注》，《道藏》第 17 册，第 186 页。

性，迷者唤作精魂。①

当我们通过调伏自己的心念，让我们的心达到清静真一、不着万物、清静灵明的状态，我们才算是进入了真道，也可以说是与道合真了。

真常品十二

真常应物，真常得性；常应常静，常清静矣。

在道家的观念里，所谓“真常”就是去妄想，保真诚，水精子把它比喻为“良知”：

> 真常者，良知也。先天五元发现，名曰“应物”。应物者，良能也。良知良能，乃名“真性”。人心死尽，道心全活，乃名“真常得性”。

人生在世，不可脱离烟火俗事，但只要具备“真性”，即可在平常生活中做到“事来则应，事去则静矣”，进入“常清静矣”的境界。

---

① 无名氏注：《太上老君说常清静经注》，《道藏》第17册，第149页。

真道品十三

如此清静，渐入真道。

“如此清静，渐入真道”这句话，是承上章而言。道家认为，真道就是先天大道，是“生天生地生人物之道也”。人们通过清静无为，可以从后天之心返还先天之性，进入“至善”之地，可以称为“得道”。

妙有品十四

虽名得道，实无所得。

“虽名得道”，指上章“渐入真道”而言。修道者如果得明师真传正授，领受掌握了道教修炼的各种技能，一般称为“得道”。既然已经得道，为什么又说“实无所得”呢？水清子解释说：

> 六道所言……一切种种，无穷无尽，美名奇宝，一概都是人身自有，并非身外得来。

这与儒家所说的“反求诸己”意思相同，就是要从内心的修养着手。

至道品十五

为化众生，名为得道，能悟之者，可传圣道。

为化众生，指专意普度一切众生。道家认为，能够在自己获得修道功夫之后，又去劝化别人修道，是功德浩大的事业，故曰“名为得道”。对“能悟之者，可传圣道”一句，水精子解释说：

> 能，是能为；悟，是穷究，得了大道，总要穷理尽性至于命，勤参苦采，内外加功。可传圣道者，可，是可以；传，是度人；圣，是高真；道，是天机也。功果圆满，领受天命，方可传道。

所谓“天命”，就是自然运行之道，不可将其神秘化。本章有两层含义，一是自己应穷究天地人之道，常修常悟；二是在领悟大道之后，应将所得去劝化帮助他人得道。

消长品十六

太上老君曰：上士无争，下事（士）[1] 好争。

---

① 编者按：附录底本上为“事”，参详其他版本亦有作“士”。

上士，指博学大德之人。下士，指浅学而执守一隅之人。无争，指涵养深厚；好争，指争高好胜。上士淡泊名利，虚怀若谷，清静养神，故不与世人争名利得失。《太上老君说常清静经颂注》曰：“上士何无争，勤常抱志坚。栖真常淡泊，养素隐幽玄。”① 老君说，上士包天裹地，浑然天理，自谦自卑，挫锐埋锋，做事合乎天理，说话顺乎人心，有什么可争的？下士虽然好学，无奈根基浅薄，偏执好胜，自以为是，论是说非，故曰“好争”。

道德品十七

上德不德，下德执德，执着之者，不明道德。

道家以修炼金、木、水、火、土为德，以感应为行。道家认为，所谓“上德”为先命固有之性。“上德”之人德行全备，未染后天，其“德行”本来自有，不待外求，故曰“不德”。而“下德”之人已被后天污染，德行渐失，但若拘执以求，未必能够明白“道德”之真谛。也就是说，当我们执着于“道德”这个概念时，已经落入了下层。因为“凡人之作德，心有所为，必有所贪，既有所贪，而性已迷，何德之有？”可见，从道德的体用角度入手，更容易理清道德与执着的关系。

---

① ［金］刘通微注：《太上老君说常清静经颂注》，《道藏》第 19 册，第 817 页。

有鉴于此，侯善渊《太上老君说常清静经注》说：

> 道者，无为清静，空寂湛然也。德者，神通万变，体用居常也。道德混纯，其理皆一也。执著者，执著种种有为之功也。颂曰：执碍法非通，虚劳谩费功。有为迷假相，无作契真空。恍惚乾坤象，杳冥天地踪。上清施大道，神用在其中。①

妄心品十八

众生所以不得真道者，为有妄心。

人们之所以有各种烦恼，那是因为有各种“妄心”，无止境地追求物质，沉溺于花花世界无法自拔，五花八门的美食诱惑，割舍不下的男欢女爱，只要我们不对这颗妄心有所节制，妄想妄念就会随时干扰、破坏生命健康。

《洞玄灵宝定观经注》亦从外来俗事侵扰心境而产生烦恼的角度论述了这个过程：

> 六尘为外事，须远离也。六尘者，色、声、香、味、触、法，更不染著，名为都绝。境不来忤，心即无恼；心不起染，境则无烦。心境两忘，

① ［金］侯善渊注：《太上老君说常清静经注》，《道藏》第17册，第180页。

即无烦恼，故名无与忤心。[1]

从内在的角度来说，执着外境的纷扰，是乱人心志的关键。对此，侯善渊指出了真道与妄念的区别：

> 不得真道者，为人执着种种引教之术也。妄心者，为取小法，施为政事，常存于妄想之心也。真道者，通变无方，应用不离，至神至圣，其理自然，非为执见，不以妄心，是名清静，断除邪见也。

人神品十九

既有妄心，即惊其神。

万物品二十

既惊其神，即着万物。

贪求品二十一

① 《洞玄灵宝定观经注》，《道藏》第6册，第497页。

既着万物，即生贪求。

烦恼品二十二

既生贪求，即是烦恼。烦恼妄想，忧苦身心。

从“人神品十九”到“烦恼品二十二”，渐次阐述了产生“妄心”的恶果，就是“忧苦身心”。这段文字，采用“既……即”句式，这几个“既”字，在细微处有些许区别，分析清楚对我们理解经文意义非常。整体来说，这句经文采用了递进的叙述形式，就是为了强调，只要妄念不断，时刻侵袭，不仅会耗散我们的精神，还会令我们身陷于对各种物质贪婪渴求之中，烦恼无尽，无有出期。因此，杜光庭祖师说：

> 内守元和，湛然不动，故谓之怀道抱德，自然淳朴。夫长生之道全在养神，若守元和不失，神即居之。神若居则心大安，忻忻而若喜，自然清静，岂有烦恼生乎？

生死品二十三

便遭浊辱，流浪生死，常沉苦海，永失真道。

本章承上章“烦恼妄想，忧苦身心”而言。水精子说：

> “便者”，定要也。“遭”者，降临也。“浊”者，下贱也。“辱”者，欺凌也。“便遭浊辱”者，是言人生在世，贪心不了，名利恩爱之中，便有烦恼忧愁种种，波滔但失陷处，必受五浊之辱也。“流”者，沉下也。“浪”者，事叠也。“生”者，河图也。死者，洛书也。“流浪生死”者，言人生在世迷于酒色财气，不知生从何来，死从何去……此死彼生，如波浪一般……酒色财气为四大苦海，若不扫除，焉能不常沉苦海者哉！……人身难保，何能言道，岂不“永失真道”，深可叹哉！

对酒色财气的欲望无时无刻不在扰动我们本来清静的心灵。如若放纵它们不加管束，任由人欲恣意纵横，必然生起各种烦恼妄想，心中无有清静，心灵不再安宁。

无名氏《太上老君说常清静经注》将欲望的危害分而述之，详细罗列出来。曰：

> 欲者，六欲也，乃六贼也。眼是一贼，爱窥观彩色妖艳，人不知妖艳是杀人性命之刀斧。耳是二贼，爱听艳乐淫声，而不知艳乐淫声是害人之鼓乐。口是三贼，爱嗜美酒肥肉，而不知美酒肥肉是腑肠之毒药。鼻是四贼，爱悦芳香邪气，而不知芳

> 香邪气是害人之气命。身是五贼，爱香车宝马，而不知香车宝马是招蹷之机。意是六贼，爱禄高位大，而不知禄高位大是害人之形命。

如果我们沉沦于各种欲念之中，备受各种污浊习气所污染，倘若不醒悟，如此日复一日，则离道渐远，如孤舟之漂流于大海，如孤雁之独翔于碧空，生死往复，无有尽头。《太上老君内观经》曰：

> 道无生死，而形有生死。所以言生死者，属形不属道也。形所以生者，由得其道也。形所以死者，由失其道也。人能存生守道，则长存不亡也。

如果我们陷入六欲之中无法自拔，我们的形质便会被其耗散无踪，就无法体悟真道之圆满。

超脱品二十四

真常之道，悟者自得。得悟道者，常清静矣。

所谓真常之道，就是常在自然天真之道。除此真常之道外，别无他道。因此悟得真常之道的修行之人，则常处在清静之中，无烦恼妄想，无身心忧苦。《西升经》云：

> 守身不失，常存也。专守其一，不生妄想，即免于苦海沉沦，忧苦不着于身心，自然解脱，合于清静。①

《清静经》以“清静”为经名，实为突出清静之于修行的重要性，经文结尾点题“清静”，前后呼应，足见清静的修习之法是不可复制、不可替代的。

道家把正心修身之道称为“真道”，把索隐行怪之道称为“假道”，这是具有积极意义的。怎么追求“真道”呢？即为“悟者自得”。所谓“悟”，就是“穷究”之意，在实际生活中不断探索、追求、体悟，定然可以得到。“得”者，领受也。人们在领受“真道”后，将永恒地进入圆明而安宁的状态，达到道家所追求的“道成德备，功圆果满”的境界。

① ［唐］杜光庭注：《太上老君说常清静经注》，《道藏》第17册，第189页。

附文讲解

仙人葛翁曰：吾得真道，曾诵此经万遍。

《清静经》结束之后，附有仙人葛翁、左玄真人、正一真人等高道的语录，主要讲述《清静经》经文的传承体系和念诵经文所获功德。

仙人葛仙翁是指东晋时人葛玄，字孝先，道教徒尊称他为葛仙翁。诵经万遍，说的是诵经的功德，如《灵宝无量度人上品妙经》称：

> 道言凡诵是经十遍，诸天齐到，亿曾万祖，幽魂苦爽，皆即受度，上升。朱宫，格皆九年，受化

> 更生，得力贵人；而好学至经，功满德就，皆得神仙，飞升金阙，邀宴玉琼也。①

经文中所说的“万遍”，杜光庭祖师注曰：“凡言诵经万遍者，万遍即万行圆备也。”

“吾得真道，曾诵此经万遍”，葛玄强调在悟道的过程中，应反复吟诵、体悟道经。“万”者，极言之多也。道家非常重视对其经典的诵读和体悟，如《黄庭内景经》曰“咏之万遍升三天”。杜光庭注曰：

> 万法皆同，内外俱应。分即为万象之形，聚为万神之体，此乃为圆满之义也。……万遍道备，飞升太空，万神之备。万遍既周，乃成清静之道，非只为诵持经文，何必苦于形而劳其神者也？

也就是说“万遍”并不仅仅是说念诵经文的遍数，还指在诵经过程中所达到的内外“圆满”的境界。

此经是天人所习，不传下士。吾昔受之于东华帝君，东华帝君受之于金阙帝君，金阙帝君受之于西王母。西王母皆口口相传，不记文字。

天人，是修行有成的“阳极之仙”：“世人若修天人之

---

① 《灵宝无量度人上品妙经》，《道藏》第1册，第2页。

行，即为天上人也。”东华帝君，是道教信仰的重要真仙。杜光庭祖师援引《上清经》云：

> 东方有飘云世界、碧霞之国，翠羽城中，苍龙宫中。其中宫阙，并是龙凤宝珠合就，尚有五色苍云覆盖其上，故号苍龙宫也。乃是东华小童君所居之处。此明仙翁自云“吾逢彼帝君，即传授此经”。

金阙帝君，道教认为是太上老君的分身，住在西方。

> 金阙者，西方有琅玕世界琼瑶之国，琉璃宫内，其中宫阙并是琅玕宝珍琉璃合就，故号曰琉璃宫也。有一帝君于宫内亦宝秘此经。……金阙帝君者也，应其名号或太上分形化体，名号有殊。《上清经》云，后圣金阙玄元皇帝，老君太上是也。

杜光庭祖师为唐末五代人，他的注文遵循唐代道教的规制。唐代尊太上老君为“玄元皇帝老君”，因李唐帝王认为老君是李唐家族的远祖，故有此称。

西王母，则是中国传统的重要神仙，《山海经》《穆天子传》《汉武帝内传》等经典都记载有西王母的事迹。杜光庭注引《天地论》曰：

> 王母居昆仑西侧黄河出水之处。王母者，是天

地之母。……天公、地母主统众真，总摄三界，天上天下，是王母为至尊之母也。

本段文字约略包括三个方面的意思：

第一，上古道教经典“皆口口相传”不落于文字，感恩仙翁葛玄始将《清静经》用文字记录下来，使后世之人得以诵习是经，依照经典中的教化所言，实践清静的修行之道。

第二，从葛玄所述《清静经》传承谱系，可知道教经典传承皆有法度，须传有德忠孝之人。同时道教中的重要经典会采取口耳相传的方式师徒相授，其他人等不能得法，故俗语又称之为“六耳不传”，即有三人在场时，师父一般不会讲授经中关键之处。

第三，所谓“不传下士”，并非不传（观下文“下士得之，在世长年”可知），葛玄的意图有二：一方面是此经的神圣性，一方面是要求人们以通达、虔诚的态度来学习它的精髓，提升境界，避免沦为偏执不通的人。

吾今于世，书而录之。上士悟之，升为天官；中士修之，南宫列仙；下士得之，在世长年。游行三界，升入金门。

这里所谓“上士”“中士”“下士”的分类来自《道德真经》：

上士闻道，勤而行之；中士闻道，若存若亡；下士闻道，大笑之。

上士得闻大道，只要勤奋修炼，外炼形质，内养精神，便可外和其光而同其尘，内修其功而保其元。中士修炼自身筋骨，息炁保肾，便可延年。下士依经而悟，也可延年却病，注名仙班。

《清静经》后葛玄的这段语录，说明无论自身条件如何，只要能够坚持诵习此经，只要能够依照经文所讲述的方法去修炼身心，自然就会有意想不到的收获。

左玄真人曰：学道之士，持诵此经者，即得十天善神拥护其人。然后玉符保神，金液炼形。形神俱妙，与道合真。

左玄真人，为道教神仙之一，据《太上洞玄灵宝智慧定志通微经》记载，他是灵宝天尊（道教“三清”尊神之一）下的大贤真人。左玄真人的语录主要讲述诵习此经的功德。当人们在诵习《清静经》并在自我努力保持心境灵明的时候，就有诸多道教仙真护持在旁边。例如经文中提到的“十天善神”。所谓十天善神，杜光庭注曰：“十天者，八方上下是也。《因缘经》云：‘每月十直斋，各有善神直日，亦为善神也。’”诵习经典的过程中如果能够得到“善神”的护持，那么就更容易坚持，更容易取得成绩，更容易达到清静，最终与道合真。

正一真人曰：人家有此经，悟解之者，灾障不干，众圣护门。神升上界，朝拜高尊。功满德就，相感帝君。诵持不退，身腾紫云。

“正一”的意思为“正以治邪，一以统万”。杜光庭祖师解释说：“正者，真也；一者，大也，亦为心也。”汉末，张道陵祖师开创“正一盟威道”，又称“天师道”“正一道”，因此天师又被称为真人。正一真人的这段语录，也是对持诵《清静经》善果的描述。“家”是个比喻，这里指的是我们的身体；“经”也是一个比喻，这里指的是我们的内心。诵念《清静经》能够得到仙真护持，不受灾害和病痛的干扰，坚持不懈则能够功行圆满，最后获得相应的成就。因此杜光庭祖师在此强调：

> 此明修道得果也。功满八百，行满三千。功行者，乃是修炼之功行也。

清静是大道之本，如果我们能够常守清静之道，就离大道不远了。持守清静的方法就是不断地排遣那些扰乱心神的欲念，让我们的心愈加清澈澄明，虚静空灵，如此道自来居焉。

结　语
清静为天下正

道家认为，世间万物莫不应机而生，阴符于道，唯执天之行，清静身心，修道德精要，可得长生久视之妙。《中庸》云："诚者，天之道也；诚之者，人之道也。"① 应机者，诚也；阴符者，诚之也。古人修身立命，主张"诚于中而形于外"。诚于中者，清静是也；形于外者，道德是也。

《中庸》曰："自诚明，谓之性；自明诚，谓之教。诚则明矣，明则诚矣。"道教修真强调性命双修，长生久视，度己度人。清静契道，浊动应物。清属阳，却由静而生；静属阴，却以浊为根。清是澄澈洁净，外尘不染，玄鉴圆明；静

① ［宋］朱熹撰：《四书章句集注》，中华书局1983年版，第31页。

为寂然止息，万缘不起，浊念不生。清静、无为、自然、道德，被道家当作无上法宝，强调修道须从清静入手。

“人能常清静，天地悉皆归。”出有入无，常清常静方为人生智慧之根本。水静而后能清，人亦是如此，心静而后能清。“人神好清，而心扰之；人心好静，而欲牵之。”静之动，在于遣欲澄心，“常能遣其欲，而心自静；澄其心而神自清”。得山水之清气中有我，集天地之大观者无相。

吕洞宾祖师《百字碑》说：

> 养炁忘言守，降心为不为。动静知宗祖，无事更寻谁。真常须应物，应物要不迷。不迷性自住，性住炁自回。

如能常养浩然之正气，抱朴守真，与道合一，“不见而章，不动而变，无为而成”。天人相应则法无定法，法无为而行自然之德，道尊德贵矣！

老子道德真言中有“道生之，德蓄之”一语，唯有尊道方能贵德，唯有厚德方能载物。《道德真经》说：“大丈夫处其厚，不居其薄；处其实，不居其华。故去彼取此。”道德思想深植于世人的灵魂与血脉之中，指引着人们去认识万事万物。我们的祖先对于宇宙自然真理的认知宏大而深刻，他们纵观阴阳，玄览隐显，越过常人认知的局限，认识自然，顺应自然，效法自然。他们为人们找到美好幸福生活指明了方向。

从道家思想上来深度剖析，道德绝非孤立的精神存在。它在精神层面的映照下，与物质世界有着千丝万缕、难以分割的内在联系，犹如阳光雨露般滋养孕育万物。道家认为，只有修行才能体悟道德真知。《黄帝内经灵枢》云："天之在我者德也，地之在我者气也，德流气薄而生者也。"[①] 这句话点明了道德是生命的源动力，于体内流动，激发生命活力，进而构建出道家道德认知体系。

《阴符经》中说："宇宙在乎手，万物生乎身。天性，人也。人心，机也。立天之道，以定人也。"道教修行以不断给人信念、给人健康快乐、给人幸福和睦、给人智慧为宗旨，教化众生，无量度人。甘泉润物，变朽回春。我在学修的过程中，缘清静以探玄，得阴符以契机。

2020 年庚子月圆夜
李合春记于至真观

---

① ［宋］史崧：《黄帝素问灵枢集注》，《道藏》第 21 册，第 398 页。

参考文献

典籍类

［1］《道德真经》：《道藏》，文物出版社、上海书店、天津古籍出版社 1988 年版（以下简称三家本）。

［2］《南华真经》，三家本。

［3］《太上老君说常清静妙经》，三家本。

［4］《黄帝阴符经》，三家本。

［5］［唐］杜光庭注：《太上老君说常清静经注》，三家本。

［6］《灵宝无量度人上品妙经》，三家本。

［7］［唐］李筌疏：《黄帝阴符经疏》，三家本。

［8］无名氏注：《太上老君说常清静经注》，三家本。

［9］［宋］张君房集：《云笈七签》，三家本。

［10］《太上老君内观经》，三家本。

［11］［唐］王冰次注：《黄帝内经素问补注释文》，三家本。

［12］［南朝］陶弘景集：《养性延命录》，三家本。

［13］［宋］蹇昌辰撰：《黄帝阴符经解》，三家本。

［14］《阴符经三皇玉诀》，三家本

［15］［五代］谭峭撰：《化书》，三家本。

［16］［宋］翁葆光注：《悟真篇注释》，三家本。

［17］《高上玉皇心印妙经》，三家本。

普通古籍

［1］《道藏》，文物出版社、上海书店、天津古籍出版社 1988 年版。

［2］《藏外道书》，巴蜀书社 1994 年版。

［3］任继愈主编、钟肇鹏副主编：《道藏提要》（第三次修订本），中国社会科学出版社 1991 年版。

［4］《道藏辑要》，巴蜀书社 1995 年版。

［5］汤一介主编：《道书集成》，九州图书出版社 1999 年版。

［6］胡道静等选辑：《道藏要籍选刊》，上海古籍出版社 1989 年版。

［7］守一子编纂：《道藏精华录》，浙江古籍出版社1989年版。

［8］萧天石主编：《道藏精华》，自由出版社1956年版。

［9］［清］阎永和、彭翰然重刻，［清］贺龙骧校订：《重刊道藏辑要》，清光绪三十二年（1906）成都二仙庵刻本。

［10］［清］永瑢、纪昀等编：《景印文渊阁四库全书》，台北商务印书馆1986年版。

［11］［清］永瑢等撰：《四库全书总目提要》，中华书局1965年版。

［12］［晋］郭象注，［唐］成玄英疏：《南华真经注疏》，中华书局1998年版。

［13］［宋］张君房编，李永晟点校：《云笈七签》，中华书局2003年版。

［14］［宋］张君房集：《云笈七签》，书目文献出版社1992年版。

［15］［宋］王应麟撰：《汉艺文志考证》（影印本），北京图书馆出版社2006年版。

［16］［清］阮元校刻：《十三经注疏》（清嘉庆刊本），中华书局2009年版。

［17］［汉］许慎撰，［清］段玉裁撰：《说文解字注》，上海古籍出版社1988年版。

［18］［汉］班固撰，［唐］颜师古注：《汉书》，中华书

局 1962 年版。

［19］［南朝］宋范晔撰，［唐］李贤等注：《后汉书》，中华书局 2012 年版。

［20］郭丹译注：《左传》，中华书局 2016 年版。

［21］［清］郭庆藩撰，王孝鱼点校：《庄子集释》，中华书局 2012 年版。

［22］［汉］河上公、［唐］杜光庭等注：《道德经集释》，中国书店 2012 年版。

［23］［汉］司马迁撰，［宋］裴骃集解，［唐］司马贞索隐，［唐］张守节正义：《史记》，中华书局 2014 年版。

［24］［魏］王弼注，楼宇烈校释：《老子道德经注校释》，中华书局 2008 年版。

［25］王卡点校：《老子道德经河上公章句》，中华书局 1993 年版。

［26］［清］王先慎撰，钟哲点校：《韩非子集解》，中华书局 1998 年版。

［27］［汉］严遵著，王德有点校：《老子指归》，中华书局 1994 年版。

［28］［汉］严遵著，王德有译注：《老子指归译注》，商务印书馆 2004 年版。

［29］［汉］严遵撰，樊波成校笺：《老子指归校笺》，上海古籍出版社 2013 年版。

［30］［汉］严遵撰，樊波成校笺：《老子指归校笺》，

上海古籍出版社 2013 年版。

［31］姚春鹏译注：《黄帝内经》，中华书局 2016 年版。

［32］［宋］朱熹撰：《四书章句集注》，中华书局 1983 年版。

［33］［宋］欧阳修、宋祁撰：《新唐书》，中华书局 1975 年版。

［34］［宋］罗泌撰：《路史》，《四库全书》第 383 册，上海古籍出版社 1987 年版。

［35］［宋］李昉等撰：《太平御览》，中华书局 1960 年版。

［36］［元］脱脱等撰：《宋史》，中华书局 1977 年版。

［37］《绘图三教源流搜神大全（外二种）》，上海古籍出版社 1990 年版。

［38］［清］阮元校刻：《十三经注疏》，中华书局 1980 年版。

［39］［清］徐道撰，周晶等校点：《历代神仙演义》，辽宁古籍出版社 1995 年版。

［40］［清］陈梦雷编纂，蒋廷锡校订：《古今图书集成》，中华书局、巴蜀书社 1985 年版。

［41］《全唐诗》，中华书局 1960 年版。

［42］《全唐文》，中华书局 1983 年版。

［43］《二十二子》，上海古籍出版社 1986 年版。

［44］刘大钧著：《易传全译》，巴蜀书社 2005 年版。

［45］吴受琚辑释：《司马承祯集》，社会科学文献出版

社 2013 年版。

［46］陈鼓应注译：《老子今注今译》，商务印书馆 2016 年版。

［47］［汉］河上公章句，唐子恒点校，（魏）王弼注，边家珍点校：《老子道德经 王弼道德经注》，凤凰出版社 2017 年版。

［48］王明编：《太平经合校》，中华书局 1985 年版。

专著类

［1］卿希泰主编：《中国道教》，知识出版社 1994 年版。

［2］卿希泰主编：《中国道教史》，四川人民出版社 1996 年版。

［3］卿希泰、詹石窗主编：《中国道教通史》，人民出版社 2019 年版。

［4］卿希泰、唐大潮著：《道教史》，江苏人民出版社 2006 年版。

［5］卿希泰主编，詹石窗副主编：《中国道教思想史》，人民出版社 2009 年版。

［6］许地山著，詹石窗讲评：《道教史》，凤凰出版社 2010 年版。

［7］任继愈主编：《中国道教史》，中国社会科学出版社 2001 年版。

［8］于迎春著：《汉代文人与文学观念的演进》，东方出版社 1997 年版。

［9］〔日〕冈村繁著，陆晓光译：《汉魏六朝的思想与文学》，上海古籍出版社 2002 年版。

［10］蒙文通著：《蒙文通文集》，巴蜀书社 2001 年版。

［11］唐大潮著：《明清之际道教“三教合一”思想论》，宗教文化出版社 2000 年版。

［12］李大华、李刚、何建明著：《隋唐道家与道教》，广东人民出版社 2002 年版。

［13］朱森溥著：《玄珠录校释》，巴蜀书社 1989 年版。

［14］卢国龙著：《中国重玄学——理想与现实的殊途与同归》，人民中国出版社 1993 年版。

［15］卢国龙著：《道教哲学》，华夏出版社 1997 年版。

［16］强昱著：《从魏晋玄学到初唐重玄学》，上海文化出版社 2002 年版。

［17］李刚著：《重玄之道开启众妙之门——道教哲学论稿》，巴蜀书社 2005 年版。

［18］孙以楷主编：《道家与中国哲学隋唐五代卷》，人民出版社 2004 年版。

［19］何建明著：《道家思想的历史转折》，华中师范大学出版社 1997 年版。

［20］董思林著：《唐代老学重玄思辨中的理身理国之道》，中国社会科学出版社 2002 年版。

［21］黄钊主编：《道家思想史纲》，湖南师范大学出版社 1991 年版。

［22］王遽常主编：《中国历代思想家传记汇诠》，复旦大学出版社 1993 年版。

［23］贾顺先、戴大禄著：《四川思想家》，巴蜀书社 1988 年版。

［24］黄开国、邓星盈著：《巴山蜀水圣哲魂巴蜀哲学史稿》，四川人民出版社 2001 年版。

［25］王明著：《道家和道教思想研究》，中国社会科学出版社 1984 年版。

［26］潘雨廷著：《道教史发微》，社会科学出版社 2003 年版。

［27］潘雨廷著：《道教史丛论》，复旦大学出版社 2012 年版。

［28］陈国符著：《道藏研究论文集》，上海古籍出版社 2004 年版。

［29］陈国符著：《道藏源流考》，中华书局 1963 年版。

［30］金正耀著：《道教与科学》，中国社会科学出版社 1991 年版。

［31］赵匡华著：《中国古代化学史研究》，北京大学出版社 1985 年版。

［32］马西沙、韩秉方著：《中国民间宗教史》，中国社会科学出版社 2004 年版。

［33］张勋燎、白彬著：《中国道教考古》，线装书局2006年版。

［34］陈鼓应著：《老子注译及评介》（修订增补本），中华书局2009年版。

［35］陈鼓应著：《中国哲学创始者：老子新论》，中华书局2015年版。

［36］陈广忠、梁宗华著：《道家与中国哲学（汉代卷）》，人民出版社2004年版。

［37］陈慧娟著：《两汉三家〈老子〉注养生思想研究》，花木兰文化出版社2014年版。

［38］陈丽桂著：《汉代道家思想》，中华书局2015年版。

［39］陈梦家著：《老子分释》，中华书局2016年版。

［40］陈尧义著：《严遵〈老子指归〉义理析论》，花木兰文化出版社2012年版。

［41］崔大华著：《庄学研究——中国哲学一个观念渊源的历史考察》，人民出版社1992年版。

［42］丁四新著：《郭店楚墓竹简思想研究》，东方出版社2000年版。

［43］丁四新著：《郭店楚竹书〈老子〉校注》，武汉大学出版社2010年版。

［44］方光华著：《中国古代本体思想史稿》，中国社会科学出版社2005年版。

[45] 方立天著:《方立天文集》第5卷《中国古代哲学》,中国人民大学出版社2006年版。

[46] 冯达文著:《中国哲学的本原——本体论》,广东人民出版社2001年版。

[47] 冯达文、郭齐勇主编:《新编中国哲学史》,人民出版社2004年版。

[48] 冯友兰著:《中国哲学史》,生活·读书·新知三联书店2009年版。

[49] 冯友兰著:《人生哲学(外二种)》,中华书局2014年版。

[50] 冯友兰著:《新知言》,北京大学出版社2014年版。

[51] 冯友兰著:《新理学》,北京大学出版社2014年版。

[52] 冯友兰著:《新原人》,北京大学出版社2014年版。

[53] 冯友兰著:《新事论:中国到自由之路》,北京大学出版社2014年版。

[54] 付粉鸽著:《自然与自由——老庄生命哲学研究》,人民出版社2010年版。

[55] 傅佩荣著:《儒道天论发微》,中华书局2010年版。

[56] 高亨著:《周易大传今注》,齐鲁书社2009年版。

［57］高明撰：《帛书老子校注》，中华书局 1996 年版。

［58］苟小泉著：《中国传统哲学本体论形态研究》，北京师范大学出版社 2013 年版。

［59］谷衍奎编：《汉字源流字典》，语文出版社 2008 年版。

［60］侯外庐、赵纪彬、杜国庠著：《中国思想通史》，人民出版社 2009 年版。

［61］金春峰著：《汉代思想史》，中国社会科学出版社 1987 年版。

［62］金岳霖著：《逻辑》，中国人民大学出版社 2010 年版。

［63］金岳霖著：《论道》，商务印书馆 2015 年版。

［64］康中乾著：《中国古代哲学的本体论》，人民出版社 2016 年版。

［65］劳思光著：《新编中国哲学史》，生活・读书・新知三联书店 2015 年版。

［66］李霞著：《生死智慧——道家生命观研究》，人民出版社 2004 年版。

［67］李贤中著：《先秦名家“名实”思想探析》，文史哲出版社 1992 年版。

［68］李泽厚著：《历史本体论己卯五说》，生活・读书・新知三联书店 2008 年版。

［69］李忠著：《迭代浑沌分形》，科学出版社 2007

年版。

［70］梁漱溟著:《东西文化及其哲学》，商务印书馆 2010 年版。

［71］林夏水著:《数学哲学》，商务印书馆 2003 年版。

［72］刘笑敢著:《庄子哲学及其演变》，中国社会科学出版社 1988 年版。

［73］刘笑敢著:《老子古今：五种对勘与析评引论》，中国社会科学出版社 2006 年版。

［74］罗光著:《生命哲学》，台湾学生书局 1988 年版。

［75］罗开玉、谢辉著:《巴蜀通史秦汉三国（蜀汉）时期》，四川人民出版社 2011 年版。

［76］牟宗三著:《理则学》（修订版），江苏教育出版社 2006 年版。

［77］彭裕商、吴毅强著:《郭店楚简老子集释》，巴蜀书社 2011 年版。

［78］蒲创国著:《天人合一正义》，中华书局 2015 年版。

［79］孙宏安著:《中国古代数学思想》，大连理工大学出版社 2008 年版。

［80］孙中原著:《中国逻辑研究》，商务印书馆 2006 年版。

［81］唐君毅著:《道德自我之建立》，商务印书馆 1946 年版。

［82］唐君毅著：《中国哲学原论原道篇》，中国社会科学出版社 2006 年版。

［83］汪奠基著：《中国逻辑思想史》，武汉大学出版社 2012 年版。

［84］王中江著：《道家学说的观念史研究》，中华书局 2015 年版。

［85］熊铁基、马良怀、刘韶军著：《中国老学史》，福建人民出版社 2005 年版。

［86］许春华著：《天人合道老子哲学研究》，人民出版社 2013 年版。

［87］许抗生著：《当代新道家》，社会科学文献出版社 2013 年版。

［88］俞宣孟著：《本体论研究》，上海人民出版社 2005 年版。

［89］曾春海著：《中国哲学史纲》，华东师范大学出版社 2014 年版。

［90］詹石窗著：《易学与道教符号揭秘》，中国书店 2001 年版。

［91］詹石窗主编：《新编中国哲学史》，中国书店 2002 年版。

［92］张锡哲著：《分形繁美——距离比值迭代分形及复迭代函数系统研究》，东北大学出版社 2015 年版。

［93］周兵著：《天人之际的理学新诠释》，巴蜀书社

2006 年版。

［94］周桂钿著：《秦汉思想史》，福建教育出版社 2015 年版。

［95］祝瑞开著：《两汉思想史》，上海古籍出版社 1989 年版。

［96］王明编：《太平经合校》，中华书局 1960 年版。

［97］袁珂校注：《山海经校注》，上海古籍出版社 1980 年版。

［98］萧登福注解：《太上老君说常清静妙经通解》，宗教文化出版社 2011 年版。

［99］任法融著：《道德经释义》，东方出版社 2012 年版。

［100］任法融著：《周易参同契释义》，东方出版社 2012 年版。

［101］任法融著：《黄帝阴符经黄石公素书释义》，东方出版社 2012 年版。

［102］陈高潮主编：《唐褚遂良阴符经历代碑帖精粹（影印本）》，北京工艺出版社 2009 年版。

［103］周止礼、常秉义批点：《黄帝阴符经集注》，中国戏剧出版社 1999 年版。

［104］杨素寰译注：《十二家注〈黄帝阴符经〉》，军事科学出版社 1994 年版。

期刊论文

[1] 赖萱萱、郑长青:《〈太上老君说常清静妙经〉成书略考》,《宗教学研究》2014 年第 4 期。

[2] 林安梧:《〈太上老君说常清静经〉的意义治疗学》,《宗教与哲学》2016 年第 4 期。

[3] 申喜萍:《〈清静经〉思想的当代意蕴》,《世界宗教文化》2008 年第 4 期。

[4] 蒋门马:《〈清静经〉文本校订》,《中国道教》2016 年第 6 期。

[5] 张仲广:《清静经道教哲学思想论析》,《哈尔滨学院学报》2017 年第 9 期。

[6] 幸信开:《至静生太和——〈太上老君说常清静经〉的实践体验》,《中国道教》2012 年第 2 期。

[11] 张崇源:《感悟〈清静经〉常怀修道心》,《中国道教》2008 年第 6 期。

[12] 李炯:《"清净"与"清静"》,《中国道教》2011 年第 5 期。

[13] 施镇淮:《常清静之妙〈常清静经〉一文之体悟》,《中国气功科学》1991 年第 1 期。

[14] 黄至安:《清静是生命智慧与良师益友》,《中国道教》2011 年第 5 期。

［15］丁培仁：《刘通微及其〈清静经颂注〉思想初探》，《商丘师范学院学报》2012 年第 10 期。

［16］李欣复、纪燕：《〈参同〉〈阴符〉〈清静〉三道书幽旨发微》，《甘肃理论学刊》2009 年第 1 期。

［17］白杰：《〈清静经〉言“空”异于佛教》，《中国社会科学报》2016 年第 2 期。

［18］蓝希峰：《正确面对现代社会道教的迷惘与误区》，《中国民族报》2014 年 3 月 18 日。

［19］徐敏：《〈清静经原旨〉“援儒入道”思想探析》，《宗教学研究》2012 年第 3 期。

［20］萧登福：《从〈感应篇〉〈清静经〉等书看道教的修炼法门》，《运城学院学报》2006 年第 4 期。

［21］孙亦平：《清静与清净：论唐代道教心性论的两个致思向度——以杜光庭思想为视角》，《哲学研究》2016 年第 9 期。

［22］夏崇容：《〈清静经〉之我见》，《中国道教》2013 年第 3 期。

［23］王元领：《常清常静则教化自现——谈谈道教如何在现代社会中发挥作用》，《中国道教》2016 年第 6 期。

［24］詹石窗：《〈阴符经〉与〈周易〉》，陈鼓应主编《道家文化研究》第二辑，上海古籍出版社 2002 年版。

［25］王明：《试论〈阴符经〉及其唯物主义思想》，《道家和道教思想研究》，社会科学出版社 1984 年版。

［26］任继愈：《李筌的唯物主义观点和军事辩证法思想》，《北京大学学报》1984 年。

［27］李养正：《有关〈阴符经〉几个疑问的论证》，《中国道教》1983 年第 1 期。

工具书

［1］佚名著：《历代人物别署居处名通检》，世界书局 1962 年版。

［2］陈国符著：《道藏源流考》，中华书局 1963 年版。

［3］陈国符著：《道藏源流续考》，香港里仁书局 1983 年版。

［4］古健青、张桂光等编：《中国方术大辞典》，中山大学出版社 1991 年版。

［5］闵智亭、李养正主编：《中国道教大辞典》，台湾东久企业（出版）有限公司 1999 年版。

［6］胡孚琛主编：《中华道教大辞典》，中国社会科学出版社 1995 年版。

［7］黄海德、李刚编著：《简明道教辞典》，四川大学出版社 1991 年版。

［8］李叔还著：《道教大辞典》，浙江古籍出版社 1984 年版。

［9］潘雨廷著：《道藏书目提要》，上海古籍出版社

2003年版。

[10] 任继愈、钟肇鹏著:《道藏提要》,中国社会科学出版社1991年版。

[11] 萧登福撰:《正统道藏总目提要》,台北文津出版社2011年版。

[12] 丁培仁著:《道教典籍百问》,今日中国出版社1996年版。

[13] 丁培仁编著:《增注新修道藏目录》,巴蜀书社2007年版。

[14] 吴康主编:《中华神秘文化辞典》,海南出版社1993年版。

[15] 余嘉锡著:《目录学发微》,巴蜀书社1991年版。

[16] 余嘉锡著:《四库提要辨证》,中华书局2007年版。

[17] 朱越利著:《道藏分类解题》,华夏出版社1996年版。

[18] 朱越利著:《道经总论》,辽宁教育出版社1995年版。

[19] 朱越利主编:《道藏说略》,北京燕山出版社2009年版。

[20] 昌彼得著:《版本目录学论丛》(二),学海出版社1977年版。

[21] 姚名达著:《中国目录学史》,上海古籍出版社

2002 年版。

［22］来新夏著:《古典目录学浅说》，中华书局 1981 年版。

［23］高路明著:《古籍目录与中国古代学术研究》，江苏古籍出版社 1997 年版。

［24］［宋］晁公武撰，孙猛校证:《群斋读书志校证》，上海古籍出版社 2011 年版。

［25］［汉］许慎撰，徐铉校定:《说文解字》，中华书局 2013 年版。

附录

《〈阴符经〉〈清静经〉讲记》附录文献说明

在《〈阴符经〉〈清静经〉讲记》中，附录部分所收录的文献对于读者深入理解《阴符经》和《清静经》有着重要作用。这些文献包括《黄帝阴符经正义》（明代高思诚著、竹孚休校订、宽政十年刊本）、《清静经纂图注解》（混然子注解、清同治戊辰年刊本），以及《清静经图注・附图》（水精子注解、混沌子附图、金陵爱莲堂刊本）。它们不仅具有丰富的历史文化内涵，还对版本演变、哲学思想等方面的研究具有极高的价值，为本书对《阴符经》和《清静经》的讲解提供了多维度的参考与支撑。

一、《黄帝阴符经正义》

（一）版本溯源与历史脉络

《黄帝阴符经》作为道门重要经典，历代学人对其成书年代、作者、版本，争议颇多，但这丝毫不减其深邃思想的魅力。《黄帝阴符经正义》这一版本最初由明代高思诚所著。明代，中国文化领域呈现出蓬勃发展的态势，学术思想活跃，对古代经典的研究与注释掀起热潮。高思诚在这样的学术环境下，深入钻研《黄帝阴符经》，撰写了这部注解。他广泛参考前人的研究成果，结合自己的思考与见解，对经文进行了详细解读，为当时的学者和后世研究《阴符经》提供了重要的参考依据。

随着时间的推移，到了日本宽政十年（1798），日本学者竹孚休对高思诚的著作进行了校订。这一时期，中日之间的文化交流频繁，中国的传统文化在日本备受推崇。竹孚休作为对中国经典有深入研究的学者，以其严谨的治学态度和独特的学术视角，对高思诚的注本进行了全面细致的校订，对一些解读不够准确或深入的地方进行了补充和完善，使得这个版本在内容上更加精确、丰富。这一校订过程，不仅体现了竹孚休对中国经典的尊重，也反映了当时日本学界对中国传统文化的热爱。

（二）版本特征与内容剖析

从版本特征来看，该版本的刊刻工艺水平较高，其字体工整清晰，排版布局合理，便于阅读和研究。在内容方面，它对《黄帝阴符经》的经名、经文都进行了深入阐释。在经名释义部分，高思诚认为“阴符”二字蕴含着深刻的哲学内涵，“阴”代表着隐秘、潜藏的自然规律，“符”则象征着契合、顺应这些规律。这种解释为读者理解整部经文奠定了思想基础，让人们明白《黄帝阴符经》旨在揭示天地间隐秘的规律以及如何顺应这些规律行事。

在经文讲解中，高思诚和竹孚休旁征博引，融合了道家、儒家等多种思想流派的观点。他们对经文的每一句话都进行了细致入微的解读，不仅解释了字面意思，还深入挖掘了背后的哲学思想和养生理念。比如，在解读“观天之道，执天之行，尽矣”时，他们从道家顺应自然的思想出发，阐述了观察自然规律并按照规律行动的重要性；同时又结合儒家“天人合一”的观念，强调人在天地间的责任与使命。这种跨思想流派的解读方式，使读者能够更加全面、深入地理解经文的内涵。

（三）学术价值与在本书中的意义

《黄帝阴符经正义》具有多方面的学术价值。在研究中国古代学术思想方面，它保存了明代学者对《阴符经》的理解和阐释，为研究明代的学术思潮和文化氛围提供了珍贵的资料。通过这个版本，我们可以了解到明代学者在研究经典时的方法和思路，以及他们如何将不同的思想流派融合在一起。在研究中日文化交流史方面，竹孚休的校订工作是一个重要的历史见证。它反映了当时日本学者对中国经典的研究热情和学术水平，以及中日两国在文化领域的互动与交流。

在本书《〈阴符经〉〈清静经〉讲记》中，该版本对读者深入理解两部经典发挥了重要作用。在讲解《阴符经》时，本书借鉴了其对经名的阐释，帮助读者准确把握经文的核心主旨。在对经文内容的讲解中，本书参考了其对字句的解析和义理的阐释，使读者能够深入理解《阴符经》中关于天地、人、道之间的关系，以及其中蕴含的辩证法思想和实践智慧。

二、《清静经纂图注解》

（一）版本诞生的时代背景

《清静经》全称《太上老君说常清静经》，是道教重要经典，旨在引导修行者达到内心的清静境界。《清静经纂图注解》成书于清同治戊辰年（1868）。这一时期，中国社会面临着内忧外患，社会动荡不安。然而，传统文化的传承在艰难的环境中依然延续，对经典的研究和阐释也在持续进行。在道教领域，混然子在这样的时代背景下，完成了对《清静经》的注解工作。他的注解不仅是对经典的学术研究，更是希望通过对《清静经》的解读，为人们在动荡的社会中寻求内心的宁静和精神的寄托提供指引。

（二）版本特色与内容解读

该版本的最大特色在于“纂图注解”的形式。文字注解部分，混然子从道教的修行理论和实践出发，对《清静经》的经文进行了逐句解读。他的解读深入浅出，不仅解释了经文的字面意思，还结合道教的教义和修行方法，深入挖掘了其中的哲学内涵。比如，在讲解“夫人神好清，而心扰之；人心好静，而欲牵之”时，混然子详细阐述了欲望对人心的干扰以及如何通过克制欲望、修炼心神来达到清静的境界。他认为，修行者要在日常生活中时刻保持警觉，觉察自己的欲望和杂念，通过内心的反思和修炼，使心神回归到清静的状态。

配图部分更是此版本的一大亮点。这些图绘以形象的方式展现了经文中的抽象概念，如“清”“静”“道”等。通过这些图，读者可以更加直观地理解经文所描述的境界和修行过程。例如，有一幅图描绘了修行者在宁静的山水之间打坐冥想，周围充满着祥和的气息，生动地展现了《清静经》中所倡导的清静修行场景。这些图不仅加深了读者对经文的理解，还为读者提供了一种直观的修行指引，让读者在阅读经文的同时，能够通过图像感受到清静的境界，从而更好地领悟修行的方法。

（三）学术价值与借鉴意义

从学术价值来看，该版本对于研究清代道教的发展、道教经典的阐释以及道教与民间文化的结合具有重要意义。其文字注解反映了清代道教修行者对《清静经》的理解和实践，为研究清代道教教义和修行方法提供了直接的资料。通过混然子的注解，我们可以了解到清代道教在教义阐释上的特点，以及道教修行者在实际修行中所遵循的方法和原则。而配图则体现了当时的艺术风格和民间对道教思想的理解和表达，对于研究清代的宗教艺术和文化传播具有独特的价值。这些图绘不仅是艺术作品，更是文化传播的载体，它们以通俗易懂的方式将道教的思想传播给广大民众，促进了道教在民间的普及。

《清静经纂图注解》对学习《清静经》具有重要的辅助作用。文字注解部分为作者提供了丰富的解读素材，帮助作者多角度深入剖析经文的含义。例如，在讲解《清静经》中的修行方法时，本书借鉴了混然子对经文的详细解读，使读者能够更加清晰地了解到具体的修行步骤和要点。配图则使讲解更加生动形象，读者可以直观地感受《清静经》所传达的精神境界，加深对经文的理解和感悟。比如，在讲解经文中关于“清静”的概念时，通过配图让读者可直接领悟到“清静”的状态，从而加深对经文的理解。

三、《清静经图注·附图》

（一）版本源流与时代印记

《清静经图注·附图》由水精子注解、混沌子附图，刊行于金陵爱莲堂。金陵，作为六朝古都，是历史上重要的文化中心，自古以来就汇聚了丰富的文化资源，具有深厚的学术底蕴。在文化传播与传承中，金陵爱莲堂发挥着独特的作用，其刊刻的书籍往往兼具文化价值与艺术特色。

水精子和混沌子的生平事迹虽难以详尽考证，但从他们的作品中，仍能探寻到当时的文化脉络与思想倾向。这一时期，道教文化在民间广泛传播，人们对道教经典的解读需求不断增加。水精子和混沌子顺应这一文化潮流，以各自的方式对《清静经》进行了深度挖掘与阐释，为普通民众理解这部经典提供了新的视角。

（二）注解特色与配图内涵

水精子的注解极具特色，他巧妙地将心性修养与道德实践融入对经文的解读之中。在他看来，《清静经》不仅仅是一部阐述宗教教义的经典，更是一本指导人们在日常生活中如何保持内心平静、提升道德修养的指南。在注释经文时，水精子大胆地将儒家的道德观念与道家的自然思想相融合，打破了传统思想流派的界限。例如，在解释“常能遣其欲，而心自静；澄其心，而神自清”时，水精子不仅从道家的“无为”“寡欲”思想出发，阐述克制欲望对心灵清静的重要性，还结合儒家“克己复礼”的观念，强调通过自我约束和道德规范来实现内心的平静。这种融合性的解读，使《清静经》的内涵更加丰富多元，也为读者提供了更广阔的思考空间。

混沌子所配的附图与《清静经纂图注解》中的配图风格迥异。混沌子的附图更注重对经文哲学思想和精神境界的展现。这些图以简洁而富有深意的画面，巧妙地揭示了《清静经》中“道”“心”“欲”等概念之间的复杂关系，以及修行者在追求清静过程中的不同阶段。譬如，有一幅图描绘了一颗被云雾环绕的明亮的心，云雾代表着欲望和杂念，而心则在云雾的笼罩下依然保持明亮，象征着即使在欲望的干扰下，内心的清静本质也不会被完全遮蔽，修行者只有努力驱散云雾，才能恢复内心的光明。这些图通过简洁的画面传达出深刻的哲学思想，便于读者领略经文的深邃内涵。

（三）学术价值与本书关联

《清静经图注·附图》在学术研究领域具有不可忽视的价值。水精子的注解为研究《清静经》在不同思想体系融合方面提供了珍贵的样本。通过分析他的注解，学者们可以深入探究道教思想与儒家思想在特定历史时期的相互影响和融合过程，这对于研究中国古代思想文化的发展演变具有重要意义。

混沌子的附图丰富了《清静经》的传播形式，为研究古代宗教经典的图像传播和艺术表现形式提供了独特的素材。这些附图不仅是艺术创作，更是文化传播的重要手段。它们以直观易懂的图像，将《清静经》中抽象的哲学思想和修行境界传递给广大读者，尤其是那些文化水平相对较低的民众，大大提高了经典的传播效率和影响力。

在本书《〈阴符经〉〈清静经〉讲记》中，《清静经图注·附图》同样发挥了重要作用。水精子的注解为作者提供了新的解读思路，使作者在讲解《清静经》时，能够从更广阔的文化视角出发，深入剖析经文的内涵。混沌子的附图则进一步加深了读者对经文所传达精神境界的理解。通过引用该版本的内容，本书能够更加全面、生动地展现《清静经》的丰富内涵，为读者提供更加多元的学习和思考维度，帮助读者更好地领悟《清静经》的智慧。

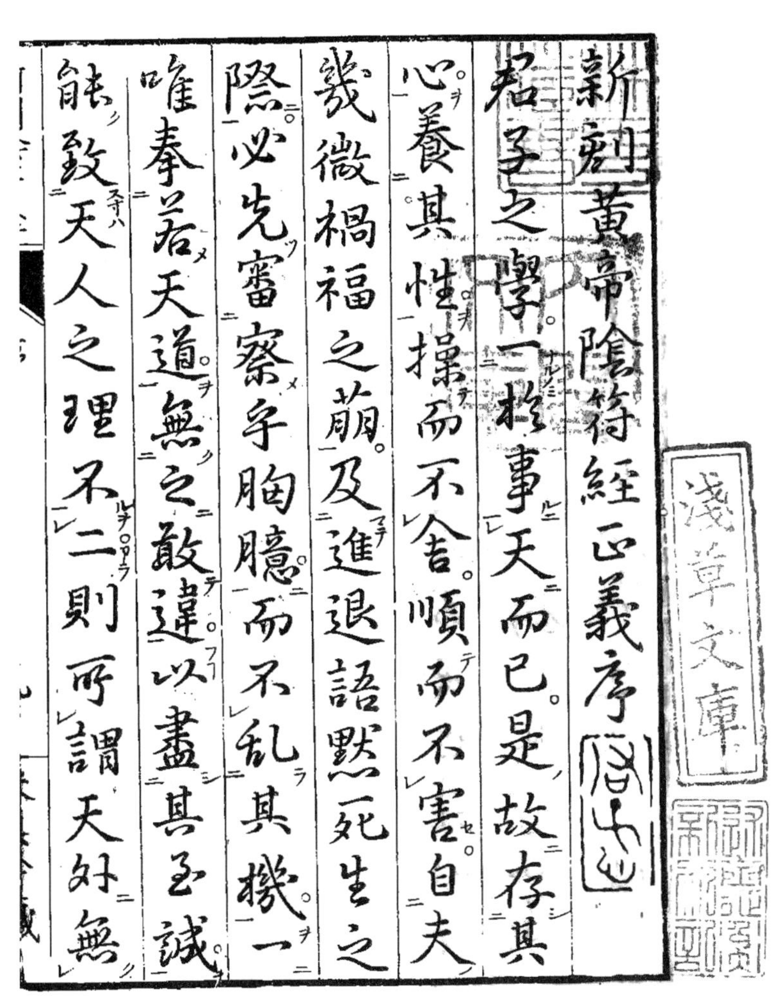

新刻黄帝陰符經正義序

君子之學一於事天而已是故存其心養其性操而不舍順而不害自夫幾微禍福之萌及進退語默死生之際必先審察乎胸臆而不乱其機一唯奉若天道無之敢違以盡其至誠能致天人之理不二則所謂天好無

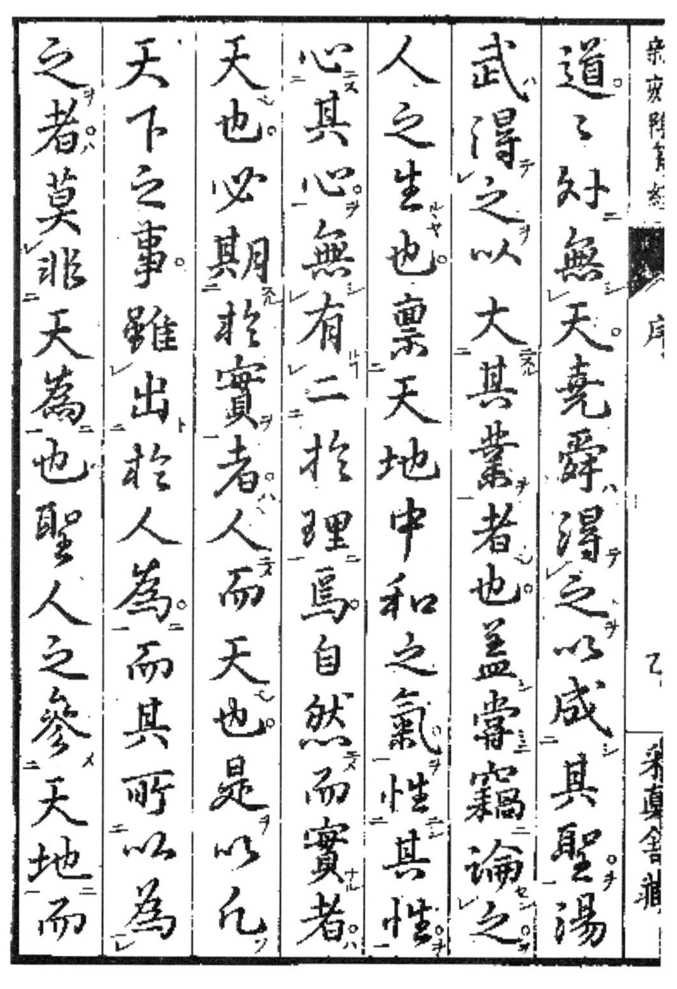

道之外無天堯舜得之以成其聖湯
武得之以大其業者也蓋嘗竊論之
人之生也稟天地中和之氣性其性
心其心無有二於理焉自然而實者
天也必期於實者人而天也是以凡
天下之事雖出於人為而其所以為
之者莫非天為也聖人之參天地而

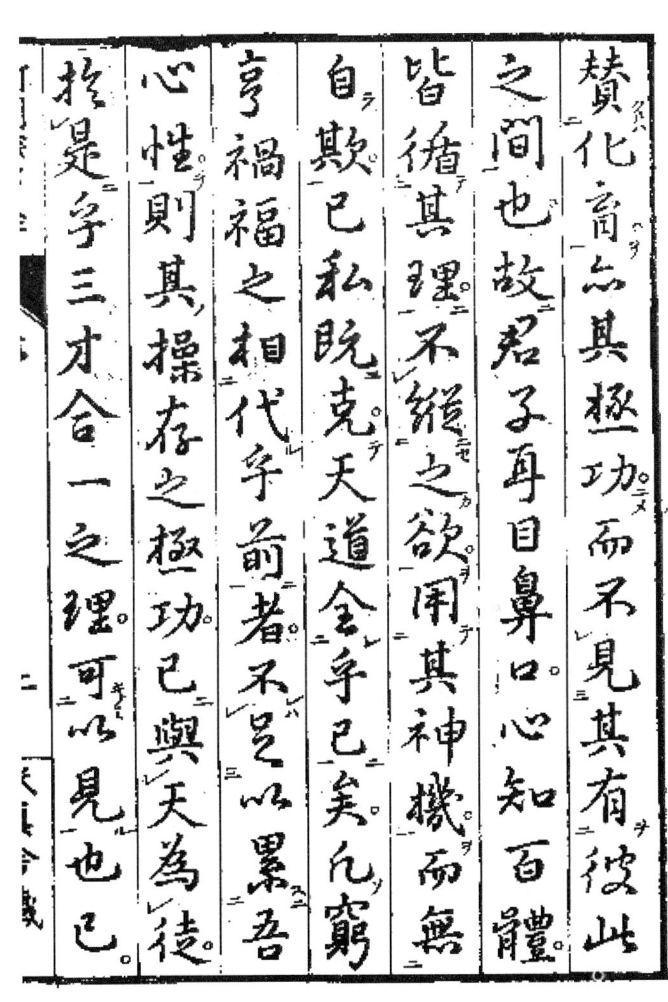
賛化育亦其極功而不見其有彼此
之間也故君子耳目鼻口心知百體
皆循其理不縦之欲閑其神機而無
自欺己私既克天道全乎己矣凡窮
亨福禍之相代乎前者不足以累吾
心性則其操存之極功已與天為徒
於是乎三才合一之理可以見也已

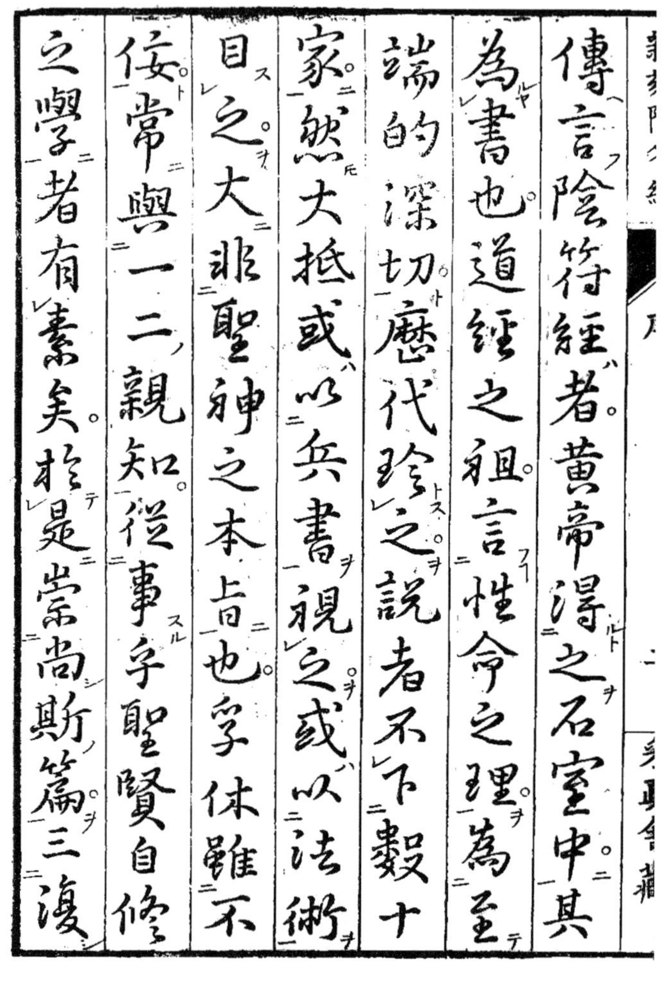

傳言陰符經者。黄帝得之石室中。其為書也。道經之祖。言性命之理。為至端的深切。歷代珍之。説者不下數十家。然大抵或以兵書視之。或以法術目之。大非聖神之本旨也。予休雖不佞。常與一二親知。從事乎聖賢自修之學者有素矣。於是崇尚斯篇。三復

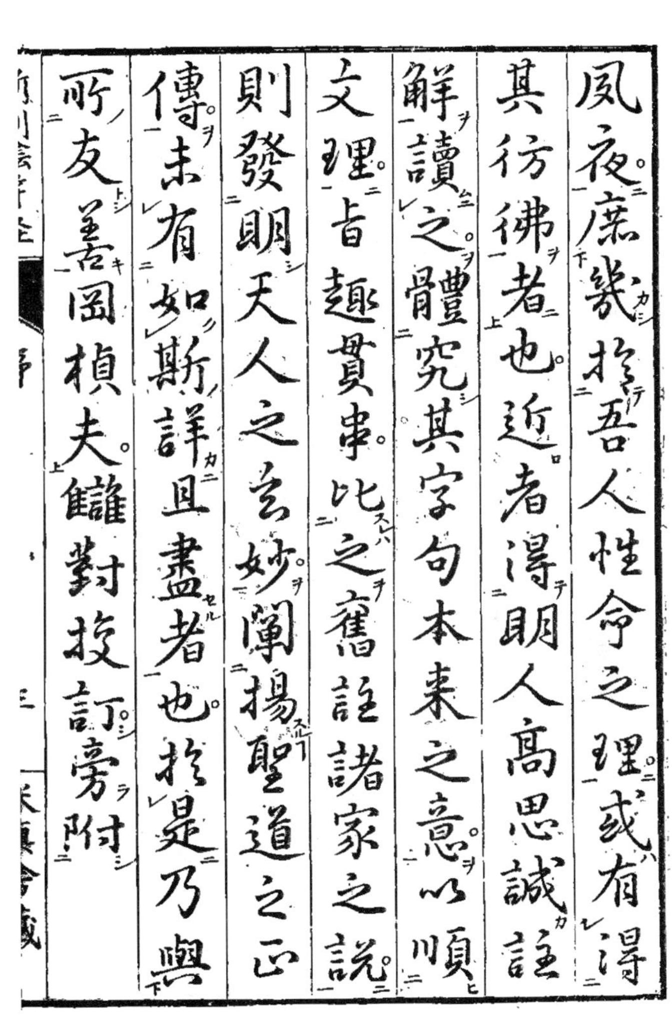
夙夜。庶幾於吾人性命之理。或有得
其彷彿者也。近者得明人高思誠註
解讀之。體究其字句本來之意。以順
文理。旨趣貫串。比之舊註諸家之說。
則發明天人之玄妙。闡揚聖道之正
傳。未有如斯詳且盡者也。於是乃與
所友善岡楨夫。讎對校訂。旁附

邦讀以刻之家塾爲。註語間有難讀
處。雖疑其有誤。而無他本可參考。則
不能取正。故不敢妄改之。然至其誤
之的然可證者。則直改正之。要在使
經旨不晦也已。若夫註意亦非無瑜
瑕。則具眼者能見之。今不敢指擿也。
唯是君子之學。雖多端哉。其道歸於

事天。吾儒載籍言之備矣。學者又於斯篇而獲窺其精深之理。則孟子所謂盡其心者。知其性。知其性則知天。其亦可以庶幾也哉。

旹

寬政九年丁巳秋八月

東都後學　竹孚休譔

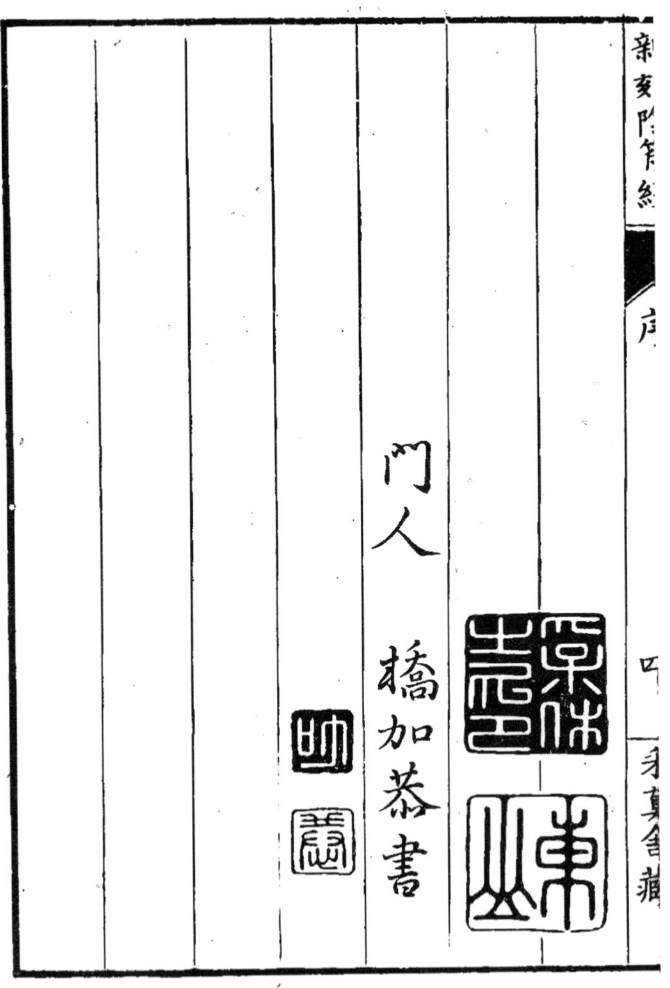
門人　橋加恭書

黃帝陰符經註解正義序

陰符經黃帝得自石室中傳之人間已數千年矣世云道經之祖信有然者近來野史一說理尚玄微語多脫略類晉人口氣遂視爲晉書殊不知黃帝傳經之意開來學也爲是說者遺千百世疑而黃帝之道或幾乎墜以愚論之晉代之上豈無國朝而國朝所出之作豈無晉人口氣類是經

者如道德如莊列咸前乎晋代之書亦多
晋人口氣可以晋言之邪戰國時蘇季子
伏讀陰符經于水簾洞彼時之有是經也
又可以晋言之邪或曰如子之言經出于
黄帝世無疑矣然黄帝得之石室之中而
封函于内者又誰氏之作也予曰天不愛
道瑞應聖王河出圖洛出書又誰爲伏羲
神禹見也黄帝聖神人也獨無石室之陰

符也哉予弱冠時得是經讀之至今始得
大義一日謂同志曰予觀丹經子書多矣
類皆法象隱語千狀萬態使楊子有岐路
之泣墨氏有絲染之悲何若陰符三分篇
旨精簡切當四百餘字盡斯道最上一乘
之法第中詞語高古理趣深邃諸註解不
下三五十家字句難處率多糢糊說過豈
知什義不明泯滅先天之正道詞章紊亂

昧失太上之玄宗致後人見經末律歷所
不能契合等語即謂此經乃兵書法術事
當時黃帝得陰符而神聖者果以是邪予
今見出管窺妄識同浴之裸學本面墻敢
爲魚魯之辨竊謂夫人之生也惟性命切
于身心而陰符之爲用也無過性命之理
因名識義陰者暗也符者合也言天人有
暗合之理體用有暗合之機集諸家說並

出已意註釋斯經一一體字句本來之意又于每篇首序文理貫串旨趣分出人品次第功夫使學者一覽若嬴秦照膽之鏡公輸平木之準焉經曰觀天之道執天之行盡矣予惟以天道運筆修詞不借子史會意不用經傳或者不深然于好異之士而可以默契乎黄帝在天之靈也博雅君子幸憐聞見孤陋惟以斯道爲重而竹正

之是望

萬曆己丑歲秋七月之吉

京山　高思誠譔

明　京山　高思誠　註解
日本　東都　竹孚休　校正
門人　澤良敬　參校

總論

陰符玄微只在一箇機字愚謂機本幾字意來

按幾者天幾之幾幾加木機意若出自作爲發

動所由之機也字雖兩用然機以幾動其實相

須而不離也觀之戲傀儡者其機在線動機之

幾在人機以幾動可見今將吾人用機視戲傀儡者何異不知動吾人之機者又孰爲之戲吾人乎今經用機字皆因人生應事接物之所發見者若曰可得而見者可以言傳不可得而見者必由此心之默悟能知此機之從來則此幾自能默識于無言矣聖人用字之微如此看來幾即太極之理而機在人者又各具之太極也總是先天活潑發動之處接連天地人物之中故我機一動而天地人物有感通之理所謂玄關一竅者此也所謂谷神不死者此也由是而

知道以機入人人以機得道如以寂滅忘機者必無通達以招攝發機忘動者不能凝聚以全眞惟經用機之理爲最上一乘之法顧人體認何如爾予今將本義貫串其說發明用機之妙謂五賊者動機之神也謂盜機者動機竊取先天也謂伏藏者逆用五賊動機法也學者必先見天之五賊逆五賊以運盜機用伏藏以成爲盜之法久久執而行之自然渾融天道眞常之理超凡入聖無餘事矣三篇用機皆是因人設教之意上篇言天人合機亦上資脩煉學也中

篇指生殺理以明盜機示中資深造學也下篇取人身事反覆明用盜機示下資取譬學也以上得者謂聖人以中得者謂君子以下得者謂愚人三分人品不同造就之力在人由愚而君子由君子而聖人何分于巧拙之不能哉

上篇

篇中條目皆有次第功夫觀者細玩始得一貫意味

觀天之道一條言學者只當以天道爲法切不

可外求爲學

天有五賊一條言天人造化有體用合一之神
妙也

天性人也一條言人之同天只在一機字工夫

天發殺機一條言天人發機之利害

性有巧拙一條言機在九竅發動人皆可爲伏
藏之法

火生于木一條引事以明九竅發動之所以邪
也學者當推類以爲脩煉功夫

篇中機字乃天地人物之根底陰符最要緊處

陰符經　三

伏藏字學者要緊下手功夫能定人然後能定基能定基然後可以動靜能動靜然後謂之聖人以後中下篇語意不同要不外發機二字功夫不同要不外伏藏二字

觀天之道執天之行盡矣

陰符經聖神學也學聖神之學者不外乎天道故經首曰觀天之道天者理與氣也吾人性命之源也凡昭昭在上而運行不息者皆天道也學者仰而觀之觀研審造化無端之意也觀先天而天者

何物觀後天而天者何物深求於穆不已之妙而得之于心胸之間此謂觀天之道也然徒觀天之道而不能行亦不可盡聖神之學必也執天之行焉執拳拳服膺而勿失也天以如是爲道我以如是安身立命天以如是行健我以如是自强不息此謂執天之行學者誠能如此始而觀天天外無道既而行道道外無天天人合一至矣盡矣聖神功化無餘事陰符之學得也

此一節陰符經之題目示學者入門之正宗觀天之道言天之生人全以其道而具人欲學者

觀天使知所從事乎已之陰符也天下之道無
有大于天道聖神之學不外乎天道觀天之道
可以入聖神矣若今之學者求道于方冊取法
于師友是天道之糟粕耳不可以言盡也自天
有五賊後皆發明天道與人一體並執天之行
下手功夫

天有五賊見之者昌五賊
在心施行于天宇宙在乎

手萬化生乎身

五賊五行也五行何賊也天道之始有先天焉其中有真一之機機極則變故靜爲陰動爲陽陰陽以剛柔磨盪生五行五行者緣乎盜取先天之精各成生尅之性搬弄造化寄體于萬物之中所行如賊因賊之是賊也天體本無爲也而五賊爲之天不能形形也而五賊形之此天之不可去而有者是謂天有五賊五賊即上文天道也理玄微觀天道能見之者必曷見之是精明五賊本來之理

洞察順逆之幾昌盛大也見之者必能執行則其所得之功用亦有如天之盛大然五賊在天見之在人云見之而昌者何蓋吾人有生天付與也五賊之理具在此心靈覺而無不照者五賊之體也意念而無不通者五賊之用也天有之此理也心有之亦此理也理既同也心一天矣故見之者昌謂見天之五賊求我心同然者能施行于天施行如云作爲也于居也施行于天要此心作爲以天自居而用五賊也夫茍效法于天制之有數運之有時任五賊往來而不爲之拂亂從五賊盗取而

不爲之終窮吾知心與五賊融會機與造化流通氣一鼓動之餘自有從心所欲之妙宇宙大矣以吾心五賊而包羅之同氣相求則宇宙在手有逢源之取萬化繁矣以吾心五賊而充塞之隨心應變則萬化由我有生成之功由是觀天之道不外此心之微陰符之理只在此心盡天之道

天有五賊見之者昌是説執天之行五賊以下四句是發明執行功夫效驗五賊在心本天有五賊句看施行于天本見字看宇宙在乎手萬化生乎身本昌字看天有五賊言天有用而不

能去人惟識其情狀而用之大有益于身心也

以見字看上文觀天之道觀字殊有淺深

天性人也人心機也立天之道以定人也

一理渾然五賊默運此天性也然天之生人亦此性也人之禀受與天無異故謂之天性人也天性何見于人人之一身主宰在心心具天性靈從性生人心其天性發動之機也孟子曰盡其心者知

其性知其性則知天也正謂天性人也人心機也于此可見人與天通性因機顯機之切于人也大矣竊以機者吾心意念萠動之處也虛無應變神妙自生天人異象而同用物我殊體而通靈故學者當因機之所發必欲立天之道天道者機之本來道也人得之而爲人者也于此立天之道以定人立者取吾心固有而立起之意即觀天之道將我同然之理執守其機以全在我天性之理此謂立天之道以定人者人心易移用機多流于異端人之所以不定也今惟立天之道則眞性不虧而

此心無變遷之害用機不亂而生理有自得之眞
此之謂定人定者定其根居之不移也其機如此
可不愼歟
天性是五賊道理卽上文天有五賊之意心機
是五賊運動之處卽上文五賊在心之意立天
之道卽施行于天之意然性機五賊稱謂不同
總來歸一人心覺照處求之自得機字如弓弩
之機一動而後能發矢也人爲萬物之靈其性
易于遷變惟機之動入于物則物也又可以爲
堯舜人也可以爲桀紂人也惟知用機立天之

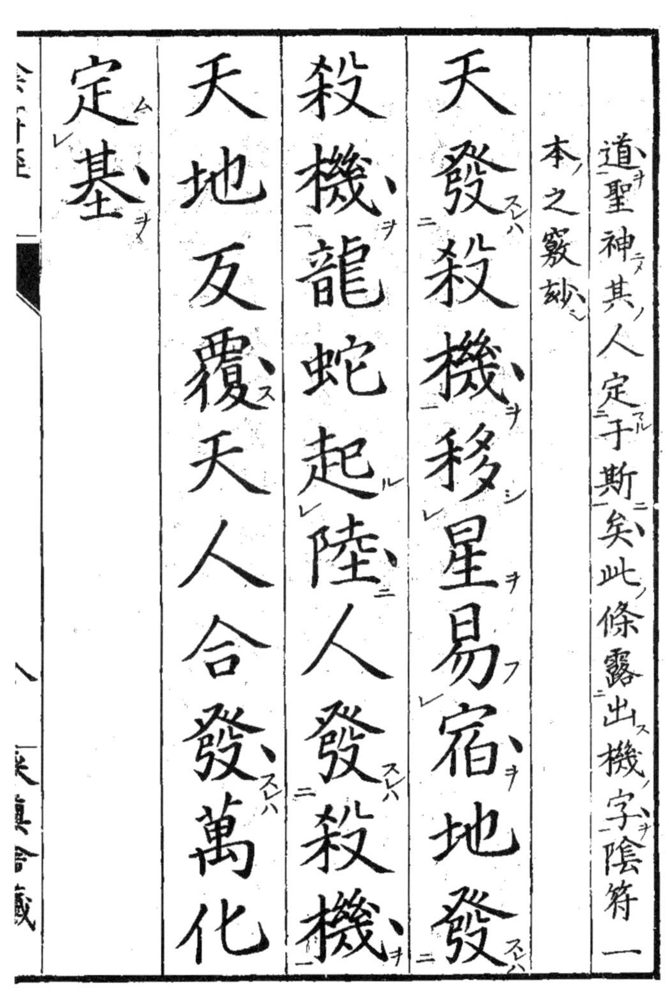

道聖神其人定于斯矣此條露出機字陰符一本之竅妙

天發殺機移星易宿地發殺機龍蛇起陸人發殺機天地反覆天人合發萬化定基

上節只言機在人心此節言機動有善有不善也夫機二氣之主宰也機動氣隨之以動機靜氣隨之以靜孟子曰志壹則動氣正此謂也經曰殺機者機之過者也天發殺機機失真常之動也本乎天者有星宿焉星宿有分野為殺氣逆亂度數則變遷而易移之地發殺機機失真常之靜也本乎地者有龍蛇焉龍蛇居水物為殺氣鼓動蟄藏則失所而起陸人發殺機機失真常之性也是皆意想妄生一身之氣隨之以逆則吾人原得天地中和者拂亂而反覆也以上殺機明驗足徵然機之

在人豈容不發發機之道必欲如何吾知天性人也人心機也天人本來一體用機當與同歸惟天人之合發斯可以不殺其機合者和也謂以天與人和合而發機也如此發之則吾心無反覆之害應事接物有施行之本天為萬化之源而吾心合天之用機可以定萬化之基矣基根柢也萬化聖神功化萬變皆于天人合發之機以定其從出之源如云外此合發之機不為基也外合發之機為基不能定萬化之基也

天地人殺三句言機不可殺殺則必有此應天

人合發非合殺機要人心符合天性眞常之機
而發之而後能定萬化之基也定基者必以人
合于天而後能定也故殺機不能定基天人合
即下盜機合字最有玄妙功夫定者不亂之謂
若上三句易移起反覆字皆不定也而曰定基
者萬化有本皆從此出定基從定人看來合字
即不殺意若令人解殺機二字皆曰殺得此機
便是神仙愚以上下文看多不接應

性有巧拙可以伏藏九竅

之邪在乎三要可以動靜

此條指人發殺機言有伏藏之法伏藏者何夫人之性原無定體隨機應變但因氣稟不齊有巧者焉其機逐物而易遷者有拙者焉其機著物而不移者巧拙之性不同動性之機則一是皆可以爲伏藏之法也伏者制之不動謂機將發制之不爲外邪引去藏者隱于無迹謂機未動隱之不使外邪入見伏藏之法何施人身九竅發機之門也竅各有所司皆應接外物誘引心機邪莫大者也故

伏藏莫先于九竅之邪九竅之邪又在乎三要為急三要耳目口也耳以聲動機目以色動機口以味動機三者邪之魁也伏藏三者使之歸根復命無所聞無所見無所嗜則機在中心不能妄發吾知天性復初意念必歸于矩度身心無染踐履皆出于真常凡一動則合天之行健也凡一靜則應地之無疆也是不可以動靜者乎

伏藏二字陰符一本功夫即吾儒克己道理九竅之邪機發為殺也伏藏九竅之機使有天人合發之妙有不可動靜乎可以動靜從萬化定

基看來

火生于木禍發必尅姦生于國時動必潰知之脩煉謂之聖人

火生于木子情若無反尅之理然以就爍之性炎燒禍發木豈不爲煨燼乎姦生于國狀貌若無妬害之心然防閑不周乘時肆毒國豈不爲潰亂乎

苟監于斯二者，知木中孕火，有自焚之禍，以吾之身即木也，貪嗔痴愛，吾身之火也，于此脩煉而伏藏之，不使禍發而尅吾身也。知國中隱姦，有必潰之時，以吾之身即國也，聲色臭味，吾身之姦也，于此脩煉而伏藏之，不使時動而潰吾身也。深求殺機所發，于九竅一動一靜之中，無不知木國之譬也，無不知脩煉之道也。此惟聖者能之，能聖人之事，不謂之聖人，而孰能與于此哉。

知木國之害，可以知九竅之邪，脩煉即伏藏功

夫。脩煉二字不同，脩是道未成而脩持之意，煉

是道已成而煉熟之意

中篇

首節言生殺道之理者學者求道之要路但上篇觀天句辭意包廣又盜機字乃篇中入道之法但盜機是見天地萬物之有而我盜之不若上篇伏藏字是在我之所本有而伏藏之也本篇條條與上篇對看方見淺深

天生天殺一條此中篇之題目下文皆發明盜此道之理也

陰符經　十二

天地萬物一條言天人萬物同此道之理能動此機則有相盜之妙

故曰一條言盜天地萬物之機必要因時而動

人知其神一條言天地萬物有神妙處世人不知用盜機之法

日月一條言不神之神見聖人能用盜機

其盜機一條是贊美盜機之妙亦學者不可妄動其機也

天生天殺道之理也

生長養也殺消滅也萬物得陽氣而長養天生之也萬物得陰氣而消滅天殺之也自天而生自天而殺無乃一氣往來以成造化耳故生者殺之所藏而顯者也殺者生之所歸而息者也生生殺殺天運循環道之理也道分而言之也理總而言之也生殺萬萬各從類分道也萬生萬殺只一氣動機往來之妙謂道之理也反而吾身所爲莫不有生殺也所以主吾人之生殺者吾心之機也此又人道之理乎此條言觀天道當於生殺處盜機生殺天道中一事耳天之所以爲天豈止于生

殺也中篇指此以爲中資入道之階觀是生殺

道理可以類推執天之行故上篇首句可以云

盡矣而此篇首句不可以言盡

天地萬物之盜萬物人之

盜人萬物之盜三盜既宜

三才既安

天地生萬物則太極之理不能不散殊於物是天

地為萬物之所盜人為萬物之靈而萬物為人之所用者是萬物為人之所盜然人萬物之盜皆盜機也盜機合乎天生天殺之理而分類各不失乎眞常之道是謂三盜既宜也既盡也宜當也三盜盡當則此心與天地萬物渾融無間由是乎位焉育焉參為三才而彼此盡安也

天地萬物與我一體盜謂盜同然之理而取益于我身心之意

故曰食其時百骸理動其

機萬化安

夫人之有生必資于食食之不時百骸害已誠能

體天生天殺之理時如春當食食之時如秋當食

食之百骸得養而有不理乎是理百骸者不在食

而在時也苟能推類人心機也少有妄動則為殺

機必如食之以時而動乎在我之機三盜盡宜天

人合發則動靜之基定于我也而萬化豈有不安

者哉此條指萬物人之盜說

諸家註二句對看功夫殊失上文立意愚見本

條。只重在時字並機字。當云食其時則百骸理。若以時動其機則萬化安。觀故曰二字乃是引此二句明上文三盜意。食時句又是引之以明動機當以時也。

人知其神之神不知不神之所以神

神者靈怪莫測。世人一見無不驚異而神其神也。豈知不神者而有至神者存乎。夫天生天殺道之

陰符經　十五　東眞舍藏

理有至神者在也人見之而不知生殺之所以為
神人萬物之盜而機動處有至神者在也人日用
之而不知動機處之所以神是何也人情厭常喜
新忽于所見恒惑于所不見無怪乎然
此條言盜萬物之法人知其神神者人不常見
之喜于所見故為知之不知不神不神者人常
見之忽于所見故為不知然不神者與吾心之
機流通故下文日月條乃是動盜機取不神法

日月有數大小有定聖功

生焉神明出焉

此條言不神之神聖人能盜機而取益于身心也日爲火精月爲水精人見之熟矣然不知周天三百六十五度四分度之一日行天一日一度積每日一度以至三百六十五度則三百六十五日始合周天之數而與天會焉月行天一日十三度有奇積每日所行以至三百六十五度則二十九日有奇始合周天之數而與日會焉是日有數以年計故一年統十二月也月有數以月計故十二月

陰符經　十六

分大小也大小何月度縮而日度盈則定朔在常朔後以三十日為月之大盡月度盈而日度縮則定朔在常朔前以二十九日為月之小盡故一年三百六十五日日行不及度年有六日之餘月行不及度六小盡有六日之餘一年共餘十二日有零積至三年置一月閏五年再閏十九年共得七閏月也是十九年數日與天會月亦會焉從此周而復始永無差錯謂大小有定盜機者謂人稟水火氣成形得日月數立命因觀天之道執天之行效有象之玄微求坎離以交媾行無迹之妙用調

息數以守中是謂聖功生聖極也聖功生言本日月生出安身立命之極功也得聖功者理與心融天性定機與道合萬化安虛靈妙應變化無端慧光普照通徹無際是謂神明出出顯著也言盜機者得聖功而有神明如日月之顯著也黃庭曰出日入月呼吸存言聖功也道德曰知白守黑神明自來言神明自聖功來也

日月無數則水火不交而萬物不生也大小不定則四時失序而歲功不成也此篇言有數有定非欲人泥象求玄但謂不神之神亦盜機者

陰符經　十七　養真書藏

當窮理以盡性也聖功即攢簇抽添之功神明

是聖功效驗

其盜機也天下莫能見莫能知君子得之固躬小人得之輕命

神明本聖功而出聖功本日月而生至矣哉其盜機也運用無迹潛通玄妙于淵默出入無形追攝

造化于虛無卽以天下之人誰能見其機之用也又誰能知其機之微也是機之在人已獨知之而人所不知但人發動不同故利害亦異惟體道君子以己身爲斯道之任得是機以作功用而固守其身玩道小人貪天功爲己力得是機而爲非義以輕命

君子小人知覺亦同而動機則異所以有人品之分也小人卽蘊張之流非若下篇愚人

下篇

此篇皆以人身中事取譬天人合一之機以示下資易曉入道之意自瞽者善聽以至自取滅亡下學之事畢矣后自然之道靜二條又總結上三篇之意明觀天之道當觀此處之自然執天之行當行此處之自然意又首條絕利一源一篇要緊功夫生死恩害字乃下手處

瞽者善聽一條言動機當以聾瞽絕利為法

心生于物一條言動機在目而目又三要之所尤急

天之無恩一條言人當以無心養此心之機

至樂性餘一條言人多稟氣之偏不能用機所以失天之付與之公也

生者死之根一條言人心之機即生死之根恩害即機之所以生死

愚人以天地一條示下資求道不在高遠

人以愚虞聖一條見下資不學之害

自然之道一條總説三篇功夫當求自然之妙

是故聖人一條言陰符傍通無間示學者即物窮理以明天人合一之機

瞽者善聽聾者善視絶利

一源用師十倍三返晝夜

用師萬倍

瞽者不能視惟耳聽得之于心謂之善聽聾者不能

聽惟目視得之于心謂之善視瞽聾反其所有皆

稱其爲善者何也蓋二三于聽者聽之利未絶瞽

以耳也目不得而擾之是絶利于目也而所以爲

聽者皆本于一源以出其聰二三于視者視之利未絶聾以目也耳不得而亂之是絶利于耳也而所以爲視者皆自一源以發其明此謂絶利一源一源者心之專一也瞽聾無視聽之昊止守一源之妙用不求伏藏之法善能動機之自然雖不假于言傳之師而一心自得之眞殆有用言傳之師于十倍者也誠能知瞽聾絶利推類九竅伏藏之法三返不息晝夜自強則所得于一源者愈精而愈熟也不有勝用言傳之師于萬倍者乎

諸本師字皆以軍旅之師釋之愚見此經出自

黃帝時民心純朴不專尚乎軍旅而天人合一之學何以用字于征伐之事且師不是本經大要緊字意今釋以授道之師少于義理畧通且篇首用師字意是下學必以言傳苟能用機如瞽聾做去必然有自得之妙蓋有不待師之授受也

心生于物死于物機在目

天下之物品類不同皆屬幻妄惟吾心之天虛靈不昧本無來無去湛然至一而已但因本體交物

色象相形虛靈外染遂生貪著此心生于物也惟貪著不回靈光不返入于形氣則天理以之喪亡此心死于物也若是心自還于物耶皆因機有所逐也機自動而發耶皆自目交物而引之也是發機之要有三而用機之要又當以目爲先老子曰不見可欲使心不亂學者以幻妄視物則物自物而心自心何死之有

目之動機猶線繫木偶人也上條絕利一源句言伏藏之法此言機在目者言伏藏之法當從自以警心云

天之無恩而大恩生迅雷
烈風莫不蠢然
此條言天無心用機以明上文絕利一源之意今
夫天萬物本根也萬物得之而生生恩大矣天無
恩焉無恩者以無心成化之謂故無恩之無不待
有心于無而自無不無者但見無中生有神功運
不息之幾萬物廣矣大恩流通而無間虛無顯用
造化藏無端之妙品類異矣大恩付與之無遺是

天之無恩非絶無也正所以廣運大恩也觀之雷與風天之號令也于此可以知天雷風之聚風雷之散總陽氣發生也雷而迅陽氣走疾而暴者迅非為物震萬物自感其震動之聲莫不蠢然充動以興起風而烈陽氣發洩而急者烈非為物鼓萬物自感其鼓舞之氣莫不蠢然充動以暢達物得其迅萬萬生生雷不異也雷之恩何入物之深物得其烈萬萬生生風不殊也風之恩何及物之普故萬物不識不知相忘于造化之中而莫不蠢然者有由然矣天之無恩不于是可想也耶蠢字春

陰符經　　二十五　　柔舍藏

虫也如虫得春氣而充動也此天用機不求效驗
而效驗自生惟用機絕利一源者得之
字曰有者以形也形則取用有限字曰無者以
空也空則包含無窮故天之無恩無字即無爲
而化少有爲于其間則其恩也險雖公而不
普不謂之大恩也雷與風人所易見易知者觀
其迅烈不過須臾造化之眞常萬物感之自然而
蠢然也雷風天之無心之用蠢然即大恩生生
中包含可見學者當于天之無恩處學之以用
其機

至樂性餘至靜性廉天之至私用之至公禽之制在氣

此條在用機上說又體上篇性有巧拙看人性有至樂者樂可也至樂則發散之極此禀氣大過得性之餘者之所有也餘寬裕貌人性有至靜者靜可也至靜則失之空寂此禀氣不及得性之廉者

陰符經　二十三

之所有也廉不貪貌餘也廉也二者皆失中之性是皆不能盜機而為伏藏之法所以有至樂至靜也何以故上篇云天性人也人心機也機者天之至私之理也至私云何靈應無形變化無迹藏于恍惚之中隱于窈冥之內上云天下莫能見莫能知正此至私之謂也然至私者非天之自私人不能用其理也豈知自私者精察無間體物不遺用之在天則為高明用之在地則為博厚用之在萬物則為生死天地萬物同此一機則至私者又可其至公也乎今以人為萬物之靈此心之機得天

至私之理不能體天至公之用反爲稟氣所制入于至樂至靜之偏然天下之物惟禽不能用機故制之在氣如布穀之化鷂胡鷹之化鳩反舌之無聲乃是此氣旣極而彼氣之來之所制也孰謂人之所以爲人非禽也可以順性餘性廉之氣稟而不知用機以伏藏者何歟

性餘則生巧性廉則生拙皆是氣稟之偏順九竅之邪以成其至樂至靜之失也故以上條性有巧拙對看天之至私用之至公指機說卽藏諸用顯諸仁之意惟至私所以待有用也惟有

用則私之至者斯可得至公也不有至私何有至公禽之制在氣言禽得天原偏不知用機故制之在氣見人得天之全反拘于氣稟之偏而不能用機以養性

生者死之根死者生之根恩生於害害生於恩

此條言盜機下手切要之極功根即人心機也生死只在用機上說二者當作的字看若云以生爲

生的就是要死的根源用生學死的就是得生的根源何也人心之機本動以動益動動極則散而弗聚以動求靜靜極則返本還元悟真曰生我之門死我戶門戶即根也言用生不可以學生純陽曰求生于生則不生求死于死則不死言學死可以得生也今人昧用機之道隨心所至以圖尘世久遠之計豈知精力暗消神氣漸散亡無日矣生非死之根乎盜機者參學無為伏藏九竅心同槁木死灰機上復還先天生生不息之理死非生之根乎此則生死之理當從機上求根矣然所以動

生死之根而起其端者又在乎恩害恩生我害死我孰不貪生求恩不知生我之中有不生之害也孰不畏死避害不知死我之中有不死之恩也姑言其槩克欲制情逆我九竅害也然精一守中天理爲之發見而利益我者不淺此恩生于害縱欲循情順我九竅恩也然嗜欲既深天機爲之泯滅而傷損于我者亦深此害生于恩又有男女交歡恩也其中生枯精竭髓之害割愛斷情害也其中生保命長存之恩知恩生于害得生之根矣是當避之害而有可趨者存知害生于恩得死之根矣

是當趨之恩而有可避者在盜機者必欲絶去恩中之害尋求害中之恩然後得生死之理以行逆用之法

人身四大屬陰獨臍下一點元陽羈留天性性與元陽不離是生呼吸呼吸引天地精以養元陽所以血肉軀能活動有生也悟眞曰眞人息以踵踵天性也呼吸根也元陽是斷臍時得受胎元氣氣得有厚薄天性因有短長故用機生元陽漸長充滿四肢天性永保長存用機死元陽漸消衰弱四肢天性去譬如燃燈油盡燈滅

油多燈活若能添油燈亦不絕元陽油也天性燈也盜機法非添油乎殺機死根盜機生根恩害在身心內說指一切外道失天性人也主意

愚人以天地文理聖我以時物文理哲

人以愚名是執己見而不通大道者文理中庸解曰燦然有章謂之文井然有條謂之理愚人見夫之所覆地之所載其中文理之繁以為惟聖人能

之非常人所能及也不知聖人之聖不外乎哲天地文理不外乎時物之中時氣也本乎天物形也本乎地時物之文理即天地之文理也我于時物文理者而哲之力于格致之學潛通夫異象同神之妙功于密察之繁精明乎萬殊生化之源聖之所以為聖哲此而已愚人不能哲而聖聖我可以哲而學聖焉

此處露愚人字三篇之學可見愚人不能觀天之道而歸功于聖是自限也故我以時物文理哲一句引起愚人學聖之意聖即上篇謂之聖

人之聖哲知也

人以愚虞聖我以不愚聖

人以奇其聖我以不奇其

聖沉水入火自取滅亡

人以愚昧虞度聖道難能而不爲我以時物文理

破愚爲求聖之學人以奇怪高遠爲聖道而自是

我以文理日用當然不奇者爲造聖之功是不愚

不奇學聖人之門路而愚虞奇其者實自害之因由譬之水火吾人養生之具乃不知所用沉之入之是水火害人耶人自取滅亡之禍耳以聖道之愚虞奇其者不猶是乎

此條言人不肯悟已與天有相合之機又執著一見不肯認已之錯

自然之道靜故天地萬物生天地之道浸故陰陽勝

陰陽相推而變化順矣

自然之道者不由假借不待造作無物不有無時不然卽以風雷擾之而不動生死分之而不亂體具寂然流行無迹故謂之自然之道靜惟靜也本源圓滿運用無窮故得一以清而上生者天也得一以寧而下生者地也各具一理以生乎天地之中者萬物也是天地萬物皆囿于斯道之靜而天地者又斯道造化之所始也故其爲道也浸浸者漸也以一氣循環而消長有漸進之序是謂天地

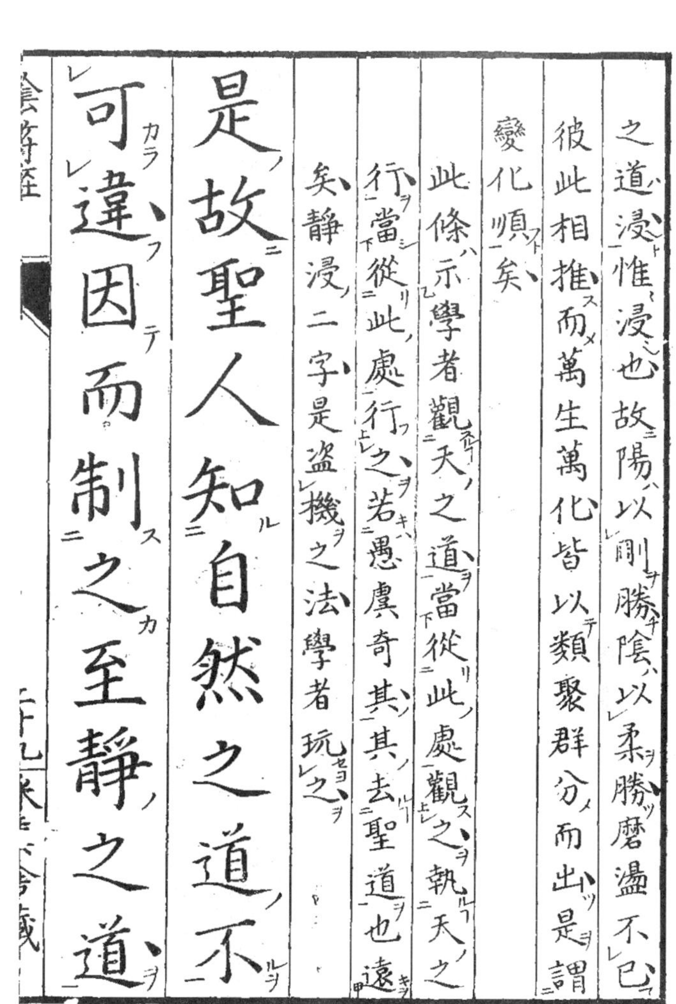

之道浸惟浸也故陽以剛勝陰以柔勝磨盪不已
彼此相推而萬生萬化皆以類聚群分而出是謂
變化順矣
此條示學者觀天之道當從此處觀之執天之
行當從此處行之若愚虞奇其其去聖道也遠
矣靜浸二字是盜機之法學者玩之
是故聖人知自然之道不
可違因而制之至靜之道

陰符經　二十九

律曆所不能契爰有奇器是生萬象八卦甲子神機鬼藏陰陽相勝之術昭昭乎進乎象矣

聖人見自然之道天地不能外萬物莫能逃大以成大小以成小皆得自然之理而無毫髮之有違

因而觀天之道執天之行制之至靜之道持守于身心之間以凝自然之造化如上文伏藏九竅三宜盜機之類是也然此聖人爲己之功而又憂道之不傳也遂制器尚象發明斯道之自然造律呂以通天地之氣也考歷數以明天地之時也律歷不能契合自然始有奇器是生萬象如鑄九鼎以顯山川之神異作蓋天以象周天之形如此奇器不能枚舉又畫八卦以分剛柔之吉凶序甲子明五行之生剋凡法運神機道演鬼藏事物不同皆屬陰陽相勝之術道之自然不可得而言傳者皆

陰符經

昭昭進于有象之可見是陰符之理無物不有無時不然知有象之昭昭可以見天人之陰符也陰符之義大矣哉人何旁求邪說以自惑

靜謂心不妄動因機在九竅之邪而使至靜之道以制心之意歷字與曆字通用自歷律以後皆言聖人制之以至靜之道之意觀末章昭昭之句可見

陰符經三篇文詞全不類他書隱語難明愚惟以天之與我者推求漫解按之諸家註釋于此畧近如以兵書目之其中何有戰勝攻取之句

如以鬼神法術目之，其中何有符咒作為之說？是後來作書者別有陰符之名，見此經陰符，即不玩理而一槩目之之謬也。予因各條目序篇首，甚詳；註釋字句，甚精。無非欲同志者發明天人之玄妙，闡揚聖道之正傳。達人君子，幸勿以文字鄙陋為罪焉。

萬曆十八年歲在庚寅夏五月刊於漂麥書舍

日本寛政十年戊午春正月刻於采真舍

門人　東都　大泉信成書

竹內用臧校訂

江戶日本橋室町三町目

須原屋文助　發行

清靜經纂圖註解
J6

混然子註清靜經序

竊謂大而化之之謂聖，聖而化之不測之謂神。夫太上老君之神聖，居混沌之始。爲萬炁之宗。變化不可測也。於傳考之。初三皇時。爲萬法天師。中三皇時爲盤古先王。後天皇之世。爲鬱華子。神農時。號大成子。至軒轅時。爲崆峒山人。號廣成子。授道與軒轅氏。少皞時。化號隨應子。顓帝時號

赤精子。帝嚳時。號籙圖子。帝堯時。號務成
子。帝舜時。號尹壽子。夏禹時。號真行子。商
湯時。號錫則子。雖累世化身。而未誕生之
跡。至商王陽甲時。分身化氣。寄胎於玄妙
玉女。八十一年。至武丁時。庚辰歲二月十
五日卯時。誕於楚之苦縣。賴鄉曲仁里。母
攀李樹。從左肋降生。鬚髮皓然。其顏如童。
遂以李為姓。名耳。字伯陽。謚曰聃。號曰老

子。至周文王時為守藏史。武王時遷柱下史。見素抱樸。少思寡欲。執古之道。以御今之有。隱道不彰。謙德不顯。內則固真養命。外則遠害全身。博古知今。無理不澈。東訓尼父。有如龍之嘆。西化金仙。大地作獅子吼。述道德五千言。授之尹喜。歷代變現。以道弘化。為見世人貪遂不悟。自失元真。故說清靜經一卷。為諸經之首。其言簡而道

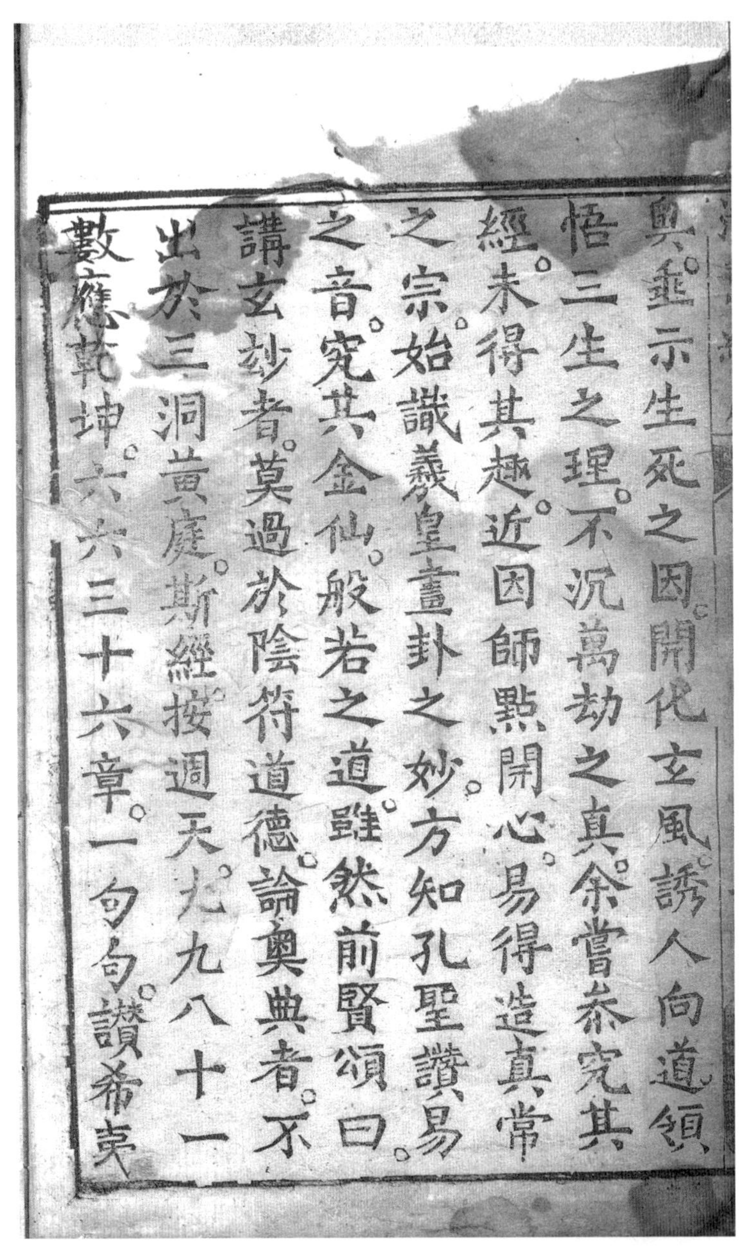

奧。垂示生死之因。開化玄風。誘人向道。須
悟三生之理。不沉萬劫之真。余嘗參究其
經。未得其趣。近因師點開心易得造真常
之宗。始識羲皇畫卦之妙。方知孔聖讚易
之音。究其金仙。般若之道。雖然前賢頌曰
講玄玅者。莫過於陰符道德。論奧典者。不
出於三洞黄庭。斯經按週天九九八十一
數。應乾坤六六三十六章。一句一句讚希夷

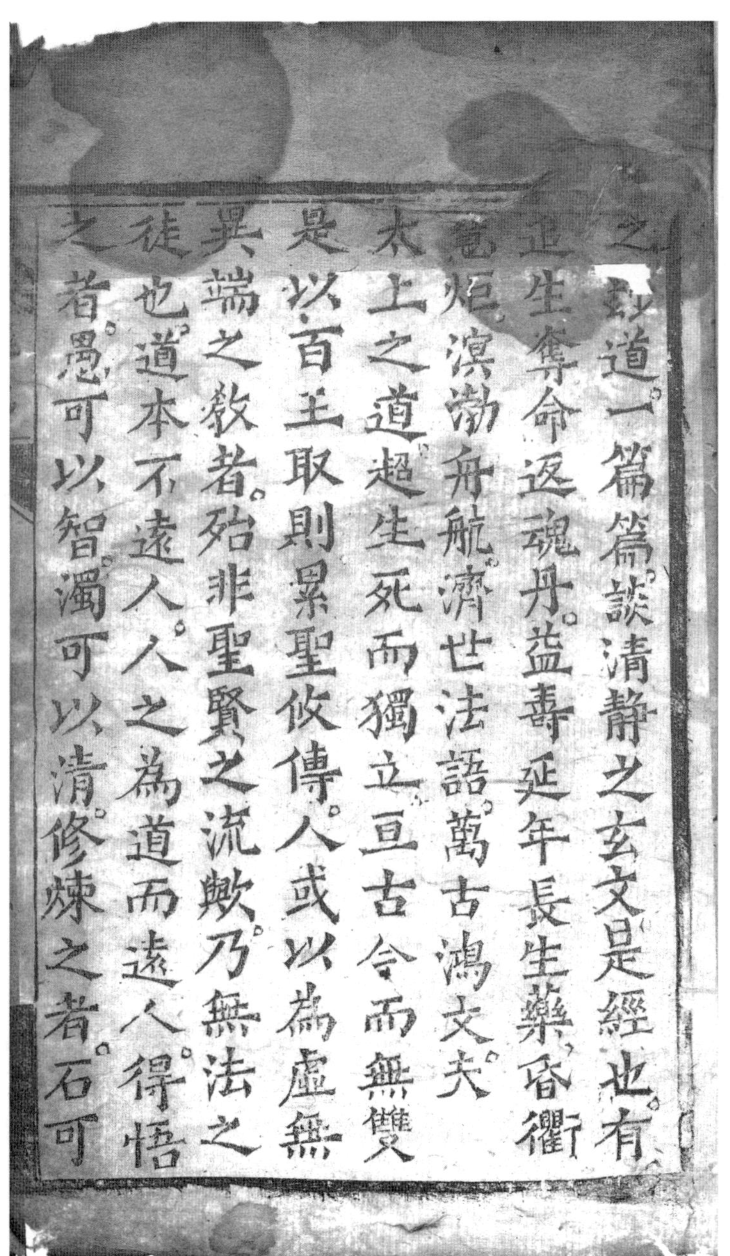

之玅道。一篇篇談清靜之玄文。是經也。有延生奪命返魂丹。益壽延年長生藥。昏衢慧炬。溟渤舟航。濟世法語。萬古鴻文。夫太上之道。超生死而獨立。亘古今而無雙。是以百王取則。累聖攸傳。人或以爲虛無異端之敎者。殆非聖賢之流歟。乃無法之徒也。道本不遠人。人之爲道而遠人。得悟之者。愚可以智。濁可以清。修煉之者。石可

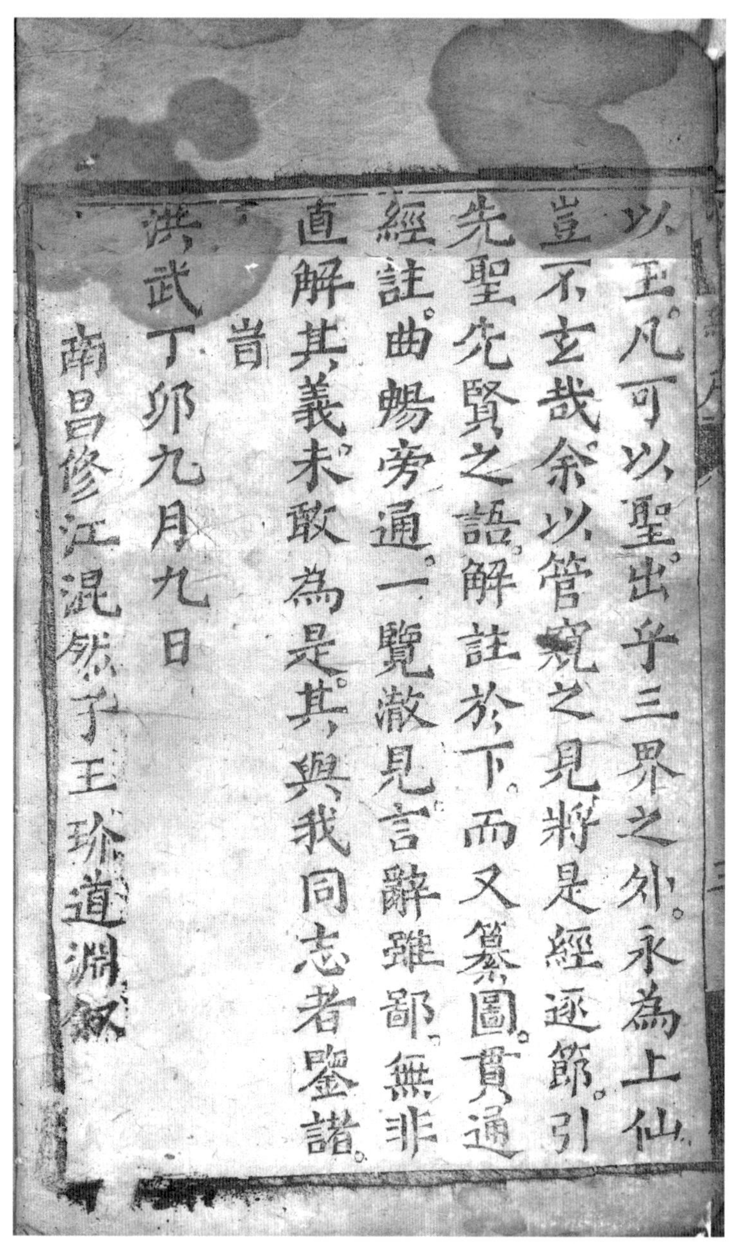

以王凡可以聖出乎三界之外。永為上仙豈不玄哉余以管窺之見將是經逐節引先聖先賢之語解註於下。而又纂圖貫通經註曲暢旁通一覽澈見言辭雖鄙無非直解其義未敢為是其與我同志者鑒諸

旹

洪武丁卯九月九日

南昌修江混然子王玠道淵敘

文殊云
覺海性澄
圓　圓澄覺
元妙　元明
照生所　所
立照性忘
迷妄有虛
空　依空立
世界　想澄
成國土　知
覺乃衆生
有漏微塵

太上老君說常清靜妙經　纂圖註解

頌　崑崙頂上　玄都喧揚　燦透妙典　超昇穹蒼

曰　九陽宮內　烏兎交光　悟通清靜　天地難量

太者無大可大謂之太也上者無極可極謂之上也老者道尊德貴亘古亘今也君者主也一靈為萬物之主宰也說者開化也常者真常之道不變不易也清者至虛無體也靜者至潔無雜也妙者玄之又玄也經者天道之常人之有心也又言人

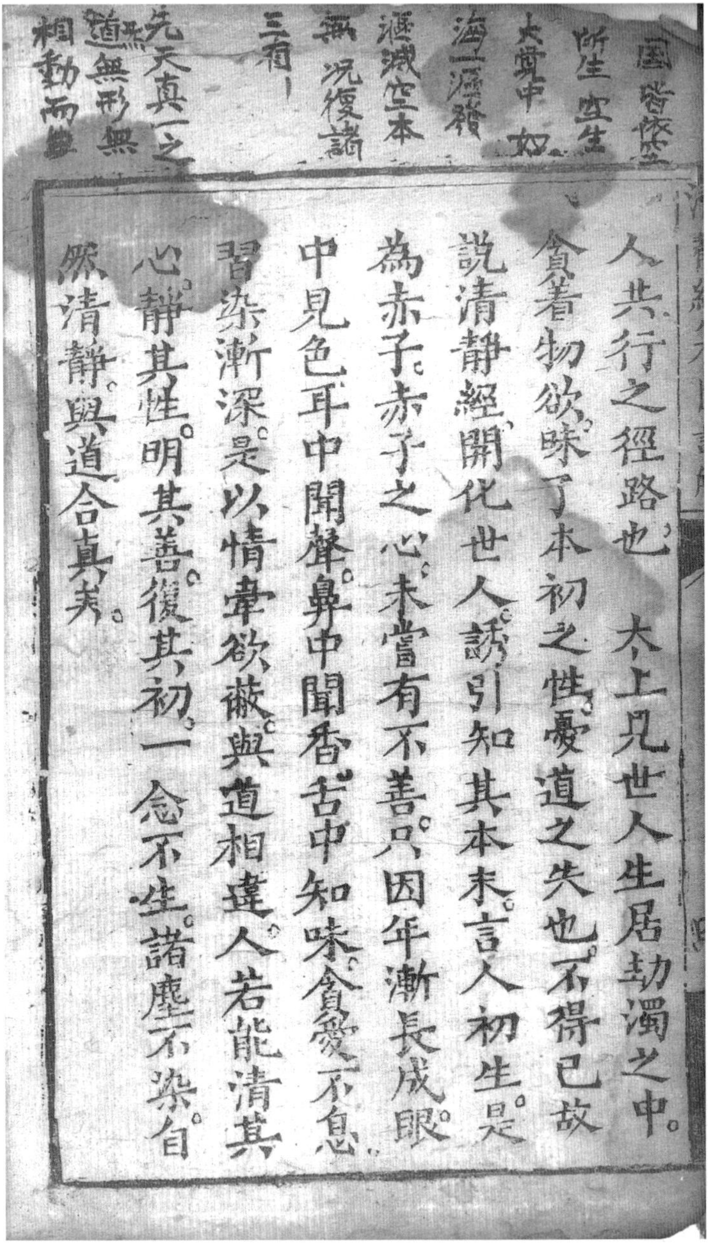

國皆空
所生空生
大覺中如
海一漚發
漚滅空本
無況復諸
三有一
先天真一之
道無形無
相動而無

人共行之經路也　太上見世人生居劫濁之中貪着物欲昧了本初之性憂道之失也不得已故說清靜經開化世人誘引知其本末言人初生是為赤子赤子之心未嘗有不善只因年漸長成眼中見色耳中聞聲鼻中聞香舌中知味貪愛不息習染漸深是以情牽欲蔽與道相違人若能清其心靜其性明其善復其初一念不生諸塵不染自然清靜與道合真矣

天地分陰分陽輕清浮者成天重濁凝者成地旣分動靜日月運行陰陽旣乘人物生焉若不名之有個言哉

老君曰大道無形、生育天地、大道無情運行日月大道無名長養萬物、道生自然

悟真曰日居離位翻為女坎配蟾宮却是男大道者、至虛無體本無形無情無名也當浩劫之始已有梵清景三炁、太清太微、太素隱而無象溟溟涬涬遼廓無光、一混沌而已、渾是陰氣裹外、虛中有個乾健不息之理蟠旋而極是有一陽初動於中便生奇耦、分陰分陽、生育天地清氣上而為天濁氣

天地陰陽
也日月
陰陽也
有陰陽方
能長養
萬物
道者道理
也法則也
佛有其道
性理也

下而為地、天地既判、萬物居其中、陰氣出地、而復
上昇於天、陽氣從天而復下降於地、陰陽往來、循
環不已、是以日月運行、五炁順布、四時行焉、故能
長養萬物、大則天地、小則微塵、無一物不是道之
化育、善叅究者、反身求之、我身即天地、道雖生我
無名、我故名之道也、道德經曰、有物混成、先天地
生、寂兮寥兮、獨立而不改、周行而不殆、可以為天
下母、吾不知其名、字之曰道、強為之名曰大、大曰

儒有其道倫常也道則專言之下說空無湛寂即是性理此說清濁動靜即是命理

逝逝曰遠遠曰反故道大是也

無形　太清之始　氣　生育天地

大道無情○虛空太微之始○化　運行日月

無名　太素之始　有形　長養萬物

吾不知其名强名曰道　言道者是誰

太上言道大冲虛本無名喚因不虛立假形而成

且夫人身之生也渾淪是個太極則天地萬物之

道總在我身心之虛靈道自歸之靜為性動為情

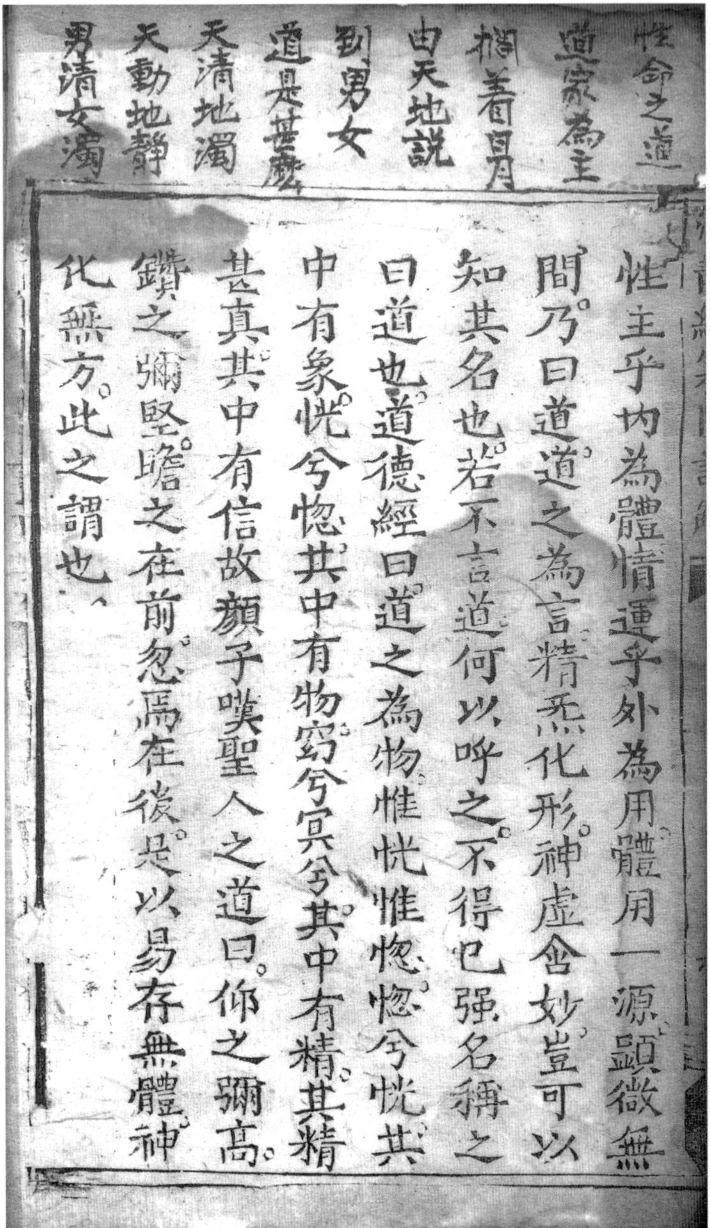

性命之道
道家為主
擱着日月
由天地說
到男女
道是甚麼
天清地濁
天動地靜
男清女濁

性主乎内為體情運乎外為用體用一源顯微無間乃曰道道之為言精炁化形神虛含妙豈可以知其名也若不言道何以呼之不得已强名稱之曰道也道德經曰道之為物惟恍惟惚惚兮恍其中有象恍兮惚其中有物窈兮冥兮其中有精其精甚真其中有信故顏子嘆聖人之道曰仰之彌高鑽之彌堅瞻之在前忽焉在後是以易存無體神化無方此之謂也

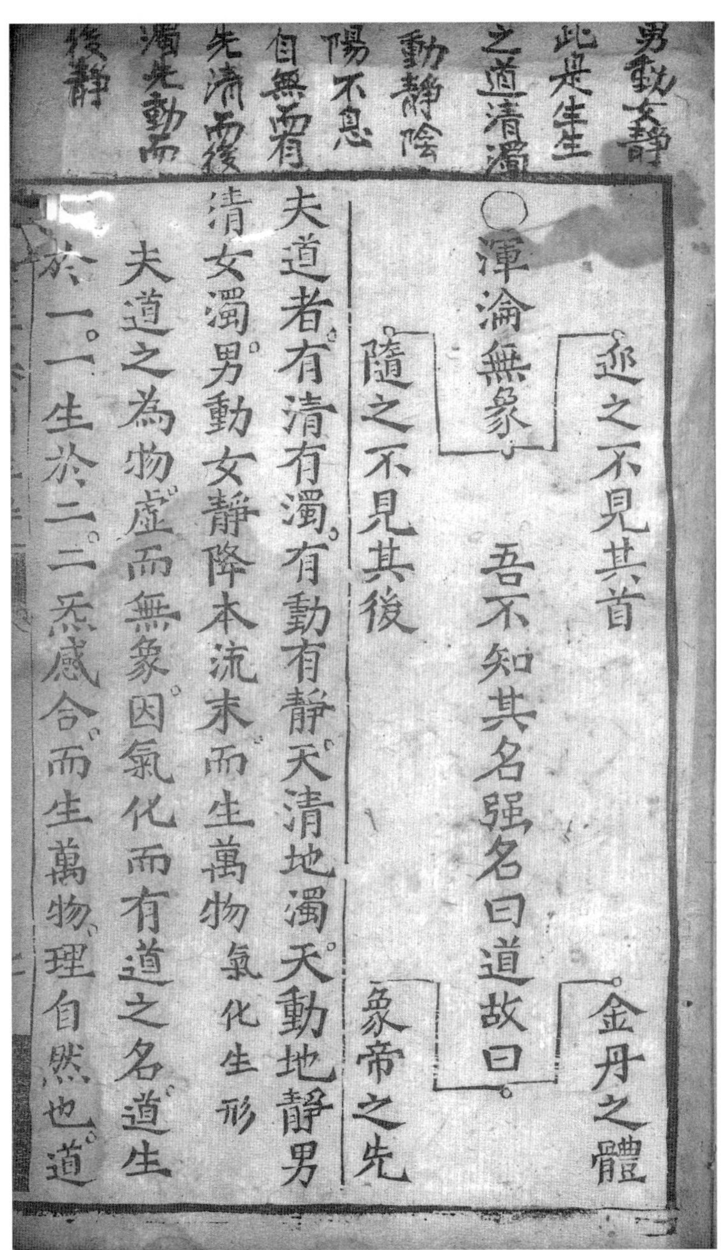

男動女靜此是生生之道清濁動靜陰陽不息自無而有先清而後濁先動而後靜

迎之不見其首

渾淪無象

隨之不見其後

金丹之體

吾不知其名強名曰道故曰

象帝之先

夫道者有清有濁有動有靜天清地濁天動地靜男清女濁男動女靜降本流末而生萬物氣化生形

夫道之為物虛而無象因氣化而有道之名道生於一一生於二二炁感合而生萬物理自然也道

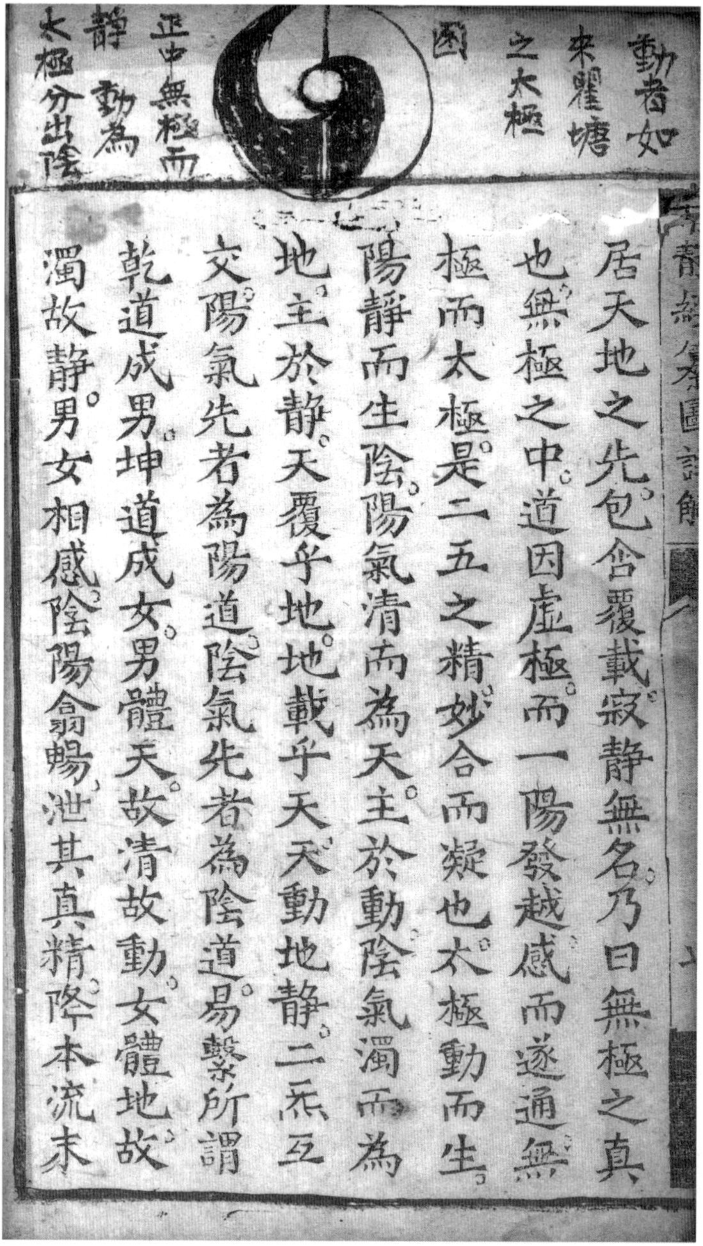

動者如來瞿塘之太極圖

正中無極而靜 動為太極分出陰

靜經纂圖註解

居天地之先包含覆載寂靜無名乃曰無極之真也無極之中道因虛極而一陽發越感而遂通無極而太極是二五之精妙合而凝也太極動而生陽靜而生陰陽氣清而為天主於動陰氣濁而為地主於靜天覆乎地地載乎天天動地靜二炁互交陽氣先者為陽道陰氣先者為陰道易繫所謂乾道成男坤道成女男體天故清故動女體地故濁故靜男女相感陰陽翕暢泄其真精降本流末

陽、分少太 陰分少太 由午子生陽 以生六陽 卦則震離 乾陽極 生半午 陰以至 陰卦則 坎艮坤

而生萬物。萬物之生同此之理。氣質化形。各從其類。生生化化。則道無不一焉。孔子云。君子之道。造端乎夫婦。及其至也。察乎天地。是以順則生人。生物。逆則成佛成仙。周子作太極圖。深得其旨矣。是故斯經尊妙。只此數語。已了上部周易。以丹道言之。天地喻爐鼎。男女喻坎離。以乾剛運陽火不息。乃曰天清男動。以坤柔退陰符而混藏。乃曰地濁女靜。因陰陽有動靜之機。故用抽坎填離。返本還

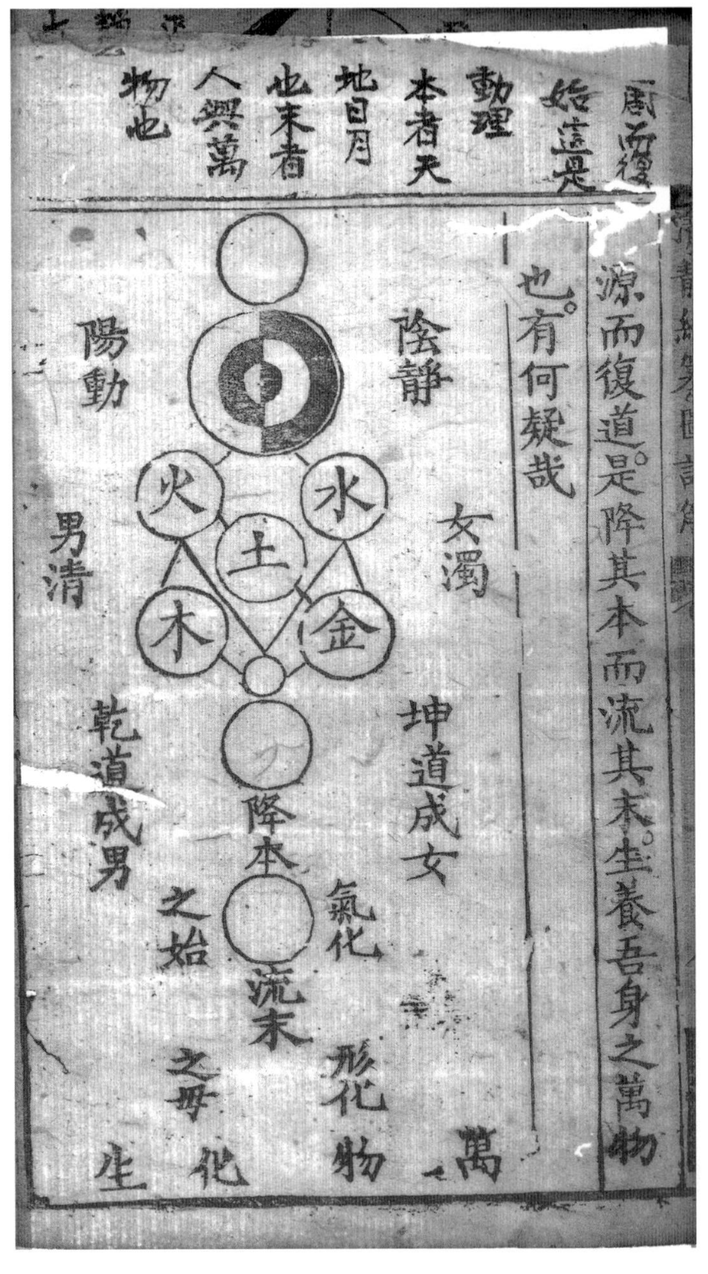

一周而復
始這是
動理
本者天
地日月
也末者
人與萬
物也
源而復道是降其本而流其末生養吾身之萬物
也有何疑哉
陰靜
陽動
火
水
土
木
金
女濁
男清
坤道成女
乾道成男
降本
之始
氣化
流末
之母
形化
物
萬
化
生

陽陰由以生出陰生六巽

先清後濁先動後靜世人學道者必要澂清去濁但又終靜止動

清者濁之源。動者靜之基。返本還源

清者。元陽祖炁也。濁者。幻形陰氣也。動者。陽之靈也。靜者。心之地也。言人之生也。四大色身皆屬陰唯有此一點元陽祖炁。在人身天地之正中。乃曰命蒂。有蒂則有根。根深而蒂自固。精乃為根。氣乃為蒂。神為根蒂之主。靈達斯理者可以全真。自然精全而能化氣。氣全而能化神。神全而能化虛。虛空獨立而無死生。當作丹之時。以性內運。以情外

濁者陰也
清者陽也
動者陽也
靜者陰也
此定功也
進火退符
之候也
常者大定
也人能体

移乃曰清者濁之源以戊己二土攝回十方之炁
而臻靈乃曰動者靜之基此妙存乎口訣
陽清　神清　清者陽也性健主乎乾　清者濁之源
○在天　在人●　是以
陰濁　形濁　濁者陰也命主體乎坤　動者靜之基
取天之清清地之靜天地在我身矣
人能常清靜天地悉皆歸心要在腔子裏
常者平常也清者萬緣頓息也靜者一念不生也
言人能每日平常二六時中行住坐臥收其放心

天行健守
靜不動
虛空猶是
妄心所動
況天地乎
大定如
觀音隨緣
處處初於
聞中入流亡

存其良心内不出外不入。一心空澈唯道爲身自然慾念不生。神自清而氣自靜性自住而命自停則天地之道總歸於我身矣孔子曰。道也者。不可須臾離也可離非道也。又語曰。君子無終食之間違仁。造次必於是顛沛必於是堯授道與舜曰。惟精惟一。允執厥中是也

（八）
物之至靈 故有清 稟 氣清者性自潔 若能。誠之於中人常清靜
命稟有異 濁 氣濁者性自昧 克己復禮天地皆歸

所所入既寂
動靜二相
了然不生
如是漸增
聞所聞盡
覺所覺空
空所空滅
寂滅現前
身成三十
二應入諸

清靜經纂圖註解

夫人神好清而心擾之，動念即乖

神者，人身中之元神也。神為萬物至靈，虛含洞妙，自曠劫至今，不曾添些，不曾減些。本無其清，亦無其濁，是自然之妙也。白紫清真人曰：此神非思慮之神，乃與　元始相比肩，大則包地包天，小則藏珠一粟，朗朗澈澈，豈可以有好清也。若以神思神，便非神也。何況神去好清，却不知被清字縛住，則心地愈生雜念，擾之不寧也。

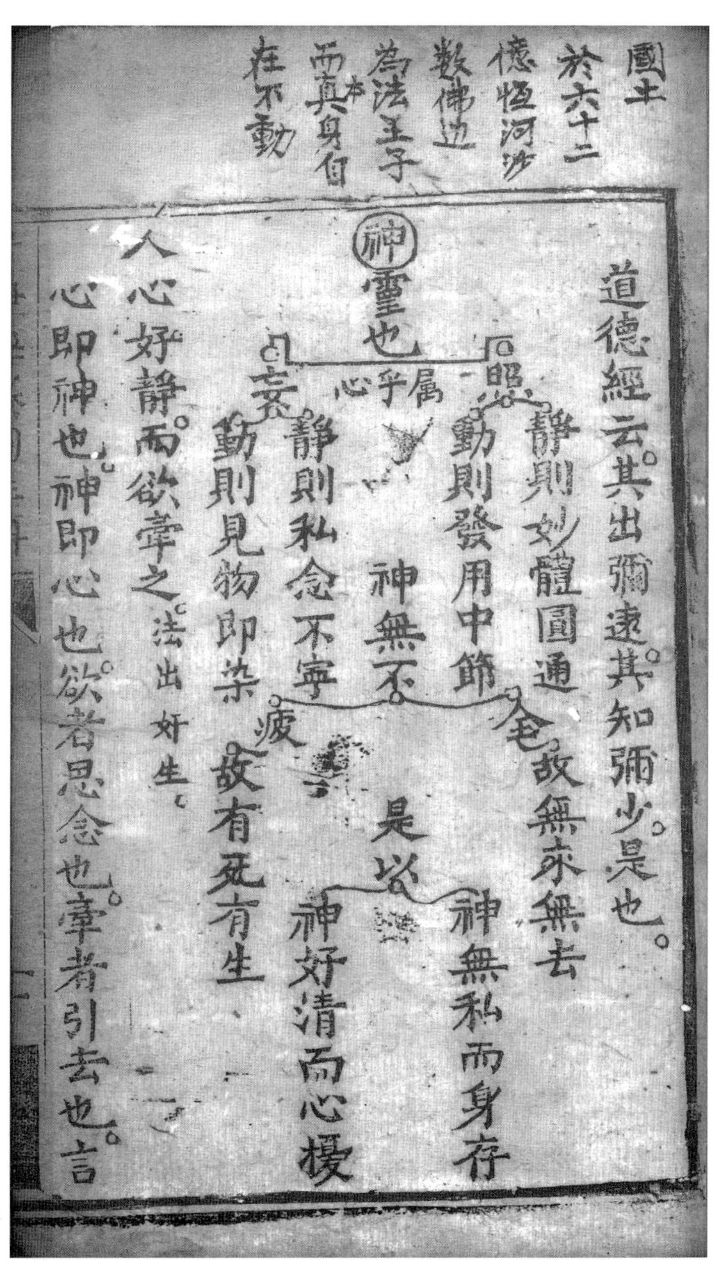
國土
於六十二
億恒河沙
數佛邊
為法王子
而真身自
在不動
神
靈也
照
妄
屬乎心
道德經云其出彌遠其知彌少是也
靜則妙體圓通
動則發用中節
靜則私念不寧
動則見物即染
神無不
在
疲
故無來無去
故有死有生
是以
神無私而身存
神好清而心擾
人心好靜而欲牽之法出好生
心即神也神即心也欲者思念也牽者引去也言

人常清靜
天地皆归結矣
復起心擾欲
章即遣欲
澄心既無心
無形無物
唯空而已
至常應常靜
常清靜矣
又結矣

人之良心。本來空寂之妙。不動不靜。非思非言。一法不立。萬法照然。有何靜可好。達摩曰。不思善。不思惡。只恁麽地。孔子曰。喜怒哀樂之未發。謂之中。發而皆中節。謂之和。中也者。天下之大本也。和也者。天下之達道也。是以聖人得心法相傳。故能安心如是。渾然天理。無有罣礙也。人雖有賢智之資。不得真師口訣。則心無棲泊之地。存之則有。不存則無。只是把捉其心。私意揣度聖人之道。亦以其

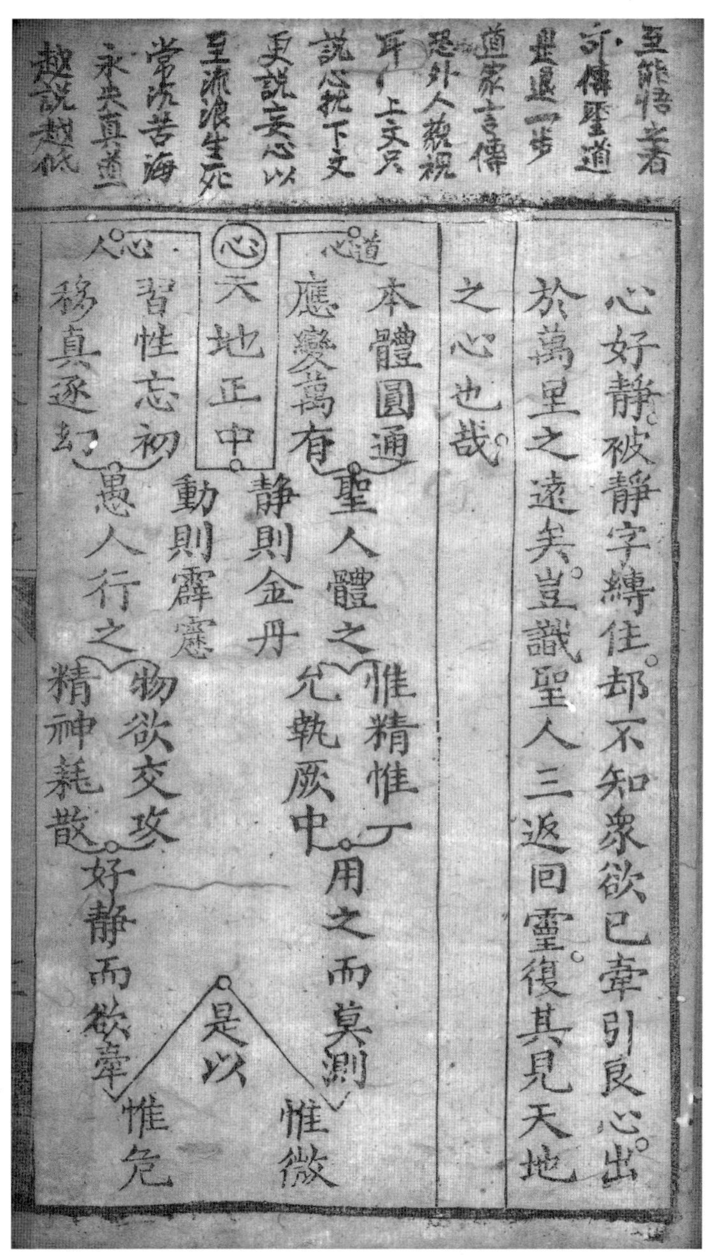

至能悟之者可傳聖道豈退一步道家言傳恐外人藐視耳。上文只說心說下文又說妄心以至流浪生死常沈苦海永失真道越說越低

心好靜。被靜字縛住。却不知衆欲已牽引良心出於萬里之遠矣。豈識聖人三返回靈。復其見天地之心也哉。

道心

本體圓通

應變萬有

心

天地正中

人心

習性忘初

務真逐幻

聖人體之

惟精惟一

允執厥中

用之而莫測

靜則金丹

動則霹靂

愚人行之

物欲交攻

精神耗散

好靜而欲牽

是以

惟微

惟危

真常之得
悟者自得
一個悟字
掃尽許多
經言即是
一步登天
常清靜
天地歸
是以道(全形
生而知之
安而行之

常能遣其慾而心自靜。澄其心而神自清。自然六慾不生。三毒消滅。克己復禮

六慾者。眼耳鼻舌身意也。三毒者。貪嗔癡也。人身之中。有三尸之神。其名曰。彭踞彭躓彭蹻。是為三魂。人有念頭不正者。魂神即令人馳騁錯乱。貪着邪淫。入於鬼道。喪本迷真。度人經所云。鬼道易邪是也。世人若能解悟。四大色身是地水火風假合。而有此幻形。到頭終有敗壞。覩其萬物之有形者。

上士也
常應常靜
是以術為命
尊而知之
利而行之
中士也
下士好爭
下德執德
妄心驚神
著物貪求
煩惱妄想
憂苦濁辱

無不同此之理。我則從令不貴其物，唯究一心。心為一身至寶，心是地，性是君，君來心地上居住，主宰萬機，常存淵默之真，此靈不隨世變。一切物欲盡能遣之，自然心自靜而神自清，六慾不生，而三毒自消滅矣。道德經云：聖人為腹不為目，故去彼取此是也。

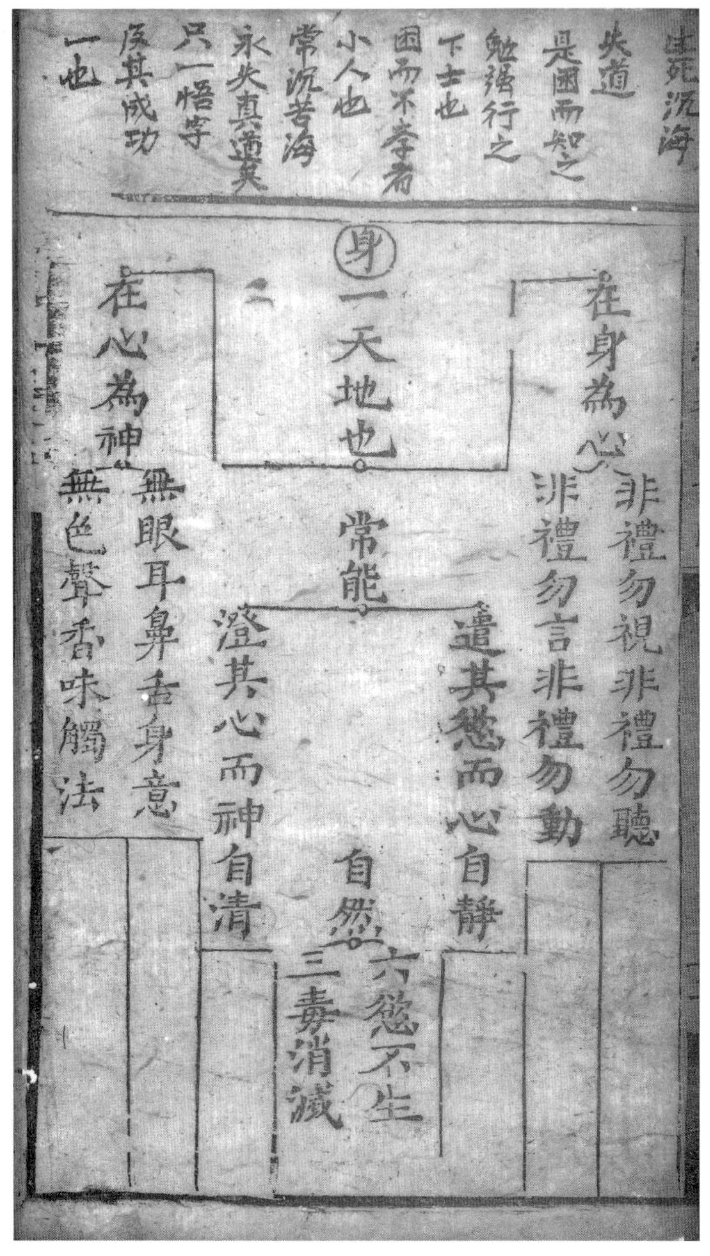
生死沉海
失道
是困而知之
勉强行之
下士也
困而不学者
小人也
常沉苦海
永失真道莫
只一悟字
及其成功
一也
身
一天地也
在身為心
非禮勿視非禮勿聽
非禮勿言非禮勿動
在心為神
無眼耳鼻舌身意
無色聲香味觸法
常能
遣其慾而心自靜
澄其心而神自清
自然
六慾不生
三毒消滅

悟者内無其心，外無其形，远無其物。三者既悟，空無所空，無無亦無，湛然常寂，即是真静。

所以不能者，為心未澄，慾未遣也。自家宗了

人生天地之間，風土不同，則命稟各有殊異，性非不靈也。蓋因受氣之濁，性天常如黑雲之蔽，所以眼見耳聽，鼻聞舌味，對境觸物，隨竅所漏，放其心而不知返也。元神昏散，故不能復其本真，而自墮冥劫者，乃謂心不能澄也，慾不能遣也。

（愚）氣質之性，靜則私念雜真，動則移情逐物。所以不能者，心未澄也，慾未遣也。

清静經纂圖注解

生育天地是動湛然常安是真靜應物又是動經名常清靜常守是主語復説真常常清靜矣

能遣之者。内觀其心。心無其心。外觀其形。形無其形。遠觀其物。物無其物。三者既悟。唯見於空。虛靈不昧

此一節。言學人能直下悟見。絕慾清源。立志如山之不動。雖傍柳隨花。何染於我。内則觀於心。心亦忘也。外則觀於形。形亦忘也。遠則觀於物。物亦忘也。既悟三者。都忘。唯見吾身中是一個太虛。清清朗朗。廣大無邊。不知天地為我。亦不知我為天地。行功至此地位。方見真空之妙。是謂象非可象。物

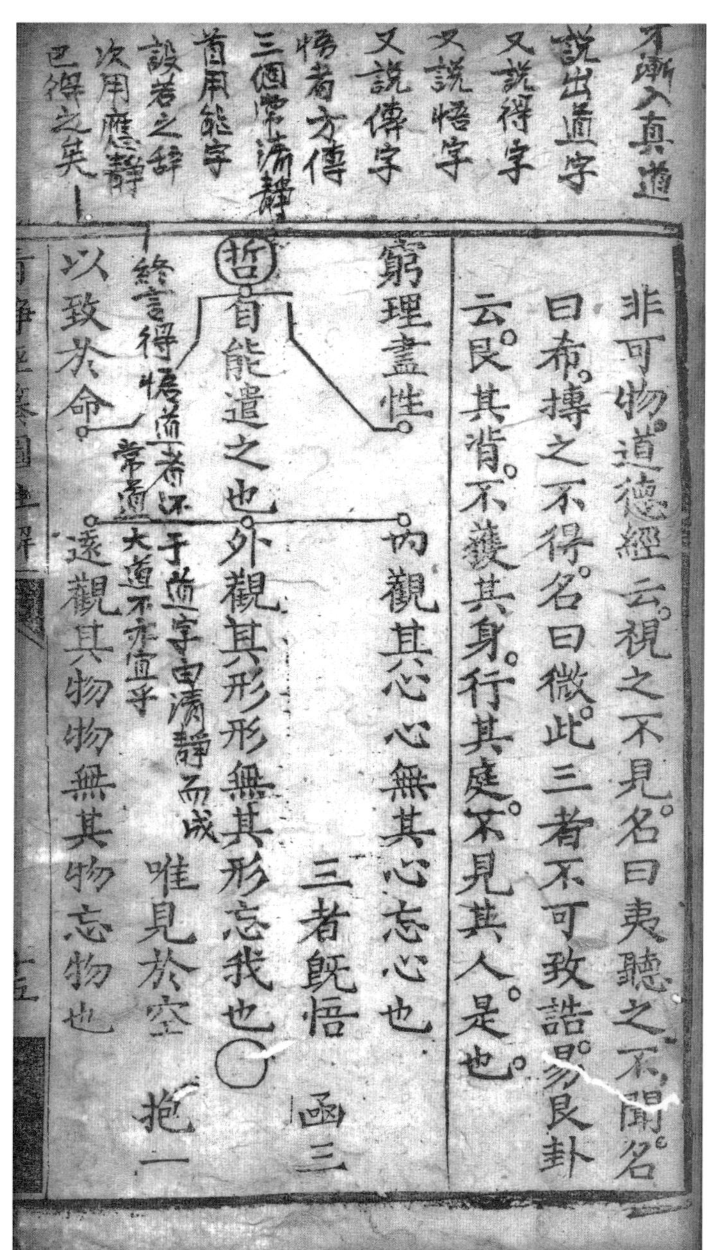

方漸入真道
說出道字
又說得字
又說悟字
又說傳字
悟者方傳
三個常清靜
首用能字
設若之辭
次用應靜
已得之矣

非可物道德經云。視之不見名曰夷。聽之不聞名曰希。搏之不得名曰微。此三者不可致詰。易艮卦云。艮其背。不獲其身。行其庭。不見其人。是也。

窮理盡性

哲

自能遣之也

終言得悟道者

以致於命

內觀其心心無其心忘心也

三者既悟

函三

外觀其形形無其形忘我也

常道

于道字由清靜而成

大道不亦道乎

遠觀其物物無其物忘物也

唯見於空

抱一

清靜經纂圖註解　十五

人神好清以來其言最直何須註解由空無至湛然常寂已合大道矣寂無所寂即是真靜重重深

觀空亦空。空無所空。虛無生有所空既無。無無亦無。大道無形無無既無。湛然常寂。神亦合一寂無所寂。欲豈能生。易存無體欲既不生。即是真靜。與道合真

此一節乃承上云。三者既悟。唯見於空。恐人着在頑空上存意。故於此發明。觀空亦空。空無所空。乃謂要人活潑潑地。當性天無欲之時。吾以觀其妙。有慾之時。吾以觀其竅。道德經所謂此兩者。同出而異名。同謂之玄也。所空既無。無無亦無者。此言

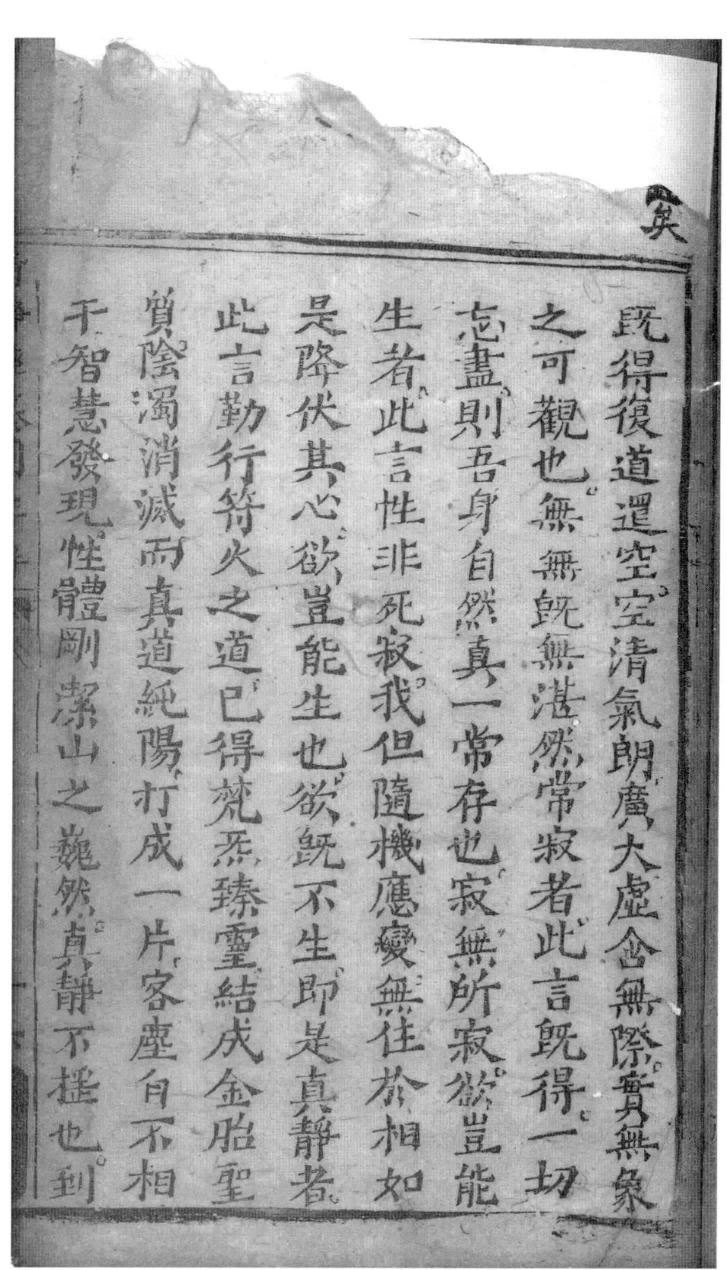
既得復道還空空清氣朗廣大虛含無際實無象之可觀也無無無既無湛然常寂者此言既得一切忘盡則吾身自然真一常存也寂無所寂欲豈能生者此言性非死寂我但隨機應變無住於相如是降伏其心欲豈能生也欲既不生即是真靜者此言勤行符火之道已得藥烝臻靈結成金胎聖質陰濁消滅而真道純陽打成一片客塵自不相干智慧發現性體剛潔山之巍然真靜不搖也到

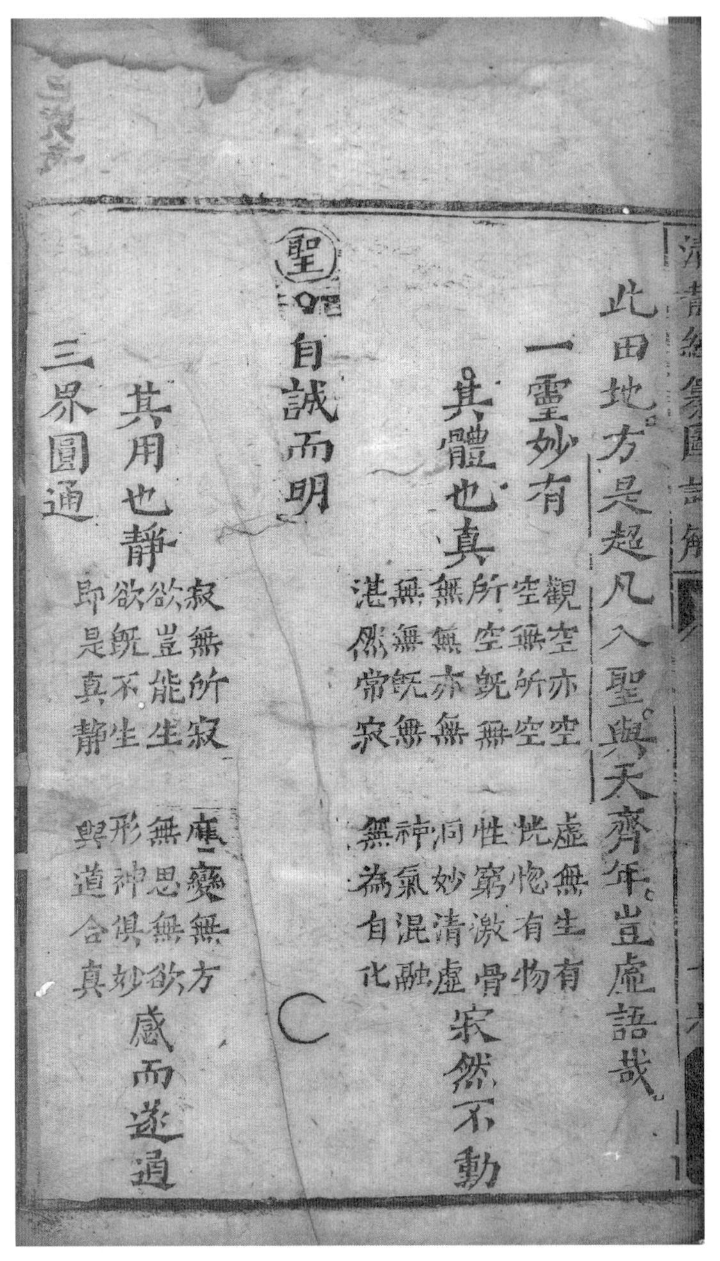
清靜經纂圖註解

此田地方是超凡入聖與天齊年豈虛語哉

一靈妙有

其體也真

觀空亦空
空無所空
所空既無
無無亦無
無無既無
湛然常寂

虛無生有
恍惚有物
性竅澈骨
洞妙清虛
神氣混融
無為自化

寂然不動

聖

自誠而明

其用也靜

寂無所寂
欲豈能生
欲既不生
即是真靜

應變無方
無思無欲
形神俱妙
與道合真

感而遂通

三界圓通

說到寂靜矣，而此又說真常應物，即是大道無形，生育天地矣。常應常靜，即如道祖自天皇以至東漢常

真常應物，應物無染真常得性，一念不生常應常靜，萬緣頓息常清靜矣。圓滿

此一節承上云，欲旣不生，即是真靜，故次之以真常應物。真常得性，所謂聖智圓滿，性自真靜。凡物之來，隨物轉應，如盤走球，圓陀陀地，轉轆轆地，則此心坦蕩無礙，自然應物無染，而得性矣。道德經云，夫物芸芸，各復歸其根，歸根曰靜，復命曰常，知常曰明，不知常妄作凶。金剛經曰，不應住色生心

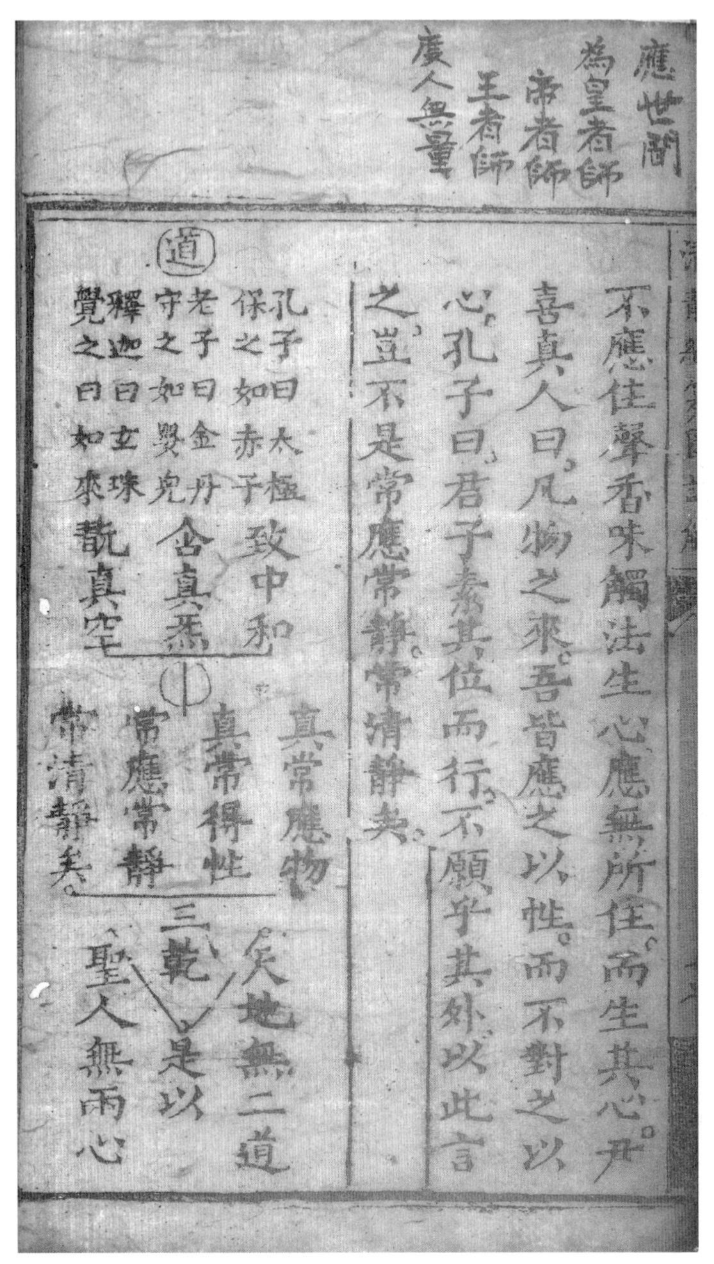

應世間
為皇者師
帝者師
王者師
度人無量

不應住聲香味觸法生心，應無所住而生其心。尹喜真人曰：凡物之來，吾皆應之以性，而不對之以心。孔子曰：君子素其位而行，不願乎其外。以此言之，豈不是常應常靜，常清靜矣。

道

孔子曰太極 致中和
保之如赤子
老子曰金丹 含真炁
守之如嬰兒
釋迦曰玄珠
覺之曰如來 歸真空

中

真常應物
真常得性
常應常靜
常清靜矣

三 乾

天地無二道
是以
聖人無兩心

既常清靜矣猶說漸入真道是嚴囑夸者

如此清靜漸入真道 道者以誠而入

此一節為化衆生向道或有慧可以智濁可以清豁然頓悟種性者故告戒如此清其心靜其性不與萬緣作對只凭麼修去草其舊染之污而日新其德自然漸入真道矣

時時警省 如此清靜 強徒不息

(真)純一不雜 所以 勤而行之自然

日日復新 漸入真道 超出古今

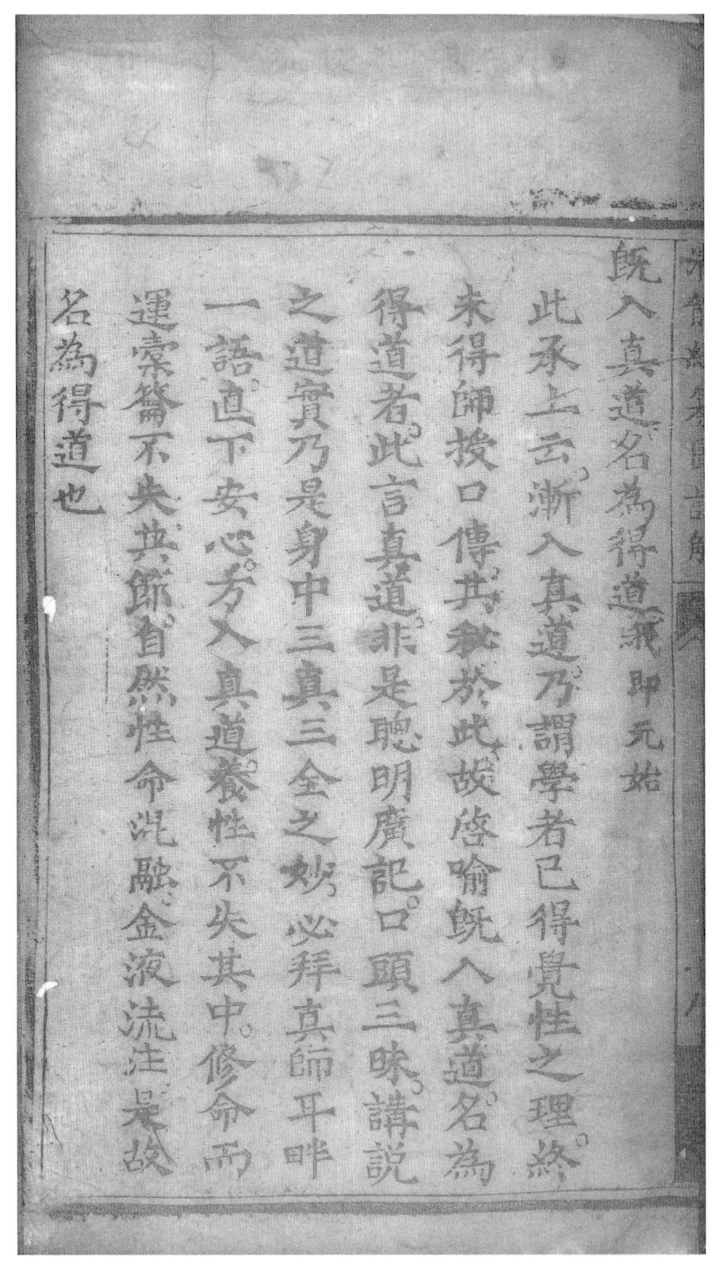

既入真道名為得道義即元始

此承上云漸入真道乃謂學者已得覺性之理終未得師授口傳其秘於此故啓喻既入真道名為得道者此言真道非是聰明廣記口頭三昧講說之道實乃是身中三真三全之妙必拜真師耳畔一語直下安心方入真道養性不失其中修命而運橐籥不失其節自然性命混融金液流注是故名為得道也

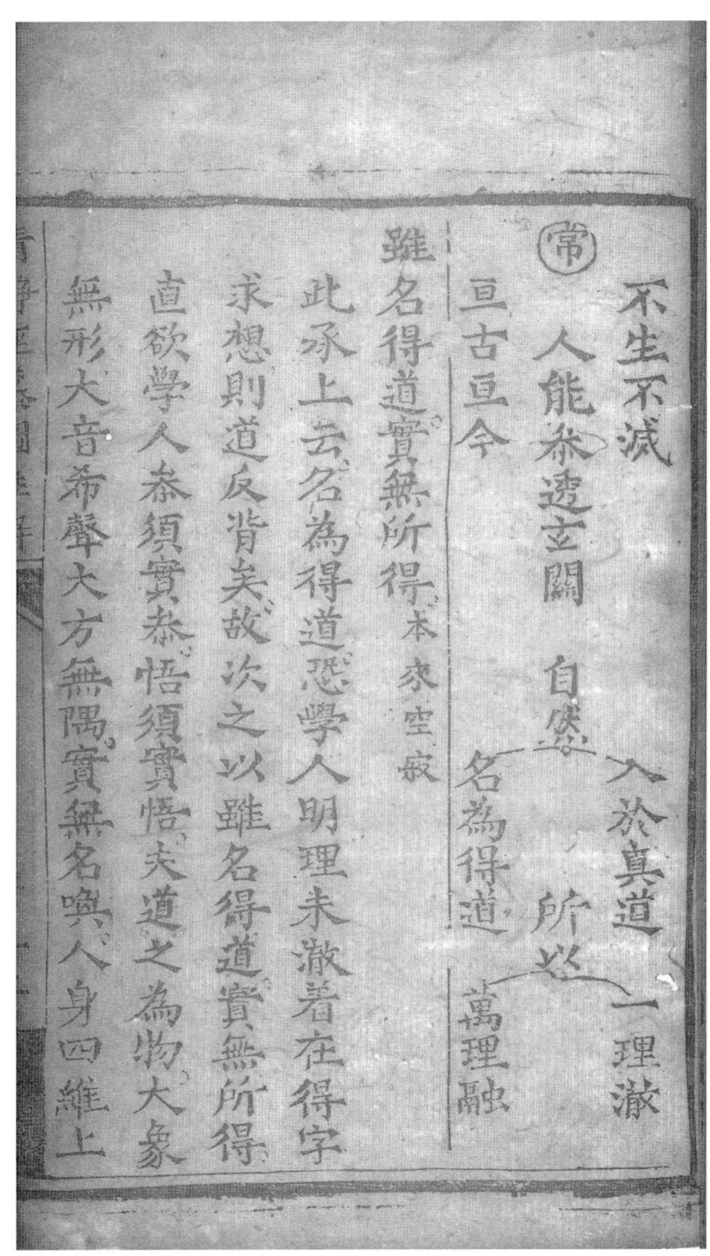
不生不滅

人能叅透玄關　自然入於真道　所以一理澈

常　亘古亘今　名為得道　萬理融

雖名得道實無所得本來空寂

此承上云名為得道恐學人明理未澈着在得字求想則道反背矣故次之以雖名得道實無所得直欲學人叅須實叅悟須實悟夫道之為物大象無形大音希聲大方無隅實無名喚人身四維上

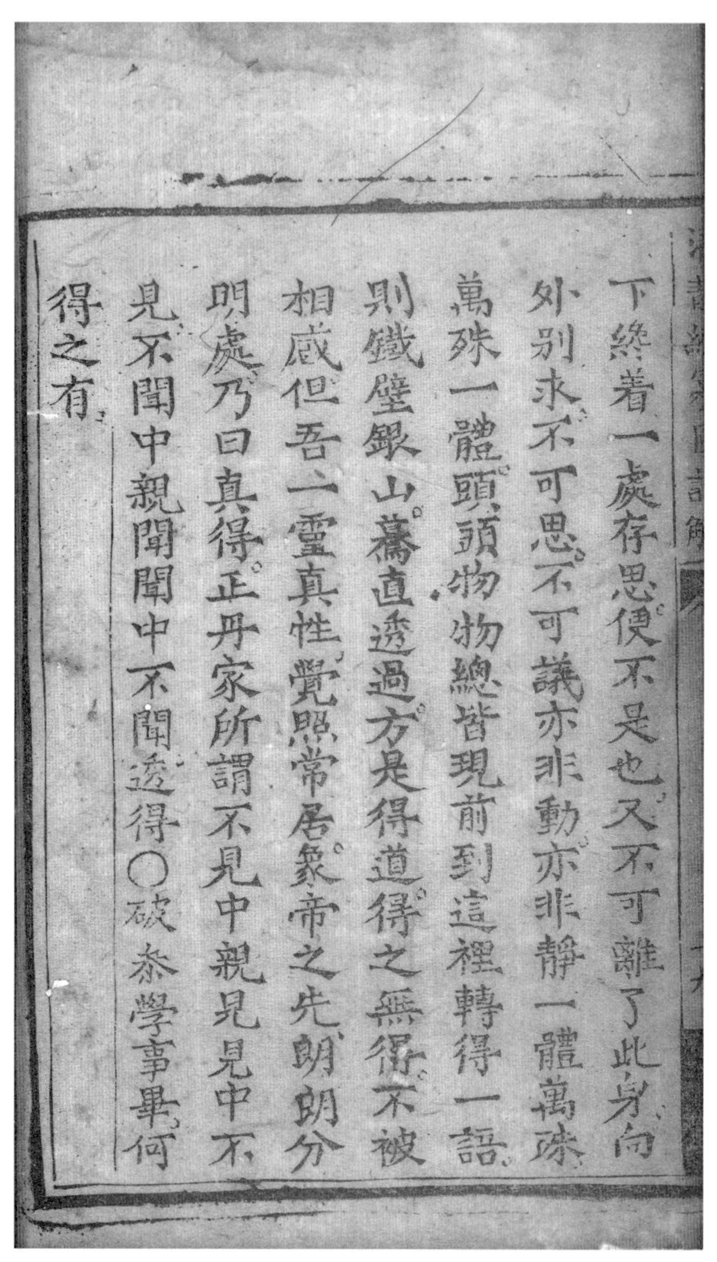

下終着一處存思便不是也又不可離了此身向外別求不可思不可議亦非動亦非靜一體萬殊萬殊一體頭頭物物總皆現前到這裡轉得一語則鐵壁銀山驀直透過方是得道得之無得不被相底但吾一靈真性覺照常居象帝之先朗朗分明處乃曰真得正丹家所謂不見中親見見中不見不聞中親聞聞中不聞透得○破 叅學事畢何得之有

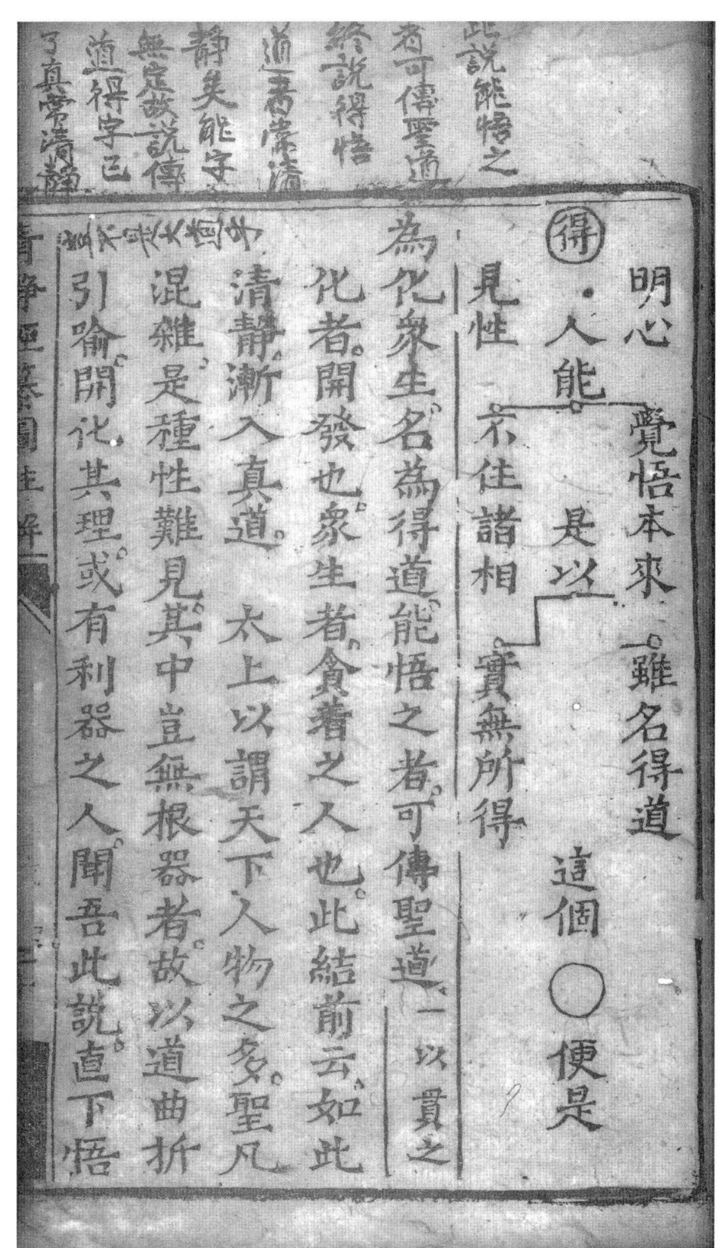

明心 覺悟本來 雖名得道 這個〇便是

得 人能 是以

見性 不住諸相 實無所得

為化衆生名為得道能悟之者可傳聖道 一以貫之

化者開發也衆生者貪着之人也此結前云如此

清静漸入真道 太上以謂天下人物之多聖凡

混雜是種性難見其中豈無根器者故以道曲折

引喻開化其理或有利器之人聞吾此說直下悟

見即得頓脫根塵唯道為身向我道中。參究不怠
勤而行之。乃曰為化衆生。名為得道得之為言本
無所得。但為他人說此得字。誘衆人必是將心想
道而不忘也。道德經曰。善人不善人之師。不善人
善人之資。是以人人本具無不與我同性。只因貪
着其事。乃名曰衆生。若能真個領悟之者。皆可以
傳於聖道也。如六祖盧慧能。本廣東佗佬。一聞客
人誦金剛經。至應無所住而生其心。言下大悟。次

後竟至馮毋山。拜見五祖問其由。答言如湧泉。故見其根器大利。恐人謀害。叱令舂碓。人不為意。後五祖故令大眾作偈。能明心見性者。即付之衣鉢。眾皆讓首座神秀作偈。神秀述偈四句。未盡其善。慧能一聞即次其韻曰。菩提無有樹。明鏡亦非臺。本來無一物。何處着塵埃。五祖暗點頭。約其夜半赴中堂。以袈裟圍繞其身。將金剛經誦至應無所住而生其心。於此印傳心法。授與衣鉢。而復送之

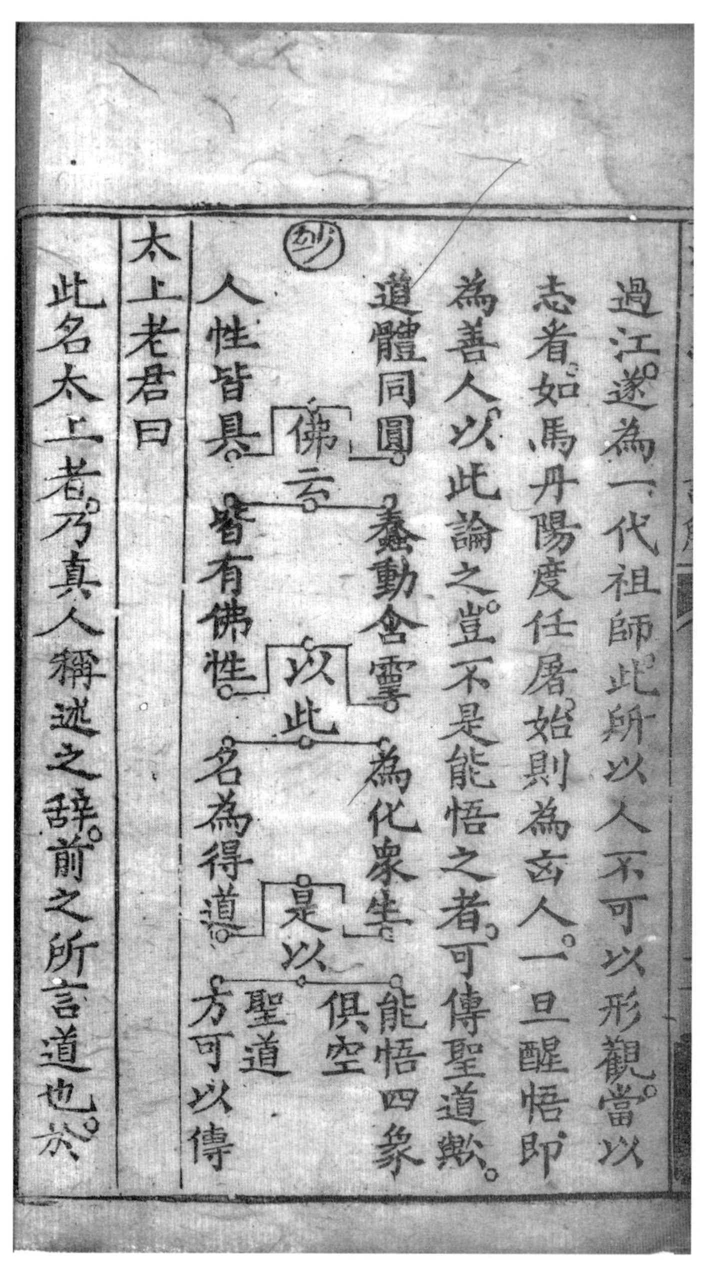

過江遂為一代祖師此所以人不可以形觀當以志者如馬丹陽度任屠始則為屠人一旦醒悟即為善人以此論之豈不是能悟之者可傳聖道歟

道體同圓 佛言 蠢動含靈 以此 為化衆生 是以 能悟四象俱空 聖道方可以傳

人性皆具 皆有佛性 名為得道

太上老君曰

此名太上者乃真人稱述之辭前之所言道也於

上文說人能常清靜天地悉皆歸一結

由人神好清一反一復至常應常靜常清靜矣又一結

此以下又起箇名喚。所言者德也。道德經所謂。德者同於德。失者同於失。故有上士下士之不同也。學者宜具隻眼看。

上士無爭。下士好爭。各見不同

上士者。聖人大德之謂也。下士者。賢人執着之謂也。聖人之心。渾同天理。無分賢愚皆包之。和光混俗。與衆同塵。謙躬處於卑下。銼鋭埋鋒。不露圭角。善者善之。不善者亦善之。行不言之教。處無爲之

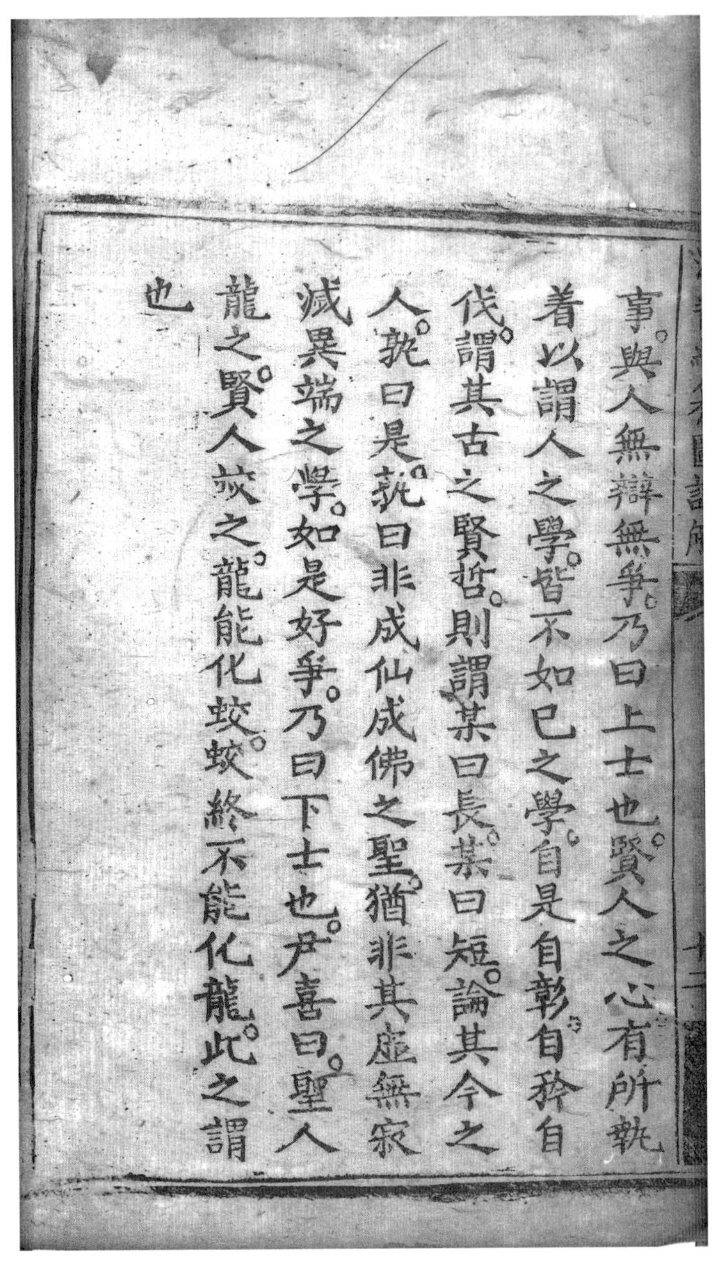

事。與人無辯無爭。乃曰上士也。賢人之心有所執着以謂人之學。皆不如己之學。自是自彰。自矜自伐。謂其古之賢哲。則謂某曰長。某曰短。論其今之人。孰曰是。孰曰非成仙成佛之聖。猶非其虛無寂滅異端之學。如是好爭。乃曰下士也。尹喜曰。聖人龍之賢。人蛟之。龍能化蛟。蛟終不能化龍。此之謂也

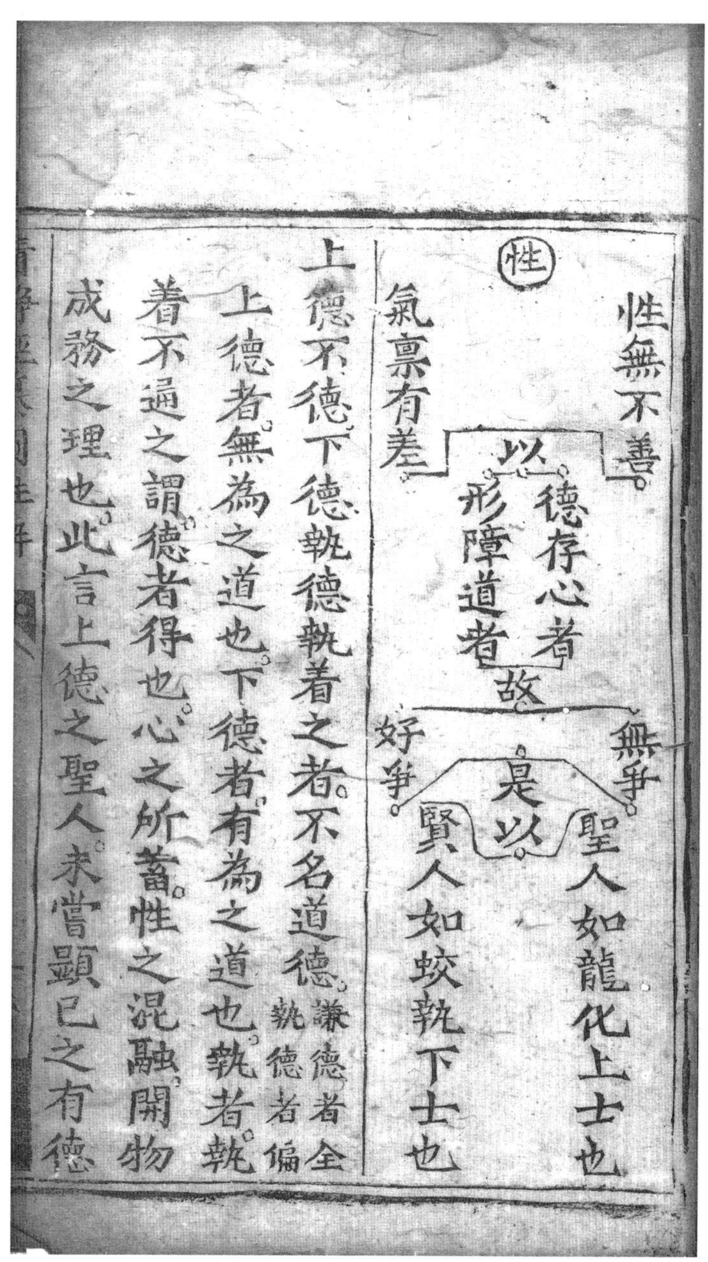

性

性無不善

氣禀有差

以德存心者

以形障道者

故

無爭

好爭

是以

聖人如龍化上士也

賢人如蛟執下士也

上德不德下德執德執着之者不名道德謙德者全執德者偏

上德者無為之道也下德者有為之道也執着執着不過之謂德者得也心之所蓄性之混融開物成務之理也此言上德之聖人未嘗顯已之有德

藏身潛迹抱樸含光專炁致柔如嬰兒也下德之賢人執着其事惟於世情是非得失之場理論揚於已德以被聰明所蔽故分其彼此貴賤高低如是執着故不名其有道德也道德經不云乎上德不德是以有德下德不失德是以無德上德無為而無以為下德為之而有以為故　太上所謂我有三寶保而持之一曰慈二曰儉三曰不敢為天下先孔子曰聖吾不能我但述而不作信而好古

竊比於我老彭默而識之學而不厭誨人不倦何有於我哉終不曾言自己之有德以此言之豈不是上德不德也下德執德之人着形所見其於政事文章詩詞方術有能其一者便自高大誇逞其能執着一偏之見豈可以名道德也以堯舜之聖善與人同以大禹之明聞一善言即拜何嘗執着學人宜於此尋味

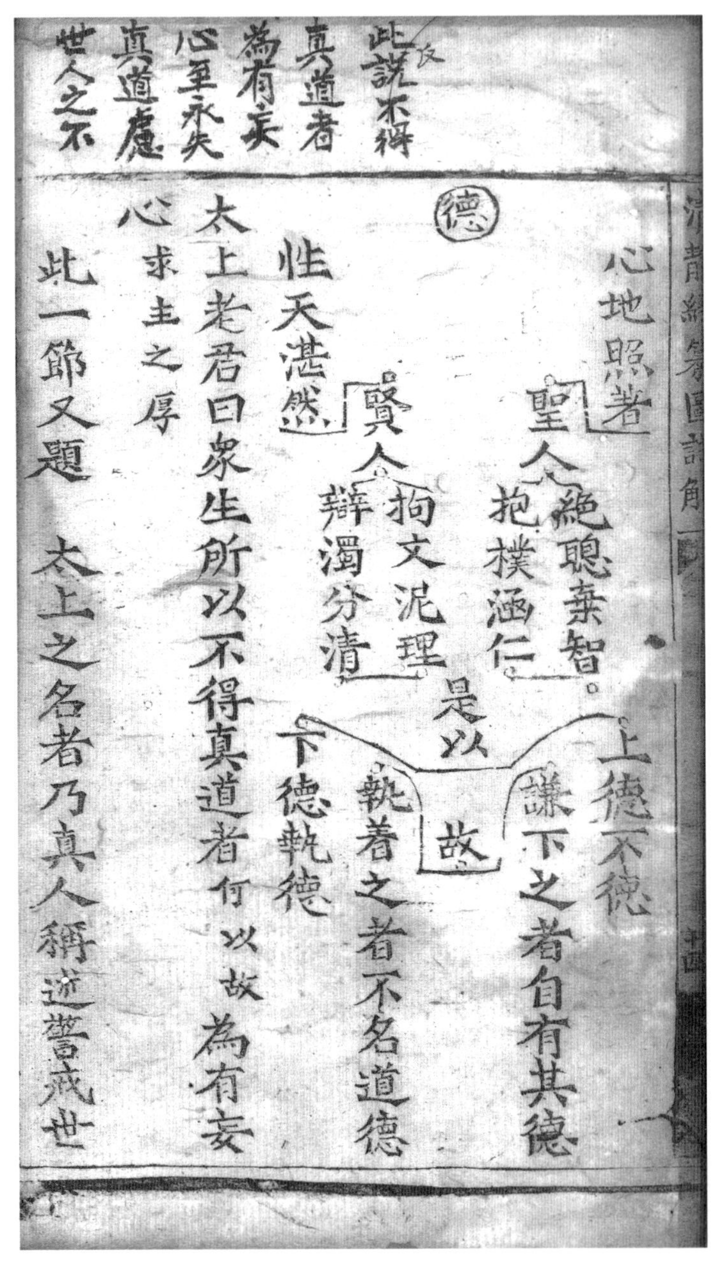

此說不得真道者為有妄心至永失真道處世人之不

清静經纂圖註解 十四

德

心地照著

聖人絕聰棄智。抱樸涵仁

賢人拘文泥理 辯濁分清

性天湛然

是以

上德不德 謙下之者自有其德

故

執着之者不名道德

下德執德

太上老君曰衆生所以不得真道者何以故為有妄

心求主之厚

此一節又題太上之名者乃真人稱述警戒世

精進也

人於此着眼着衆生所為之事所謂衆生者乃愚昧貪着之人形雖人身心實是禽獸性海黑暗逐浪貪生全無一分德性上不畏君王之法下不惜父母之身盜竊奸欺靡所不至所以不得真道者為其有妄想之心私欲交蔽則道愈失之矣道德經云大道甚夷而民好徑朝甚除田甚蕪倉甚虛服文彩帶利劍厭飲食財貨有餘是謂盜夸非道也哉又云民不畏威則大威至無狹其所居無厭

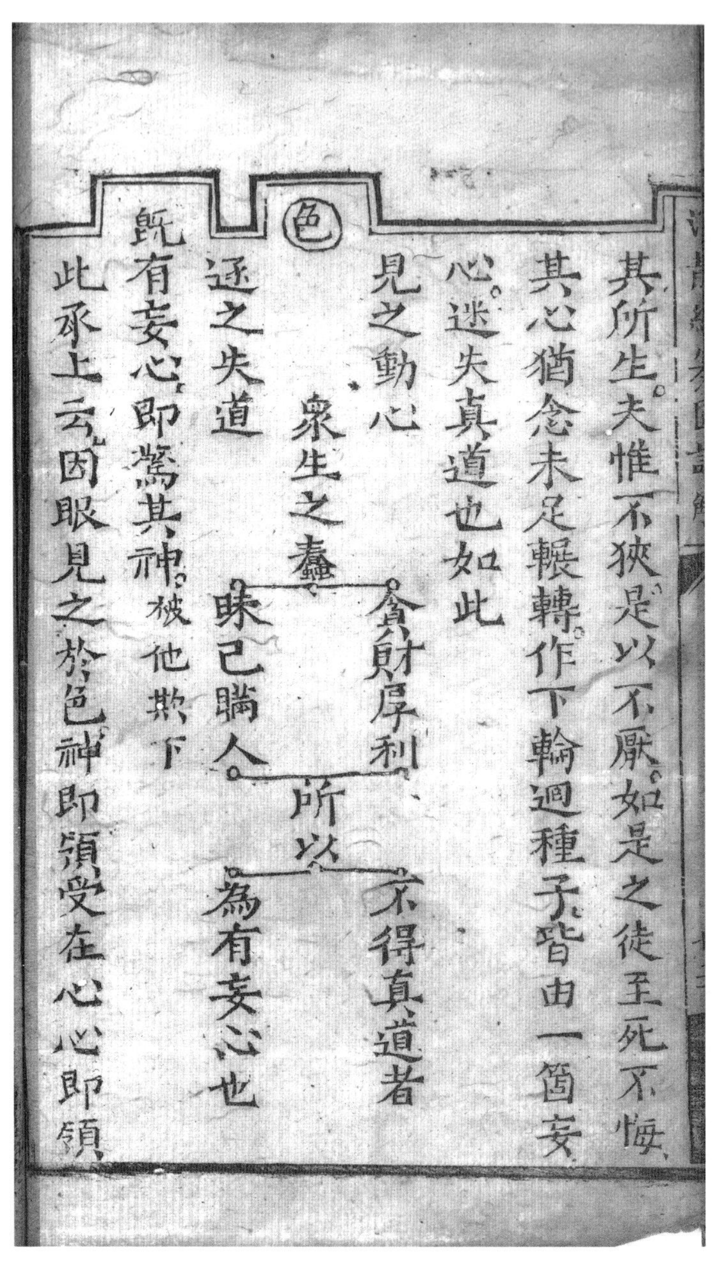

其所生。夫惟不狹，是以不厭。如是之徒，至死不悔，其心猶念未足，輾轉作下輪迴種子，皆由一箇妄心。迷失真道也。如此

色

見之動心

逐之失道

衆生之蠢

貪財厚利

昧已瞞人

所以

不得真道者

為有妄心也

既有妄心，即驚其神。被他欺下

此承上云，因眼見之於色，神即領受在心，心即領

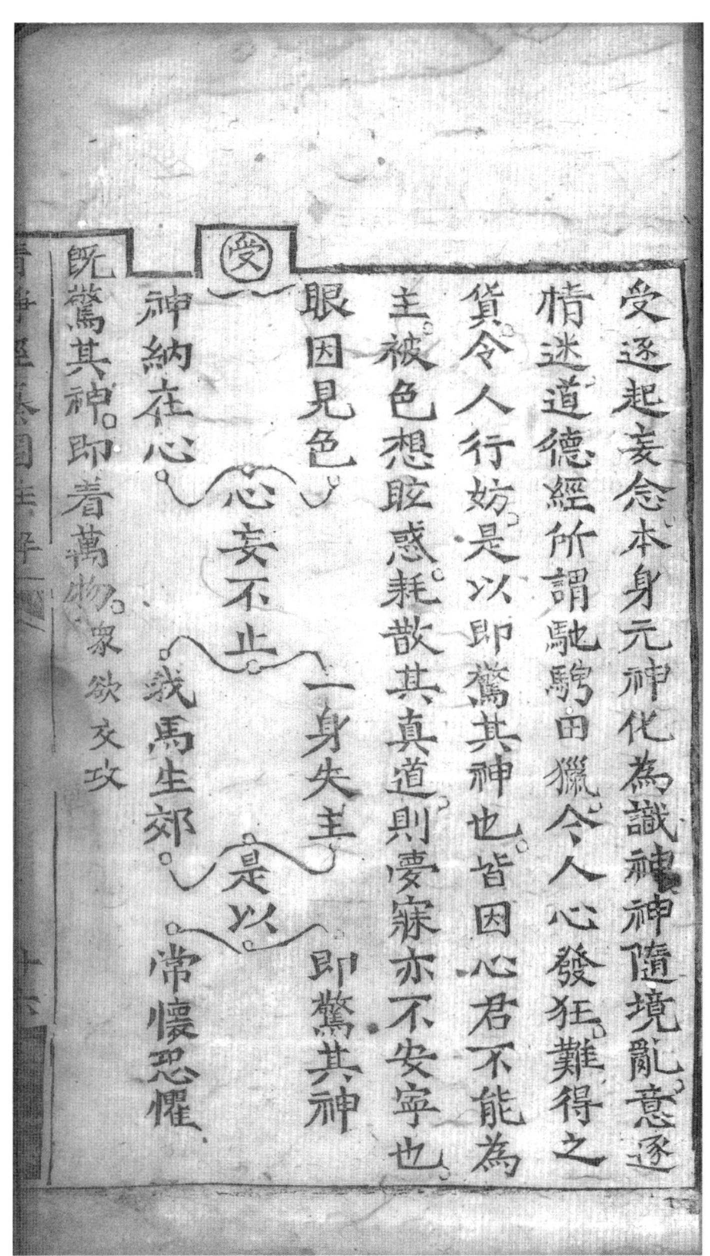
受
受逐起妄念本身元神化為識神神隨境亂意逐
情迷道德經所謂馳騁田獵令人心發狂難得之
貨令人行妨是以即驚其神也皆因心君不能為
主被色想眩惑耗散其真道則憂寐亦不安寧也
眼因見色
心妄不止
一身失主
是以
即驚其神
神納在心
戎馬生郊
常懷恐懼
既驚其神即着萬物衆欲交攻
清静經纂圖注解
十六

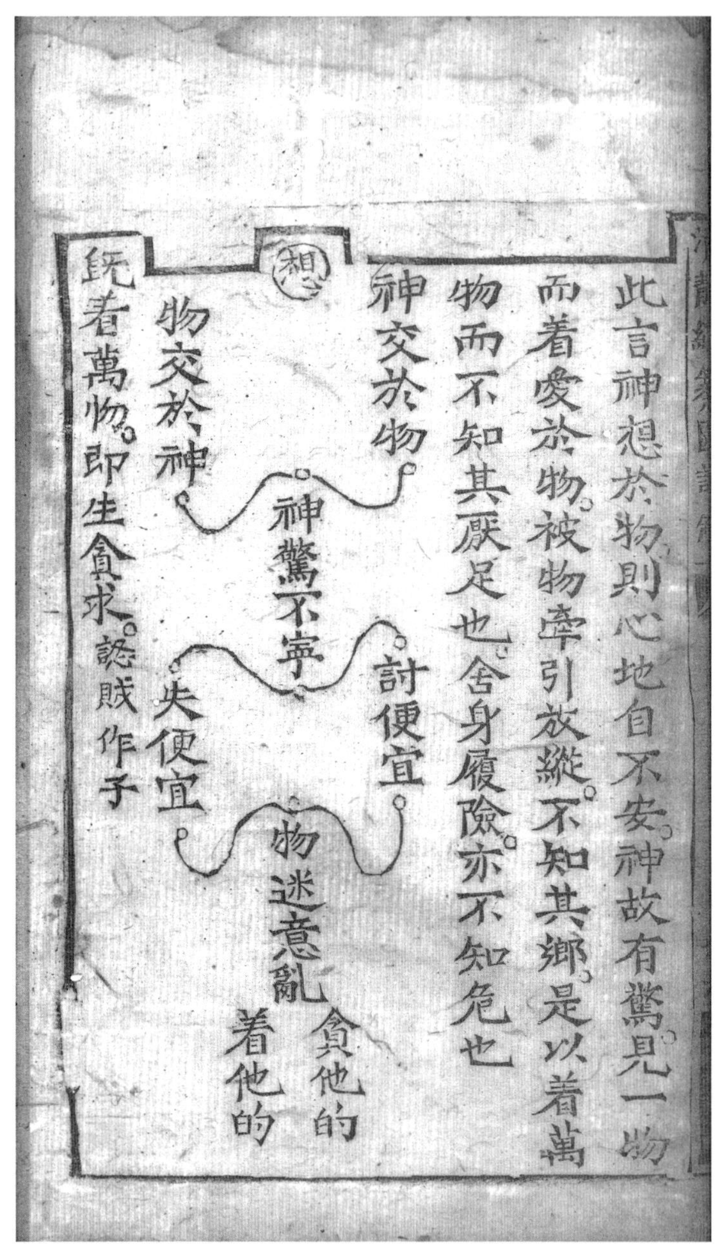

此言神想於物則心地自不安神故有驚見一物而着愛於物被物牽引放縱不知其鄉是以着萬物而不知其厭足也舍身履險亦不知危也

想

神交於物

物交於神

神驚不寧

討便宜

失便宜

物迷意亂

貪他的

着他的

既着萬物即生貪求認賊作子

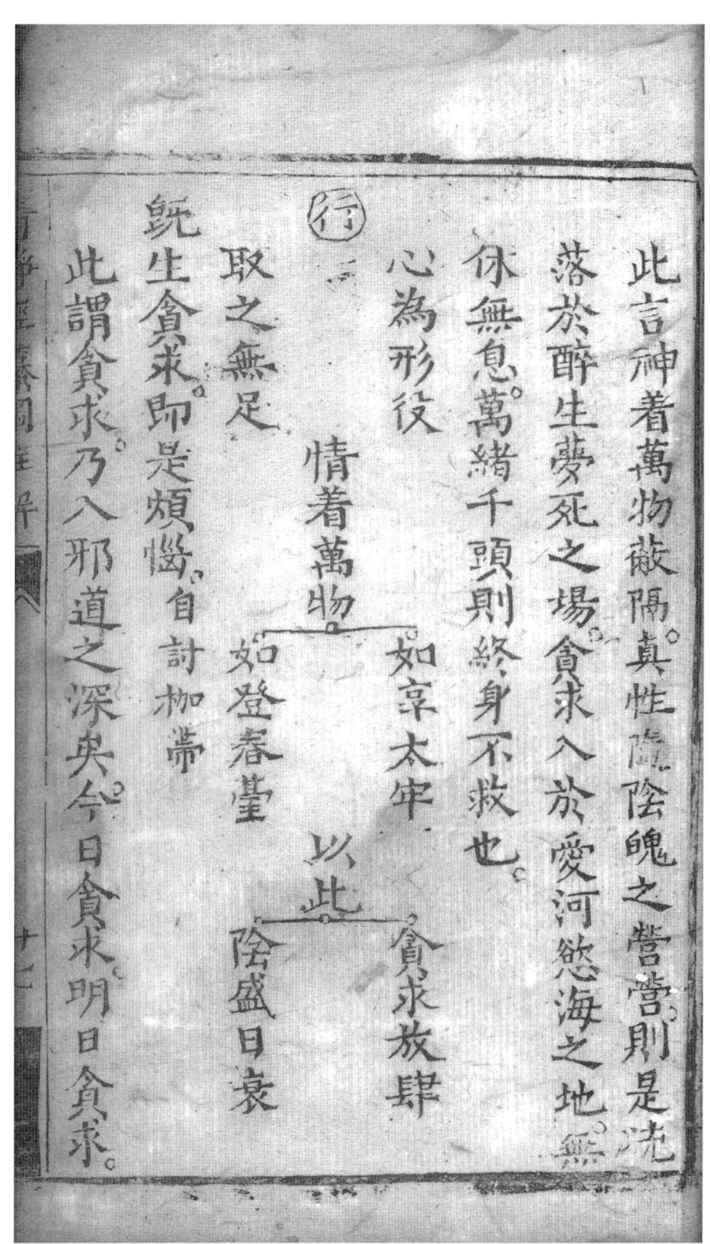

此言神着萬物，蔽隔真性，隨陰魄之營營，則是沈落於醉生夢死之場。貪求入於愛河慾海之地，無休無息。萬緒千頭，則終身不救也。

心為形役

（行）

情着萬物

如享太牢

如登春臺

以此

貪求放肆

陰盛日衰

取之無足

既生貪求，即是煩惱，自討枷帶。

此謂貪求，乃入邪道之深奥。今日貪求，明日貪求。

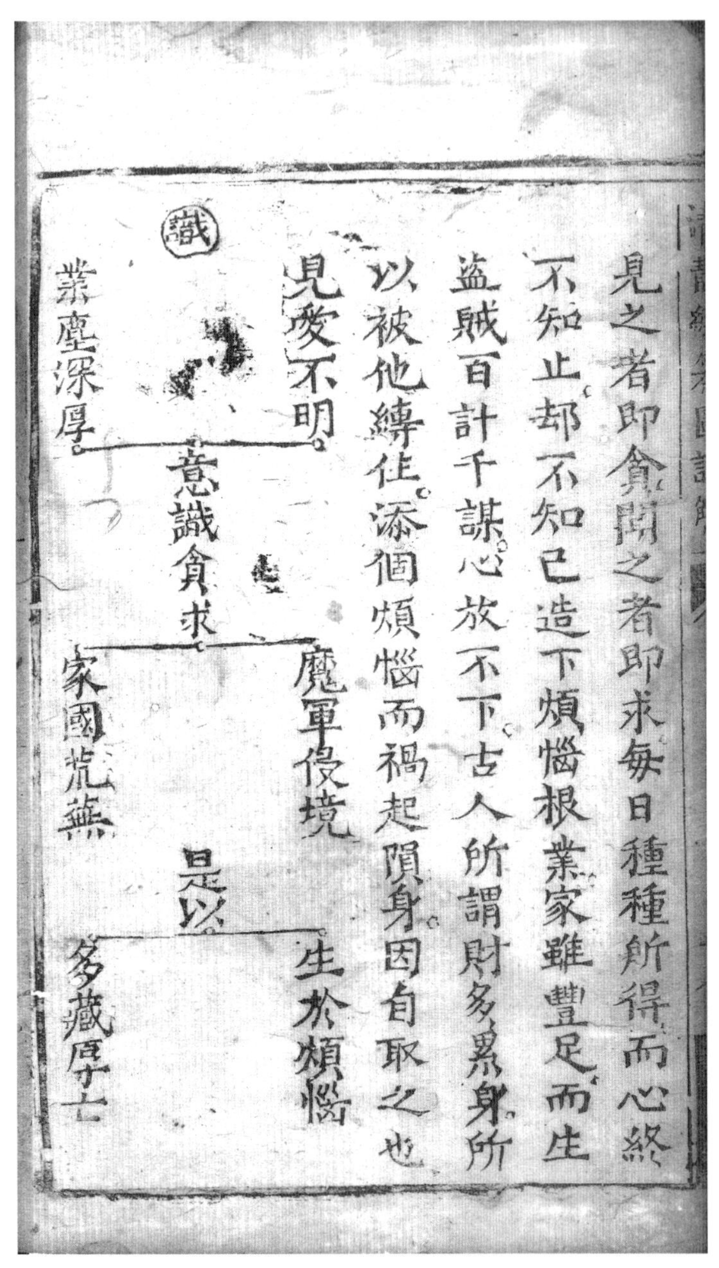

見之者即貪聞之者即求每日種種所得而心終不知止却不知已造下煩惱根業家雖豐足而生盜賊百計千謀心放不下古人所謂財多累身所以被他縛住添個煩惱而禍起隕身因自取之也

見愛不明　業塵深厚

意識貪求

魔軍侵境　家國荒蕪

是以

生於煩惱　多藏厚亡

煩惱妄想憂苦身心。便遭濁辱。流浪生死。常沉苦海
永失真道

此一節總結上云。衆生為有妄心。不得真道之故。舍死貪生。作下煩惱種子。衆生之為心。唯求利以厚其生。只圖目前家道豐富。沉滯色聲香味之場。迷惑有無愛欲之趣。是自取於煩惱妄想憂苦其身心。平日所為不忠不孝。欺天瞞人之罪。鬼神暗録愆尤。一旦天災。罪已禍害刑身。或陽報其惡。或

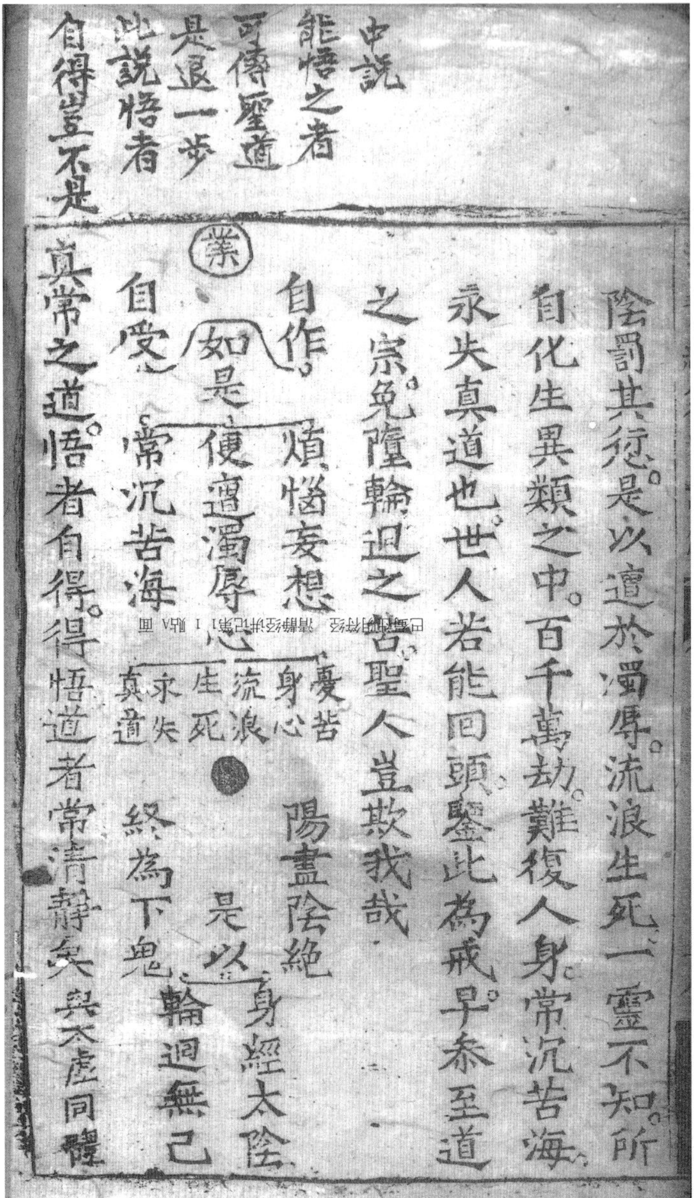

中說

能悟之者

可傳聖道

是退一步

此說悟者

自得豈不是

陰罰其愆。是以遭於濁辱。流浪生死。一靈不知所

自化生異類之中。百千萬劫。難復人身。常沉苦海

永失真道也。世人若能回頭鑒此為戒。早参至道

之宗。免墮輪迴之苦。聖人豈欺我哉

業

自作 煩惱妄想 陽盡陰絕

如是 便遭濁辱 憂苦身心 流浪生死 永失真道

自受 常沉苦海 終為下鬼

是以 身經太陰 輪迴無己

真常之道。悟者自得。得悟道者常清靜矣。與太虛同體

衆仙說的誦此經万遍書熟理明正一真人說悟解之者至誦持不退恐人半途而廢乎此經須詳悟明白着重

真常者不生不滅也。無始劫來只憑麼地悟著覺悟此理也。自得著親聞見也。清靜者湛然無染也。此言人能覺悟自性本來圓成。不假修合。始因氣化結形。真靈入殼。被形所罩。靈性於此隨氣質發現。故有聖凡賢愚之不同。雖大智不能無下愚之心。然下愚不能無上智之性。此所以要悟要修。悟者性也。修者命也。性命雙修。方是自得真常之道。既得性命混一。道大冲虛。吾心自然清靜。無有往

常字先説人能常清靜結説真常應物真常得性常應常靜常清靜矣常者不可間斷真常之道由性而命由命復性

而不知。無有來而不應。內則了証死生。外則能盡人事。此乃總結斯經一篇首尾之妙。前言曰道後言爲德。實發道德經五千言之骨髓。直欲世人明此道德之理。明道者不有德。乃曰上士。執道者不失德。乃曰下士。妄心貪求者。乃曰衆生。故此經末言真常之道。悟者自得。乃 太上好生慈憫衆生之苦。多方曲喻。令人早早回頭。領悟此道。或有豁然貫通。憣徹者。即得常清靜矣。豈不玄哉

由動而靜
由無而有
由有復無
靜而不應
何以度人
應而不靜
何以常清
故曰常
清靜經
郭陽明
悟

五行不到處

得悟道者

不生不滅

中

故云

真常之道

悟者自得

所以

父母未生前

常清靜矣

○

陰盡陽純

乃得

超凡入聖

永證金仙

太上老君說常清靜妙經纂圖註解終

仙人葛玄曰。吾得此道者。曾誦此經萬遍。此經是天人所習。不傳下士。吾昔授之於東華帝君。東華帝君授之於金闕帝君。金闕帝君授之於西王母。西王母。

按神仙通鑑既先天五老蒙祖金母人西集在須彌山安炉立鼎始有人顯 老君生於天皇時豈有西王母授法

皆口相傳。不記文字。吾今於世書而録之。上士悟之。昇為天官。中士修之。南宮列仙。下士得之。在世長年。行三界。昇入金門。

此章乃仙翁葛玄讚說 太上說經之玅 此經非是文字之經。自曠劫至今。不生不滅不增不減為道之徑路也。人身玄關謂之經。行道工夫謂之誦。誦非口誦。乃用乾坤闔闢之機關。運坎離顛倒之妙用。昔仙翁感仙君授道之後。誦萬遍者。行此道

於老君耶又按上古伏羲氏周穆王向西崑遊至西王母国在高山上西王母要之有池名瑤池

也。萬遍乃工夫行運不絶。綿綿若存也。得其一粒黍米之珠。落於黄庭。結爲空氣金胎。如母之育嬰兒。神水澆灌。十月胎完。天門迸破。陽神出現。千變萬化。乃曰真人。是此經之功德。大不可思議。天人所習之文。不可輕傳於下士也。傳道傳經。傳之有德忠孝之人。輕傳之者。必遭天譴。張紫陽三度匪人。三遭天譴是也。仙聖每每隱秘此經。唯以口口相傳。不記文字。恐天魔之泄慢。因後世人。不及古西王母國居昆长平與中國交通。舜時來獻玉環。禹到过西王母國。羿向王母要过不死藥。國出許多宝玉。

人心純樸者多。若不以文字開化。則衆生何由而悟。不得已筆録其經。傳流於世。上士悟之者。勤功修証。昇為金闕之仙。中士修之者。久久修証。乃為南宮之列仙。下士得之者。亦為地仙。在世長壽。隱顯莫測。可以遊行三界。昇謁金門也。

左玄真人曰。學道之士。持誦此經者。即得十天善神擁護其人。然後玉符保神。金液鍊形。形神俱妙。與道合真。

因有不死藥使人疑是神仙地方穆王見地方富庶建築華麗是文明之國不以天子身分自居只作一個貴客拜訪

仙翁重讚此經發心苦切。剖露是經之秘。實爲金丹大道之宗。學道之士者。乃誘後來學仙之人也。所謂持誦者。信受奉行之也。十天者。流戊就己。戊己二土各五。共成十數。乃曰十天也。玉符者。符火也。金液者。神水也。當其一陽初動之時。便以神歸炁。氣歸竅。沉下海底去。抱出日頭來。是持誦此經也。然戊土迫逐金精。上昇南宮。繼此復用己土。歛陽退陰。符同歸坤中之位。乃曰即得十天善神。擁

[illegible]
在瑤池上
請穆王飯
酒將國內
出產奇葩
異果羅列
滿桌有崑
流素蓮達
是崑崙山

護其人也。神安隱鎮。氣發火冲。逼出其身。玉漿金液流注。乃曰然後玉符保神。金液鍊形也。形曰命。神曰性。性命合一。乃曰道。故言形神俱妙。與道合真也。若以世法言。凡有道之人。自有十天善神常擁護其人。豈虛言哉。道德經云。入甲兵不被刀刃。入虎兕不被爪牙是也

正一真人曰。人家有此經。悟解之者。災障不干。衆神護門。神昇上界。朝拜　高尊。功滿德就。相感　帝君。

下流水所產有陰岐黑棗樹高百丈一百年才結每棗有二尺長有万歲冰桃

誦持不退，身騰紫雲。

此篇乃祖天師張道齡稱讚之詞。所謂仌家者，非人家之家，乃指人身正中之心也。此經者，即寶珠也。寶珠即道也。悟解者，親得見聞之妙理。當鉛見癸生之時，懸寶珠於空中，去地五丈，飛輪旋轉，諸天星宿，盡入珠口，化煉為丹。此真悟解也。既得丹凝成片，浩氣純陽，自然災障不干，乃得諸天衆聖時加神護其身。是以一神為萬神也，一炁萬炁也。

樹身有百国一萬年才能成熟有千常碧藕長七丈長有青萩白藕大如低香氣撲

丹成之日。脫胎換鼎。移神上居泥丸。玉山上京之境而有　三清所居。則吾神朝謁　高尊。直待功成行滿。乃感　帝君而錄籍。身常清靜。皈戒精嚴行此道。誦持不退者。自有天頒敕詔來徵。身騰紫雲。而百日飛昇天闕也。如漢祖天師誅妖馘祟。葛仙翁祭煉鬼魂。許旌陽斬蛟除害。皆得大功行於世。舉家飛昇。學仙之道。誠有之也

跋

夫神仙之學。豈凡夫俗子之可聞。必是大根大器。決烈丈夫明眼高士所可為也。且夫學者所為何事。外則窮天地施化之理。内則明身心運用之機。然雖如是宣凡若不遇老子親授。故無猶龍之歎。瞿曇不是古聖再來。豈有出世之見。所以學者如牛毛。達者如麟角。此無他。在乎得傳與不得傳耳。而斯道者。不過修煉性命。返本還源而已。採先天一炁以為丹母。運後天之氣以行火候。以火煉性。則精神不壞。以火煉命。則道炁常存。換盡陰濁之軀。變成純陽之體。神化自在。應運無窮。豈不奇哉。余見今學仙者。紛紛之多。及與辨論真訣。各執一見。不合正道。余因誦清靜經。覩其中句句真詮。字字金石。乃最上之玄機。諸經之骨髓者也。道理悉備。本不勞畫蛇添足矣。
第恐詞奧義深。學者愚智不同。令將師授
秘旨。僭為註解、復將三教會同。而註為圖
釋。俾後有志斯道者。展卷瞭然。不待思維
而得矣。同道之士。幸將以予心為心焉。
大清康熙二十四年歲次乙丑
弟子董守銓奉持刻於武當山之

紫霄宫

大清同治戊辰年重陽日雲陽歸化里三甲
後學弟子施修善重刊

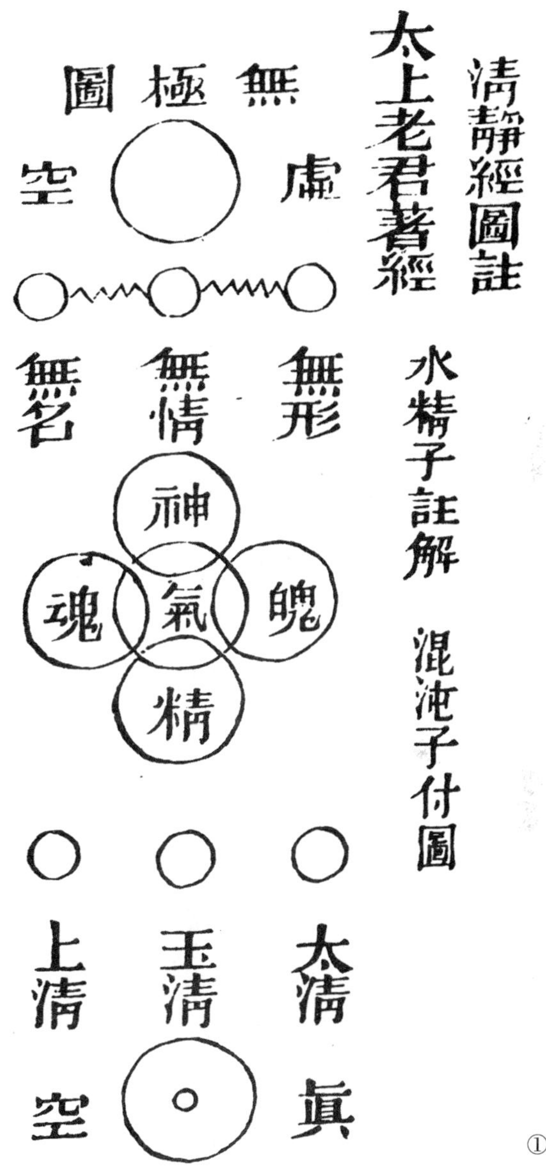

①

① 编者按，该附录版本为金陵爱莲堂刊本。

皇極圖
不知其名
無象有象
強名曰道
天
人
地
天清有動
清濁動靜
地濁有靜
純陽
陰陽
純陰

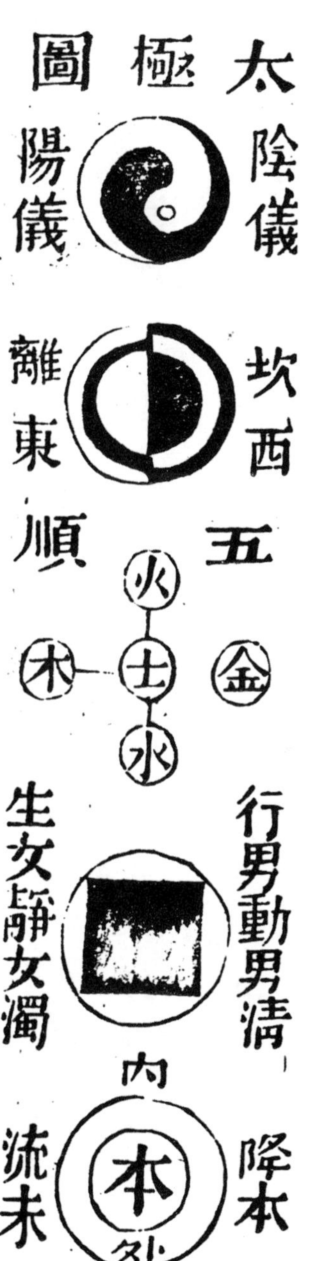
太極圖
陰儀
陽儀
坎西
離東
五
順
火
金
土
木
水
行男動男清
生女靜女濁
內
降本
本
流末
外

三才圖

陽中有陰
天
動中有靜

陰中有陽
人
陽中有陰

靜中有動
地
陰中有陽

清者濁之源
動者靜之基

道心圖

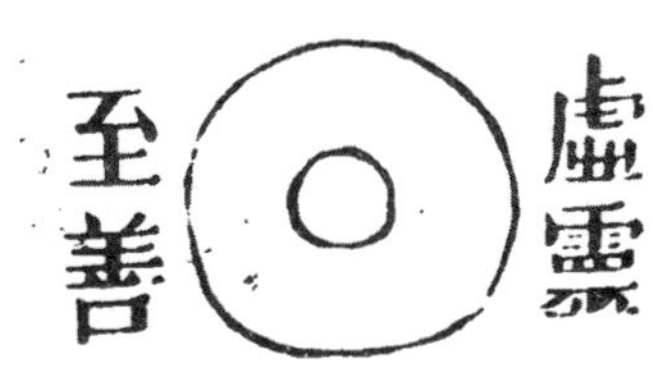

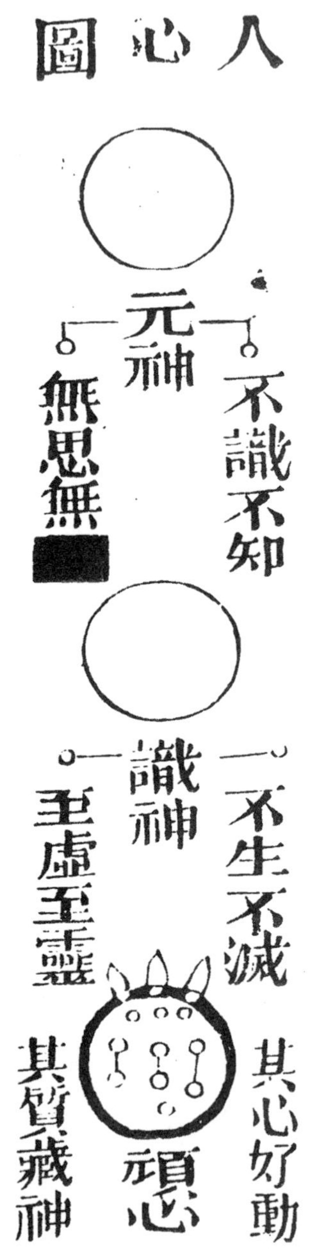
人心圖
元神
無思無
不識不知
識神
至虛至靈
不生不滅
其質藏神
慾心
其心好動

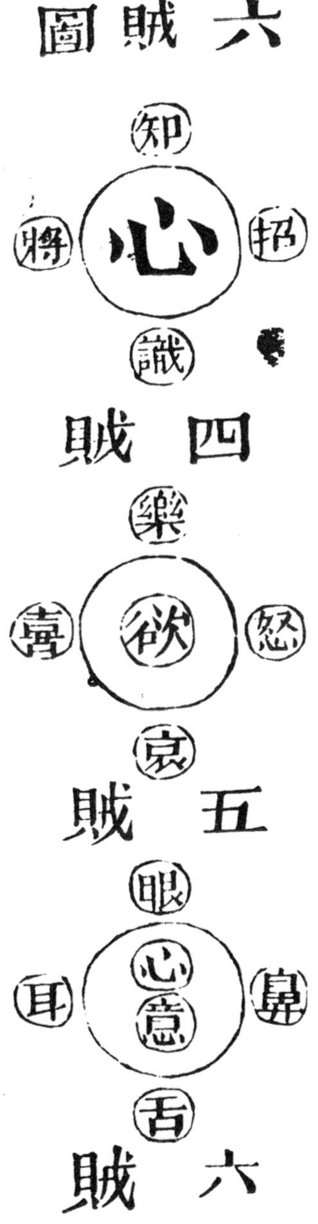
六賊圖
知
將
心
招
識
四賊
樂
喜
欲
怒
哀
五賊
眼
耳
心
意
鼻
舌
六賊

三尸圖

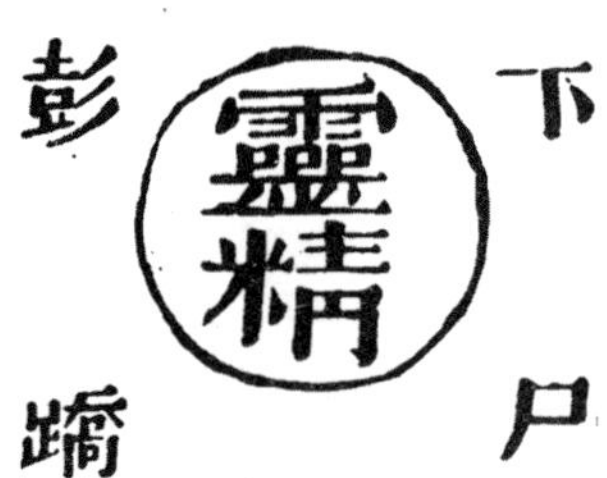

氣質圖

虛無圖

虛空圖

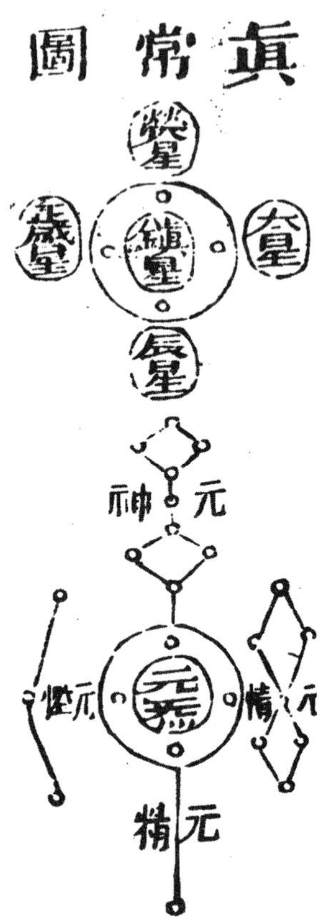
真常圖
熒星
歲星
鎮星
太白星
辰星
元神
元炁
元性
元情
元精

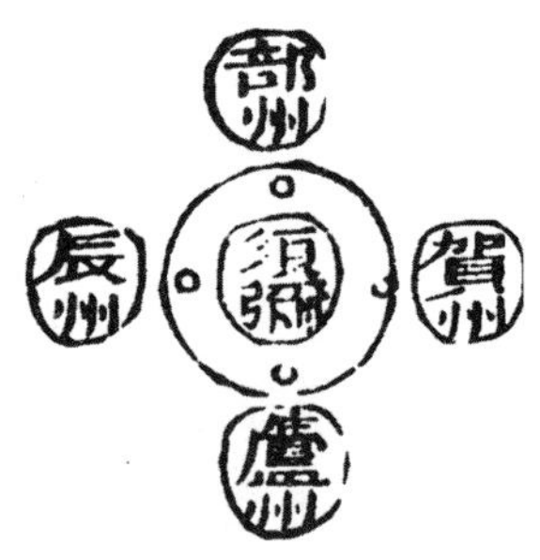
部州
須彌
賀州
盧州

眞道圖

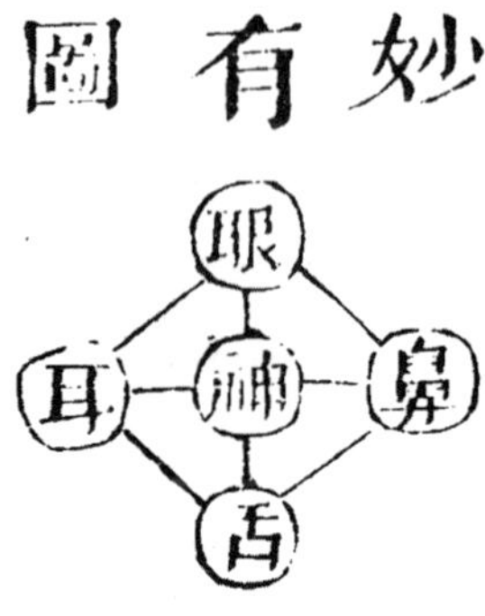
妙有圖
眼
耳
神
鼻
舌

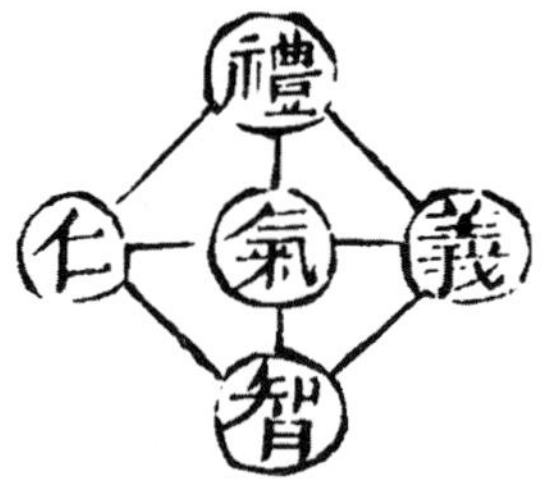
禮
仁
氣
義
智

髓
津
精
血
液

聖道圖

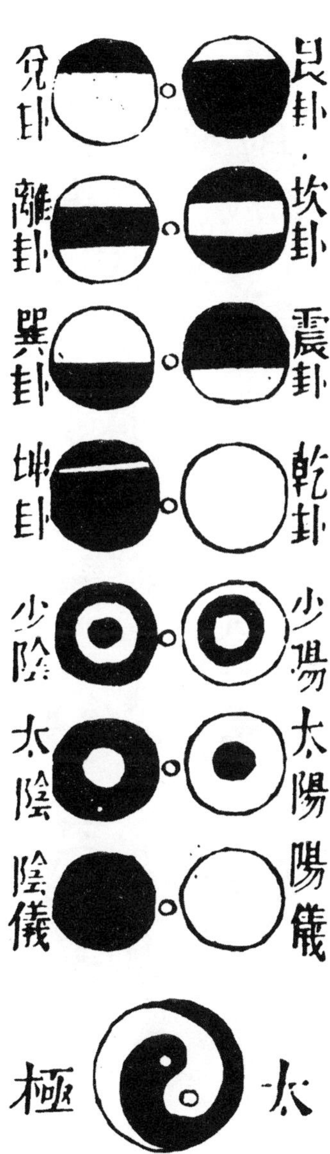

消長圖

乾為天

二十四歲
天風姤 澤天夬
十六歲足矣
三十二
十三歲四
天山遯 雷天大壯
四十八歲
十歲八月
天地否 地天泰
四十八
八歲八個月
風地觀 地澤臨
五十六
五歲四月
山地剝 地雷復
五十六十四歲足
二歲零八個月

坤為地

道德圖
上德
先天
聖道
忠恕
儒
仁義禮智信
慈悲
釋
殺盜淫妄酒
感應
道
金木水火土
下德
後天
凡道

妄心圖

人神圖
風
火
地
水

萬物圖

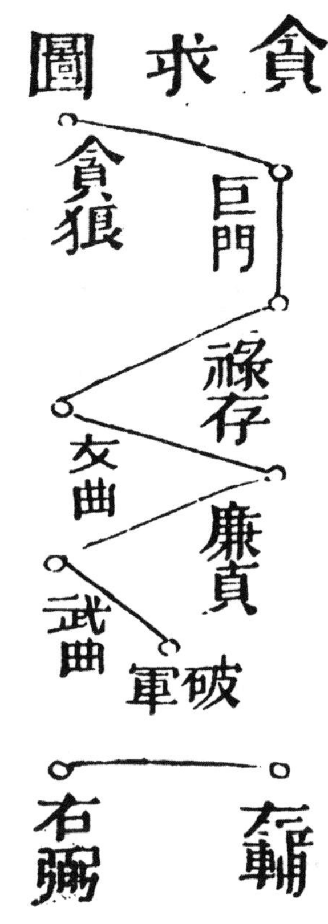
貪求圖
貪狼
巨門
祿存
文曲
廉貞
武曲
破軍
左輔
右弼

貪心
離九
坤二
兌七
乾六
坎一
艮八
震三
巽四

煩惱圖
心
舌
六染
心
味
六煩
心
怒

生死圖

河圖生

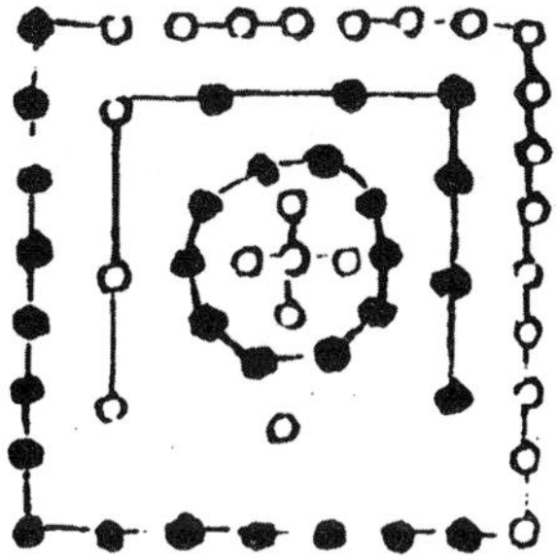

洛書死

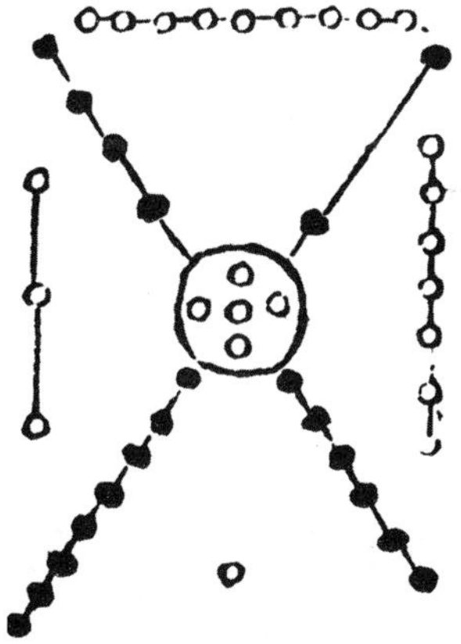

超脫圖
法身
純陽仙象
純空無色
超脫
陰陽人象
空色相合
人身
沉淪
純陰鬼象
空色俱無
死尸